人気11魚種の
攻略法をやさしく解説

投げ釣りパーフェクト教書

山崎憲二

目次は20頁へ

つり人社

四季の投げ釣り

春

Spring

徳島／鳴門・岡崎周辺の春ガレイ釣り

秋の乗っ込みシーズンに大型カレイが出ることで知られている所だが、春ガレイも有望でやはり大型が期待できる。この時期は海水温が上がる昼からがよいことが多いのでじっくりと粘ること。運がよければ大型アイナメも当たる。

地域によって差はあるが、3月から4月にかけてはプリプリに肥えた春ガレイやアイナメが釣れ、4月後半から5月になるとシロギスが顔を見せ始める。同じころからマダイ、クロダイなどもねらえるようになる。いずれも良型、大型が期待できる。

兵庫／淡路島・佐野海岸のアイナメ釣り

春のアイナメは意外と浅場に寄っている。海藻帯の際をタイトに探ると大型アイナメの激しいアタリが！日中より暗いうちや朝夕のマヅメによく当たる。

京都／宮津・矢原周辺の大ギス釣り

ゴールデンウイークころから一帯でシロギスがねらえるようになる。引き釣りでもよいが大型を期待するならやはり夜釣りに分がある。30 ～ 40㎝のマダイやクロダイもヒットするから、仕掛けは太めにしておくこと。

和歌山／南白浜・富田浜の投げ飲ませ釣り

春先のサーフで小アジなどの生きエサで投げ飲ませ釣りをするとヒラメ、マゴチ、青ものなどが釣れる。確率は高くないが試す価値は充分。強烈な引きが楽しめるかも。

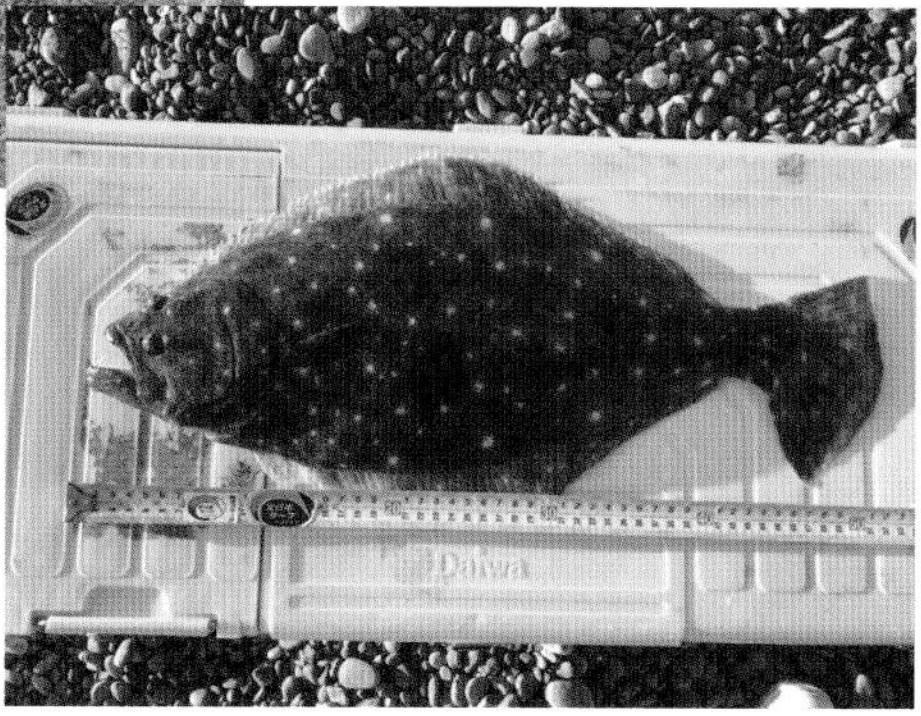

四季の投げ釣り

夏

Summer

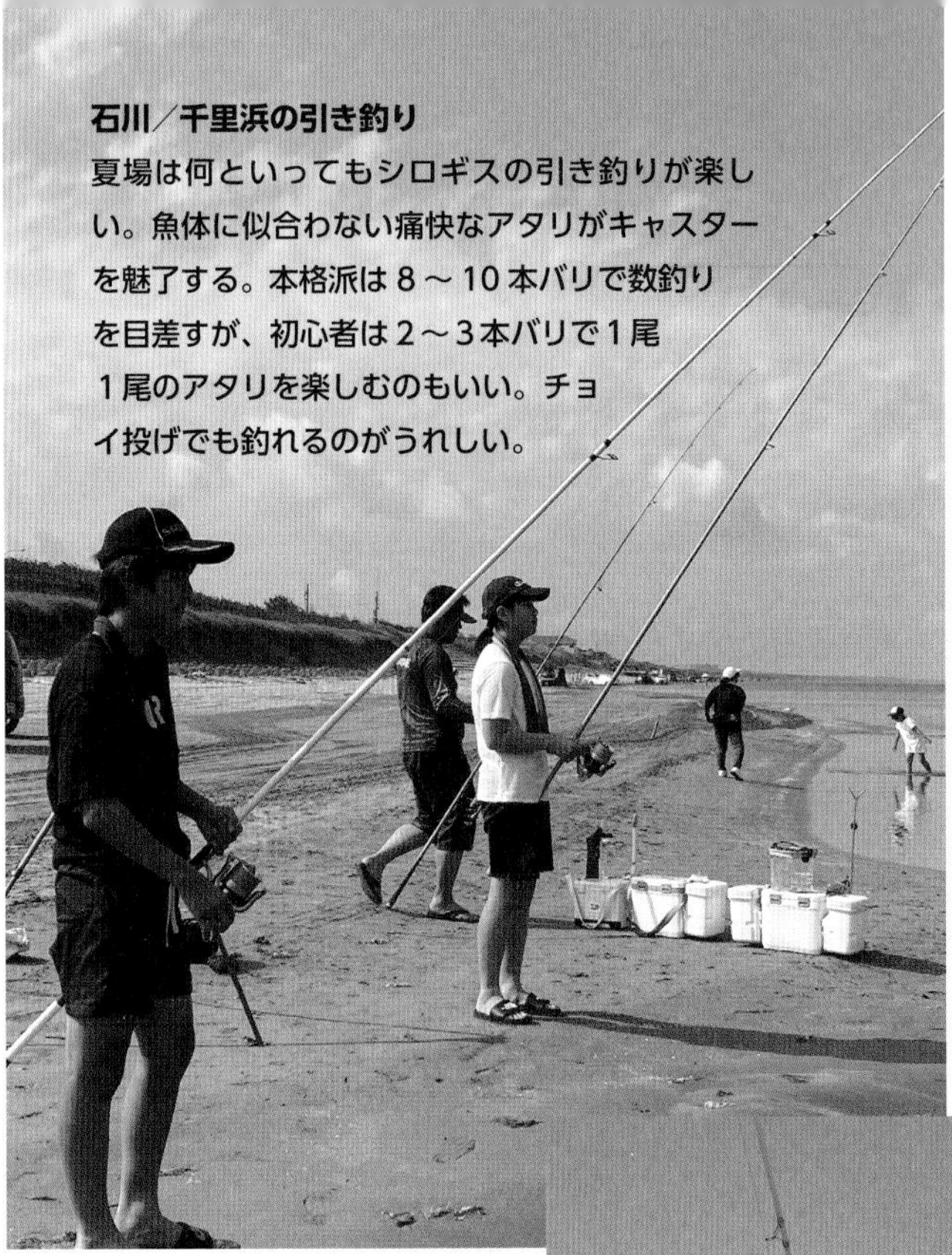

石川／千里浜の引き釣り

夏場は何といってもシロギスの引き釣りが楽しい。魚体に似合わない痛快なアタリがキャスターを魅了する。本格派は８～10本バリで数釣りを目差すが、初心者は２～３本バリで１尾１尾のアタリを楽しむのもいい。チョイ投げでも釣れるのがうれしい。

水深が浅いサーフや防波堤から、手軽にシロギスが釣れるのがこの季節。波打ち際近くで当たるからチョイ投げでもＯＫ。投げ釣り入門に最適だ。夜釣りも面白い時期でマダイ、スズキ、マゴチ、大ギスなどがねらえる。

岡山／水島沖・茶瓶の大もの釣り

岡山沖には多くの島が点在しており、渡船で渡って磯投げを楽しむ。初夏からマダイ、スズキ、クロダイ、ニベなどが釣れ始め、いずれも50㎝オーバーの大型がねらえる。時には70㎝オーバーのマダイ、スズキがヒットすることもある。魅力たっぷりのエリアである。

和歌山／煙樹ヶ浜のマゴチ

マゴチが多いことで知られる煙樹（えんじゅ）ヶ浜。塩イワシや生きアジなどでねらうと面白い。虫エサで夜釣りをするとヘダイをメインにクロダイ、キビレなどが釣れる。また夏ではないがGWころには大型マダイの実績もある。

岡山／下津井・大室漁港の夜釣り
沖合の島々が有名なエリアであるが、潮通しのよい地方の防波堤でもマダイやクロダイ、ニベなどが釣れる。島に比べるとサイズは落ちるものの、手軽に釣行できるのがありがたい。

四季の投げ釣り

秋

Autumn

晩秋から初冬にかけてはカレイが釣れ始める。釣って楽しく、食べて美味しいことから人気ナンバーワンのターゲットといえる。また、強い引きがたまらなく面白いコロダイ、ハマフエフキなどの磯ものねらいも最盛期を迎える。

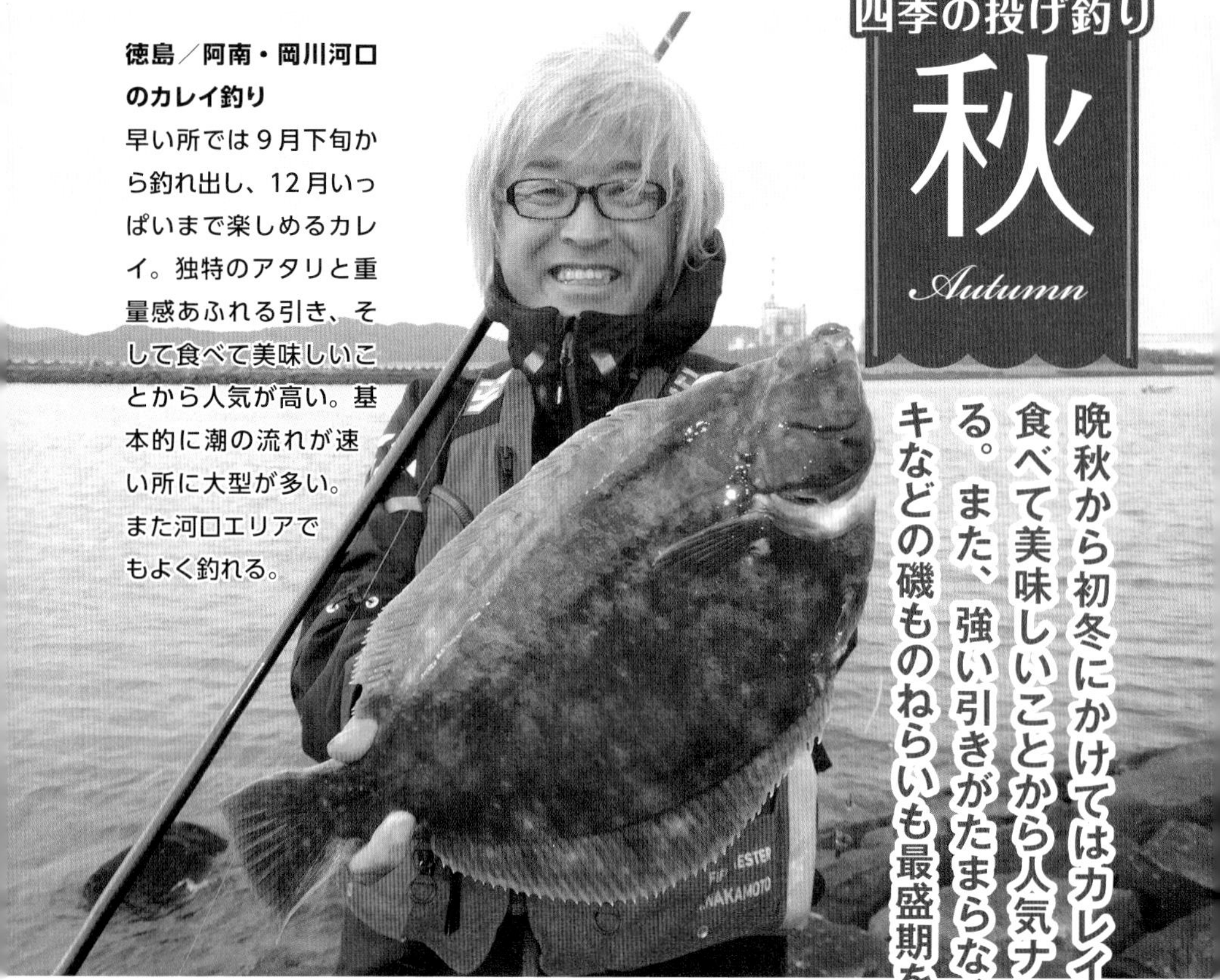

徳島／阿南・岡川河口のカレイ釣り

早い所では９月下旬から釣れ出し、12月いっぱいまで楽しめるカレイ。独特のアタリと重量感あふれる引き、そして食べて美味しいことから人気が高い。基本的に潮の流れが速い所に大型が多い。また河口エリアでもよく釣れる。

徳島／鳴門・里浦海岸のカレイ釣り

シロギスの引き釣りで有名な所であるが、秋から初冬はカレイが釣れる。遠浅海岸のため遠投に分がある。数は多くないが釣れれば良型以上というのが特徴。キビレやマゴチが混じることもある。

和歌山／南部（みなべ）川河口の磯ものねらい

磯投げでねらうのが一般的なハマフエフキだが、条件が揃えば手軽なサーフでもねらうことが可能。地方からだと50㎝クラスがメインだが、時には70㎝オーバーも来るから油断できない。しっかりしたタックル、仕掛けで臨もう。

石川／能登・西海（さいかい）漁港の落ちギス釣り

晩秋になるとシロギスが浅場や港内で群れるようになる。落ちギスと呼ばれる集団で、うまくこれに遭遇すると良型が入れ食いになることもある。ただ期間が短いため情報があればすぐに出かけること。

冬

Winter

シーズンオフがないといわれる投げ釣りだが、さすがに海水温が下がる冬から早春は釣りものが少なくなる。しかし、アイナメが元気な引きを見せてくれるし、温暖なエリアでは冬ギスやカワハギなどが痛快なアタリで楽しませてくれる。

和歌山／宇久井周辺の冬ギス釣り

夏場のイメージが強いシロギスだが、海水温が高い南紀や紀東エリアでは 12 月から翌 1 月ころまで釣れる。数、型とも盛期にはかなわないが、冬ギスならではの釣趣があって楽しいものだ。

和歌山／串本の湾内磯のカワハギ釣り
本州最南端・串本の湾内磯では真冬でも大型カワハギが釣れる。水深が15～30ｍと深く、水温が安定しているのが要因だ。エサ取り名人として知られる魚だけに釣りにくいが、それゆえ上手く掛け合わせた時の爽快感は特別。この時期はキモパンで食味も最高！

徳島／鳴門・岡崎周辺のアイナメ釣り

カレイで有名な岡崎周辺だが、冬場はアイナメ、それも大型の実績が高い。35 ～ 40㎝が強いアタリで楽しませてくれる。良型カサゴも混じり、３月ころからは春ガレイも期待できる。カレイと同様に潮止まり前後がねらいめ。

はじめに

シンプルな釣りならではの奥深い楽しさ

奥の深い釣りでありながら、誰でも手軽に入門できる投げ釣り。対象魚が豊富で四季折々に楽しむことができ、釣れる魚が美味しいのも魅力だ。

一見すると、仕掛けを投入したら魚が食いつくのを待つだけのようにも見えるシンプルで原始的な釣り。それのどこが面白いの？　と疑問視される人もいるかもしれない。しかし、だからこそ個人の能力やテクニック、経験が生かされる釣りでもある。

たとえばシロギスの引き釣りでは遠投力で釣果に差が出たりする。100m投げる人と150m投げられる人とでは、単純に探れる範囲が1・5倍も違う。これだけでも遠投力のある人は大きなアドバンテージとなる。

カレイやマダイ、スズキなどを置きザオでねらう場合でも、実績や潮読み、ポイントの見分け方、時合、エサなど、釣り場に精通しているかどうかで釣果に大きく差が出る。ポイントの見分け方などは一朝一夕に会得できるものではなく、ある程度経験を積まなくてはいけない。

とはいえ、最初に述べたように誰でも手軽に楽しめるのが投げ釣りだ。特に近年は「チョイ投げ」が流行っている。エギングロッドやシーバスロッド、あるいは磯ザオなど手持ちのサオにリールをセットして10号前後の軽いオモリを付け、20〜30m投げてシロギスやベラ、メゴチ、チャリコ（マダイの幼魚）などをねらう釣り方だ。夏場のよいシーズンにはシロギスやベラのブルブルッとしたアタリを楽しむことができ、初心者や若い人に人気がある。釣り入門、投げ釣り入門にピッタリといえる。まずはこのように手軽なスタイルから始めて、徐々にステップアップしていくのもよいだろう。

また、「投げ釣りの経験は多少あるがもう一段レベルアップしたい」という人は、今一度基本に立ち返り、本書を参考に経験を積んでいただければ、さらなるレベルアップが期待できる。

投げ釣りは、初心者は初心者なりに、ベテランはベテランなりの楽しみ方ができるのもよい。初心者は、魚が小さくてもいいからとにかくアタリと引きを感じることで満足できるだろう。ベテランは、シロギスの引き釣りで数釣りを目差したり、置きザオでカレイ、マダイ、スズキ、コロダイなどの大ものを仕留めることに心血を注ぐ人もいる。大ものの引きはたまらなく楽しく、その強い引きを味わうとヤミツキになること間違いない。

四季折々のターゲット、本命以外の魚種も多彩

アユ、アマゴ、メジナ、ブラックバス、ヘラブナなど、他の釣りの多くは単一魚種をターゲットにする。しかし、投げ釣りはシロギス、カレイ、クロダイ、マダイ、スズキ、マゴチ、カワハギ、コロダイなど、実に多くの魚が対象になる。裏を返せば四季で対象魚が変わり、楽しめるのだ。たとえば夏場はシロギス、クロダイ、マダイ、コロダイ、冬場はカレイ、アイナメといったように。また同じシロギスでも引き釣りによる数釣りと、夜の置きザオで25㎝以上の大ギスをねらう釣り方もある。これだけ釣り方や対象魚が豊富なのは、投げ釣りをおいてほかにないと思う。

カレイねらいでクロダイやスズキがヒットしたり、夜釣りで大ギスねらいの時にマダイやマゴチが乱入してくることもある。これも投げ釣りの面白さだ。「ねらっていない魚は他魚」などと堅苦しく考えず、ヒットした魚はすべて対象魚として広い心で迎えるようにしよう。

対象魚の名前を多く挙げたが、これらのすべてが食して美味しい魚である。旬の魚を食べたいが故に釣りに行くという人も少なくない。というより、ほとんどの人がその考えだろう。投げ釣りでは上記以外にカサゴ、キジハタ、ニベ、ウシノシタなども釣れるが、いずれも美味しい魚なので皆喜んで持ち帰っている。

とにかく難しく考えず、開放感あふれる大海原に向かってサオを振り、自分で釣った美味しい魚を食したい、そんな軽い気持ちで投げ釣りを始めていただきたい。

マナーやモラルについて

一方で、どんな外遊びにもいえることだが、投げ釣りには危険が伴うことがある。20～30号という重いオモリが、自分のねらいとは違う方向に飛び、そこに人がいれば大変なことになりかねない。初心者はまず、人気のない所でキャストの練習をしてほしい。サオはいきなり強く振らず、軽く振ることから始めて徐々に強めていくようにする。キャストの章で解説しているオーバースロー

から始めることをおすすめする。飛距離は伸びないが正確にキャストできる。これが基本で、マスターしてから

次の段階に進む。

釣り場でのマナーにも気を付けたい。シロギスの引き釣りは1本ザオが基本なので他の釣りとあまり変わらないが、置きザオによるカレイやマダイねらいでは複数のサオをだすことが多い。その場合、人気釣り場で人が多いとオマツリ（他の釣り人のラインや仕掛けなどと絡むこと）などのトラブルが発生しやすい。そんな時はサオ数を減らすなどしてトラブル回避に努めたい。もしオマツリしてしまったら、「すみません」「こちらに来て巻いてください」とていねいに挨拶することで雰囲気も和むだろう。気持ちに余裕をもち、貴重な休日の楽しみを損なわないようにしたいものだ。

釣り場のゴミ問題も深刻化しており、釣り禁止になるケースもある。自分のゴミは必ず持ち帰り自宅で処分する。特に仕掛けなどを置き去りにすると、後から来た人が怪我をすることも考えられるし、海鳥などの足に仕掛けが絡まっているのを見ると悲しくなる。

騒音や駐車の問題も多い。夜間は静かに行動し、迷惑駐車は厳に慎むこと。一般的なマナーやモラルは釣り場でも同じである。釣りを長く続けるためにも、ぜひ守っていただきたい。

目次

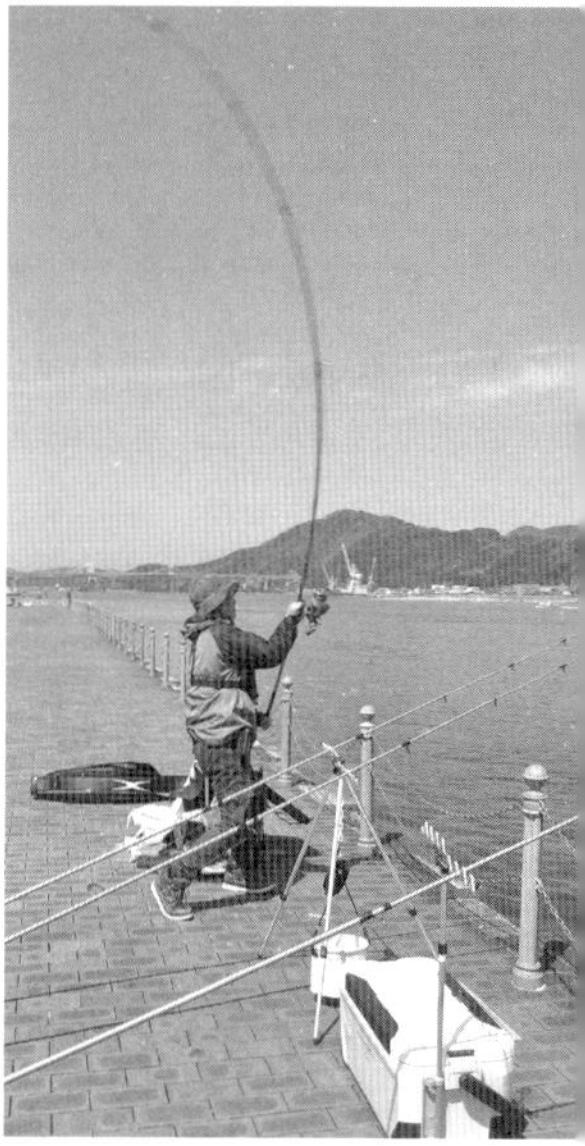

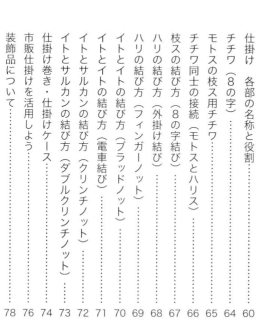

3章　エサ

装丁　神谷利男デザイン株式会社
イラスト　堀口順一朗
写真協力　株式会社シマノ

1章

タックル

投げ釣りはルアーや磯釣りタックルなどを流用して楽しむこともできる。一方で、重いオモリの使用や遠投の必要性など、あらゆる場面に対応するにはやはり投げ釣りに特化した専用タックルの使用が望ましい。オモリ（テンビン）や力イトなど、特殊な釣り具も登場する。まずは各タックルの必要性や特徴を理解してほしい。

サオ

並継ぎ・振り出し式の2種類。最初はライトタックル推奨

投げザオの特徴

投げザオといえば、長さが4mから4・3m、オモリ負荷が25号から33号がスタンダード。投げ釣り初心者がこのサオを手にして思うことは「たかがシロギスやカレイを釣るのに、なぜこのような硬いサオが必要なのか?」だろう。

その答えは、投げザオの場合、魚を釣るという機能の前にオモリ（仕掛け）を遠くへ投げることに重きを置いているからだ。25号クラスのオモリを100mから150m、人によっては200m付近までキャストする。そのためには磯ザオやルアーザオでは無理で、やはり投げザオのような専用設計の超硬調ザオが必要になる。

超硬調ザオは大もの釣りにも不可欠だ。潮流が速い釣り場でのマダイ、クロダイ、スズキねらい、カケアガリがきついポイントでのカレイ、アイナメ、マダイねらいの時に威力を発揮してくれる。前記のような釣り場では磯ザオやルアーロッドでは対処しきれず、せっかくの大ものをバラしてしまう可能性が高い。

また、長さも5m近くなると取り回しが悪く、一日に何度もキャストを繰り返す投げ釣りでは疲れが溜まってしまう。かといって3m前後では遠投性に劣り、取り込み時にも負担がかかる。そのような背景があって、例外はあるものの、投げザオは現在の長さに落ち着いた。

並継ぎザオ・振り出しザオ 特徴と使い分け

釣りザオの種類を大別すると「並継ぎ」と「振り出し」がある（特殊なものとして「印籠《いんろう》継ぎ」がある）。並継ぎザオは、たとえば3本継ぎならそれぞれが個別に分かれ（3つに分かれる）、継ぐ時は上のサオを下のサオに差し込むことで1本の形になる。

振り出しザオは何本継ぎであろうが1本の状態に仕舞う形になる。使用する時は穂先（細いほう）から伸ばしていき、1本の状態にして使う。

並継ぎは主にルアーザオやヘラブナザオに採用され、振り出しは磯ザオやアユザオ、渓流ザオに採用されるケースが多い。もちろん例外もある。

並継ぎザオの特徴は構造から全体的に堅牢に仕上げることが可能。力の伝達もスムーズなので遠投性能に優れている。全体の調子なども比較的出しやすく感度もよい。難点は、仕舞う時に

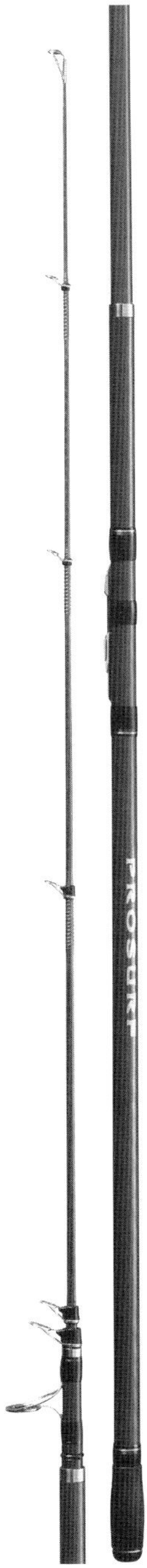

振り出しザオ

１本の状態に仕舞える
ため携行性に優れる

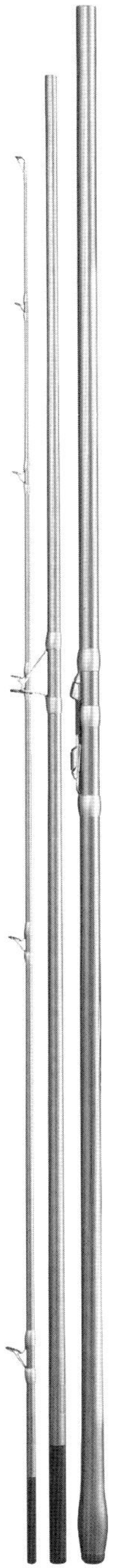

並継ぎザオ

高感度で堅牢、高い遠
投性能を発揮する

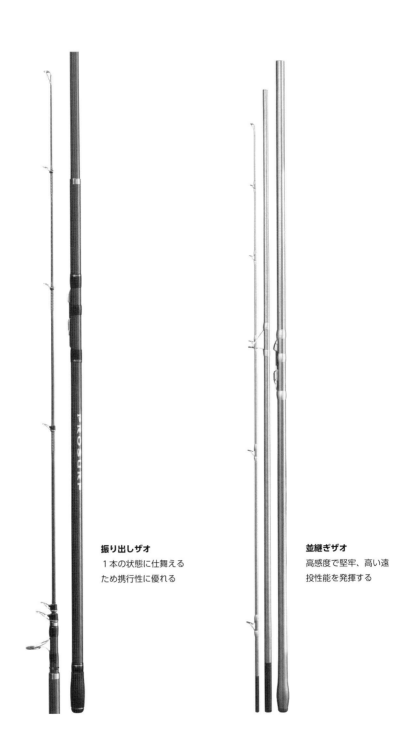

本数が多くなるため、ややかさ張ることである。

　一方、振り出しザオは1本に仕舞えるコンパクトさが利点。４本継ぎ（元ザオに穂先までの３本が収納されている）がメインのため、並継ぎザオに比べると仕舞寸法も短くなる。

　全体的にそれぞれのパーツの肉厚が薄くなるため、強度的にはやや落ちる。調子も、やや胴調子になりがち。しかし近年は素材の進化や技術の向上により、並継ぎザオに負けない強さ、調子の振り出しザオが多くなっている。中には振り出しザオでありながら３本継ぎもある。これなどは並継ぎザオに負けない調子になっている。

　どちらのタイプを選ぶかは用途と好みによる。一般的な考え方としては、並継ぎザオはシロギスの引き釣り、振り出しザオは大ものの置きザオ釣りに適している。理由は、シロギスの引き釣りは小さなアタリを感知したい。そのため感度が極めて高い並継ぎザオが有利。また、遠投性能的も並継ぎタイプが優る。

　カレイやマダイ、スズキなどの大ものを置きザオでねらう場合、その場所や条件にもよるが３～４本のサオをだすことが多い。並継ぎザオだとロッドケースがかさ張り、不便を感じる。その点、振り出しザオは比較的コンパクトに収めることが可能。また、大もの釣りでは磯場や岩場、防波堤でも足場が狭い所でサオをだすケースが多い。そのような場所でも振り出しザオなら小さなスペースで準備ができる。この利点はかなり大きい。

　ただし、これはあくまでも一般論である。振り出しザオでシロギスの引き釣り、並継ぎザオで置きザオ釣法をしても全然かまわない。

　中にはコロダイやハマフエフキなどの磯もののねらいで、あえて並継ぎザオを使う人もいる。強度や反発力を考慮した、超大ものを意識する場合のこだわりといえる。

　ほとんどのサオにはガイドやリールシートが初めから装着されている。一方で、メーカーのカタログにはそれらのパーツが何も装着されていないサオも紹介されている。これは「ストリップ」と呼ばれるタイプで、ガイドの形、大きさ、位置、リールシートの位置、スレッド（巻きイト）などを購入した人がカスタマイズできる。手間と費用はかかるが自分好みに仕上げることができる。

長さと調子について

　サオの長さや調子（硬さ）は自分の背格好や体力に合わせるのが基本。

　長さはメーカーによって多少違うが、並継ぎザオは3・65、3・85、4・05、4・25ｍなどがラインナップされている（ほかにもある）。4・05ｍが標準的だが、遠投や波が荒い状況を意識する場合は4・25ｍ。体力がない、あるいは遠投の必要がなく手軽に釣りたい時などは3・85m、もしくは3・65mを選べばよい。短めのサオは取り回しがよく、これはこれで非常に楽しいシロギス釣りができる。

振り出しザオは4・05、4・25mが主流。どちらを選ぶかは体力や好みによるところが大きいが、本格派は4・25m（がまかつなら4・3m）を選ぶ人が多い。釣り場が磯場や消波ブロック越しの場合、少しでも長いほうが取り込み時に有利に働くからだ。

それなら5mクラスでもよいのでは、と思われるかもしれないが、磯場などでは後方が狭い場合がほとんど。そんな所で長ザオはとても不便。キャスト時に振りづらいからだ。そのような場所では短めの4・05mが使いやすい。

できれば長短2タイプがあると理想だが、なかなか難しい。近年4・15mという中間サイズも出て選択肢が広がった。

サオの調子の表示方法はメーカーによって違うが、25、27、30、33、35号が主流。これも自分の体力、好み、用途などで選ぶ。シロギスの引き釣り、大もの釣りとも30号が標準的だが、遠投や大ものを意識する場合は33号や35号を、食い込みを重視する場合や近投でよい場合などは27号や25号を選択。この場合もすべてを揃えるのが理想だが、そういうわけにはいかない。まずは自分がよく行く釣り場、釣りのタイプを考えて選ぶ。

なお、大ものねらいで複数のサオを購入する場合は、なるべく同じ銘柄、同じ号数を揃えるようにしたい。号数がバラバラだと、キャスト時にタイミングが合わずミスにつながりやすいからだ。

ライトタックルから入門

「はじめに」で書いたように、数年前から手軽にシロギスなどのアタリが楽しめる「チョイ投げ」が流行っている。この釣りで使用するタックル（主にルアーザオ）では釣り場、対象魚、飛距離などが制限されて進歩がない。そこで、これから投げ釣りを始めたいと思う人や、チョイ投げからステップアップを考えている人は、やはり投げ釣り用のタックルを用意してほしい。

ただし、最初はライト系のものを選ぶとよい。前記したような本格的なタックルだと、使いこなせないことがあるからだ。

メーカーのカタログを見ると、長さが3mから3・6mクラス、オモリ負荷10号から20号クラスの投げザオがある。まずはこのあたりからスタートするのが無難。他の釣りの経験がある人は1～2クラス上のタイプでもよいだろう。

とにかく自分が使いこなせるものを購入する。また、シロギスの引き釣りなら1本でよいが、カレイなどを置きザオでねらいたい場合は2～3本あったほうがよい。

リール

遠投性能を重視した「投げ専リール」

大口径スプール&ロングストローク

基本的に投げ釣り専用のスピニングリールを使う。エギングやシーバス釣り、磯釣りに使用するものよりかなり大型である。理由はサオと同じで、オモリ（仕掛け）を遠くへ投げたいからである。投げ釣り専用リール（通称「投げ専リール」）のスプール径は大きく、ストローク（上下に動く範囲）も長い。スプール径が小さく、ストロークが短いものと比べると投てき時のライン（ミチイト）の出方が全然違う。当然、投げ専リールのほうがスムーズで、それだけオモリを遠くへ飛ばすことが可能になる。スプールが大きいとミチイトを多く巻けるメリットもある。

ドラグ機構の有無・理由と使い分け

ほとんどのスピニングリールにはドラグ機構が備わっている。これはスプール中央部のつまみを回して緩めると、イトが引っ張られた時にスプールが逆回転する機構のこと。少し緩めてラインを引っ張るとゆっくりと回転し、大きく緩めてラインを引っ張るとスルスルと滑らかに回転する。

ルアー釣りや磯釣りで大ものがヒットした時、このドラグ機構を使ってやり取りをする。魚が強く引っ張ってサオがのされそうになった時、ドラグを緩めてラインを出す。魚の動きが弱まったらドラグを締めて巻きにかかり、また魚が強く引っ張ればドラグを緩める。このようにして徐々に魚を寄せてくる。サオがのされそうな時に対処しないとラインやハリスが切られてしまう恐れがあるが、それを防ぐための機構であり、テクニックである。

投げ釣りでもこのようなやり取りを行なうこともあるが、ごく希である。どちらかといえばないに等しい。特にシロギスの引き釣りでは皆無といえる。そんなことから、シロギスの引き釣り用リールにはスピニングリールとしては珍しくドラグ機構が備わっていない。必要ないからだ。

ドラグ機構を付けるには数枚のワッシャーや大型つまみが必要で、なければ重量をかなり軽くできる。リールのタイプやグレードにもよるが、100gほど軽くなる。一日中手持ちザオで釣る引き釣りでは、リールの軽量化は大きなアドバンテージである。

一方、置きザオによる大ものねらいではドラグ機構付きのリールを使うことが多い。大ものがヒットした時にやり取りするためもあるが、それ以上に「ドラグフリー釣法」を行なうためである。

カレイや大ギス、マダイ、スズキなどを置きザオでねらう場合、三脚にサオを置いてアタリを待つ。この時、ドラグを緩めておく。魚がエサをくわえて走った時に抵抗なくラインを出ていかせるためで、これがドラグフリー釣

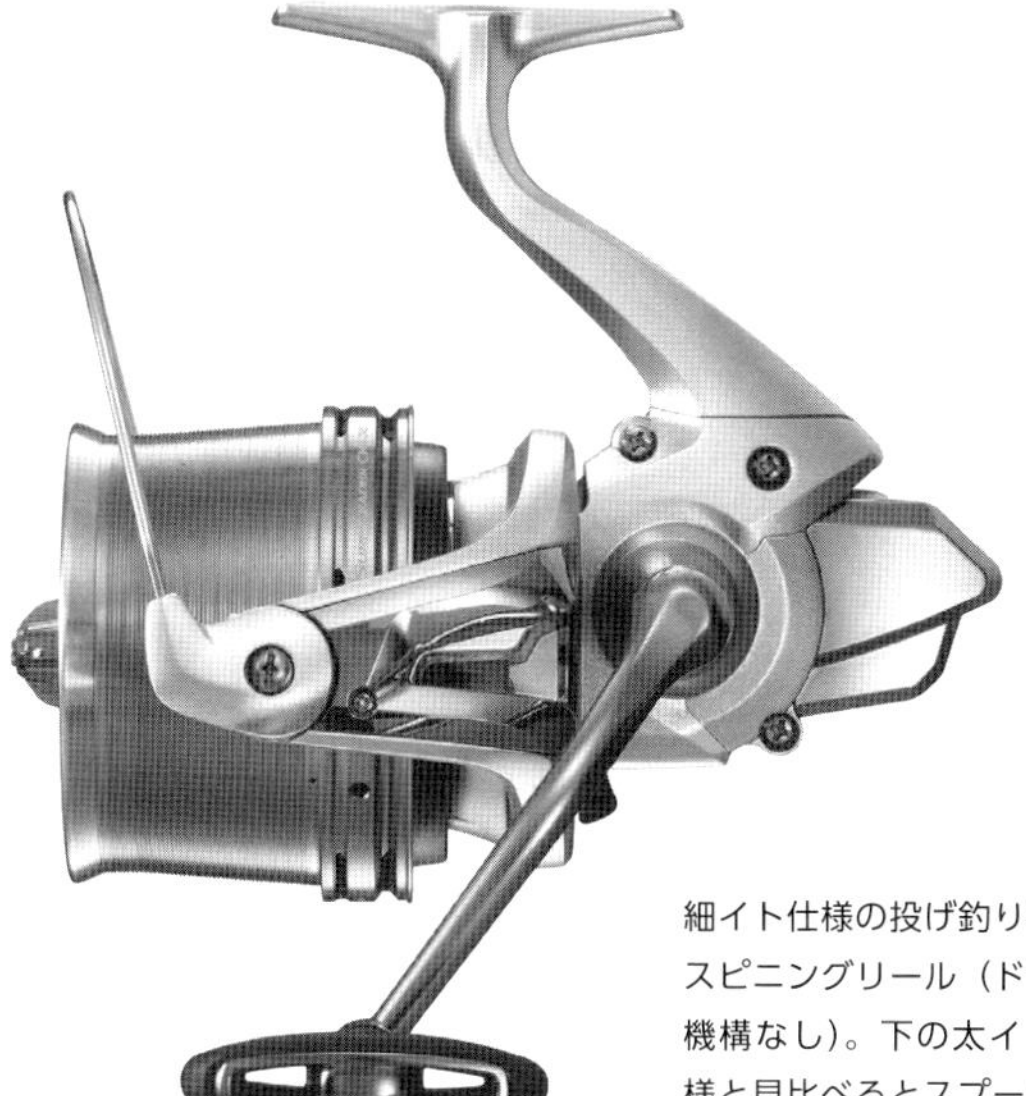

細イト仕様の投げ釣り専用スピニングリール（ドラグ機構なし）。下の太イト仕様と見比べるとスプールの違いが分かる

太イト仕様の投げ釣り専用スピニングリール（ドラグ機構付き）

法だ。ドラグを締めたままだと魚がサオの抵抗を感じ、エサに食いついても放してしまう恐れがある。それを防ぐ意味合いが大きい。特に大ギスは神経質で、少しの違和感でもエサを放してしまう。じっくり食わせるためにも必ずドラグはフリーにしておくこと。かなり緩めでもよい。

比較的大胆に食って来るカレイの場合、ドラグロックでも食いにはさほど影響しない。しかし、カレイをねらっている時にカンダイ（コブダイ）やスズキ、エイなどが当たることがよくある。これらの魚は力が強く三脚をなぎ倒し、サオを海中に引きずり込んでしまう。その予防策でもある。

マダイ、スズキ、クロダイ、マゴチなども活性が高い時は大胆に食って来る。しかし、水温が低いなど何らかの理由で食いが渋い時は、大ギスと同様に抵抗を感じるとエサを放してしまう。そうならないためにもドラグフリーで臨むのがよい。大ものにサオを持っていかれないためでもある。

前記したようにドラグ機構付きのリールは重量が重くなる。しかし、ほとんどが置きザオなので苦にならない。

自分の釣りに合ったリールを選ぶ

投げ専リールにもサイズがある。ドラグ機構の有無にかかわらずスプール径が70～75㎜、ストロークが35㎜、あるいはスプール径が65㎜前後、ストロークが45㎜が最も大型で、かつスタンダード。巻き上げ力やミチイトの巻ける量などを考えると、このサイズが理想的であり、本格派は多用する。

ちなみに同じタイプのリールでも細イト仕様、標準仕様、太イト仕様がある。違いはスプールの溝の深さで、細イト仕様は浅く、太イト仕様は深い。同じ200mのミチイトを巻くにしても、細イトはかさ張らないので溝は浅くてよい。逆に太イトはかさ張るため深溝が必要だ。

もしも太イト仕様のスプールに細いミチイトを巻くと、かなりへこんだ状態になる。これではライン放出時にスプールエッジに当たり抵抗となり、飛距離が落ちてしまう。逆に、細イト仕様のスプールに太イトを巻くと、200m巻きたくても150mほどしか巻けない。これではせっかくの高機能が発揮できない。

自分がどんな釣りに使うかを考えてリールを購入するのが大事。シロギスの引き釣りなら細イト仕様が向くし、大もの釣りなら太イト仕様がよい。メーカーのカタログにはイト巻き量が表示されているので参考にする。いずれにしても、自分が使いたいラインが200mほど巻けるものを選ぶ。

ミチイトは全量を巻いた時にスプールエッジよりややへこむ程度が基本。多く巻きすぎると投てき時にバックラッシュを起こしやすく、少ないと前記したようにスプールエッジに当たって抵抗が増し飛距離が落ちる。

×＝ミチイトが多すぎる

○＝ちょうどよい

×＝少なすぎ

近年はベテランでもあえてワンランク下のサイズのリールを使うことがある。遠投が不要で手軽に楽しみたい時である。スプール径60㎜前後、ストローク30㎜、もしくは25㎜といったタイプだ。このような中型投げ専リールでも100～120mラインまで投てきが可能で、パワーも備えている。

サオの解説で入門者や初心者はライトタックルから始めるのがよいと書いたが、リールも同じで中型から始めるのがおすすめ。ただし、サオは本格的なスペックなのにリールは中型、あるいは、サオはライト系なのにリールは大型だとバランスが悪く使いづらい。どちらかに合わせるのが基本である。

替えスプールの必要性

釣りをしていると、投てき時にラインがバックラッシュを起こしたり、根掛かりで高切れするなどのトラブルがよくある。簡単なトラブルならその場で修復すればよいが、ぐちゃぐちゃになった時は時間がかかり、せっかくの時合を逃すこともある。

そのような時のために替えスプールを用意しておく。スプールを交換するだけでよいので時間を有効に使える。切れたものなどは自宅に帰ってからゆっくりと修復すればよい。

また、釣り場に着いて釣りをスタートしてから気づくこともある。思った以上に遠投が必要だとか、根掛かりが多いなどだ。そのような場面でも号数違いのスプールを用意しておけば対処できる。シロギスの引き釣りならPEラインの0・6、0・8、1号、大ものねらいだとナイロンラインの3、5、8号を用意しておくと、ほとんどの場面をカバーできる。

替えスプールはリール購入時にセットされているものもあるが、ないものが多い。別途購入になるが、あると便利。いざという時に助かるのでぜひ購入しておきたい。

各部の釣りイト

ミチイト、カ(ちから)イト、ハリス、モトス

ナイロンラインとPEライン、特徴&使い分け

投げ釣りで使用するミチイトの材質はナイロンとPEに大別される。ナイロンラインはやや太く伸縮性がある。一方、PEラインは細くてほとんど伸びない。引っ張り強度も高くナイロンラインの約2・5倍あるといわれている。細くて強度があるということはナイロンラインより細イトを使えるわけで、それだけ遠投ができる。基本的にラインが細いほど放出時の抵抗が小さく、遠投性が向上するからだ。

それならすべてのシーンでPEラインを使えばよいようにも思えるが、実はそうではなく、まだまだナイロンライン派が多い。そのほとんどは大もののねらいの人たちだ。使用する最も大きな理由は「食い込みのよさ」。前記のとおりPEラインはほとんど伸びがなく、魚はエサをくわえた時にサオ先の抵抗をもろに受ける。違和感を覚えた魚はエサを放してしまうかもしれない。それを避けるためにPEラインを使わない人が多い。その点、伸びのあるナイロンラインは抵抗を感じにくく、エサを放す確率がかなり低くなると考えられる。

リールの項で「ドラグフリー釣法」を紹介した。ドラグを緩めてアタリを待つことで食い込みがよくなるというものだ。ドラグフリー釣法ならPEラインを使用していても食い込みにさほど影響はないのでは？　と考えるのは自然だ。しかし、実際にナイロンラインとPEラインを使い比べてみると差があることに気づく。高活性の時はそうでもないが、低水温などで食いが渋い時は差が大きく出る。こうした点から、数少ないチャンスをものにするためにナイロンラインを使う人は多い。

ヒットしてからのやり取りでも差がある。ナイロンラインは魚の引きを伸びが吸収してくれるため、比較的穏やかに寄せてくることができる。一方、伸びがないPEラインはゴンゴンと魚の引きがダイレクトに伝わる。これはこれで楽しいのだが、暴れさせることでハリが外れたり、時には折れることもある。そんなリスクも抱えている。どちらを選ぶかは個人の感性次第だ。

大ものねらいで使う号数だが、ナイロンラインの場合、根掛かりがないポイントだと3号が標準。多少根掛かりがある所ではその頻度に応じて4、5号を使い分ける。磯投げの場合だと8、10号の通しにする。PEラインの場合、通常のポイントだと2号、根掛かりの

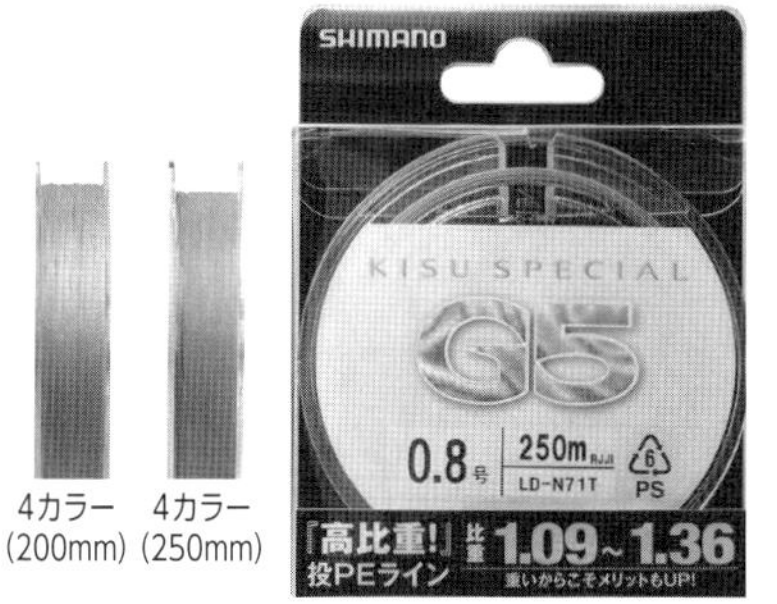

●ミチイト
PE ライン。細くて伸びがほとんどなく、ナイロンラインの約 2.5 倍もの引張強度があるといわれる

●ミチイト
ナイロンライン。PE ラインよりも交換頻度が高いため、写真のような巻き量の多い単色の徳用製品を愛用する釣り人も多い

●カイト
キャスト時のイト切れを防ぐ投げ釣りならではのライン。テーパーラインと呼ばれることも多い

●ハリス、モトス（幹イト）
ハリを結ぶイトは張りのあるフロロカーボンが主流

カイト（テーパーライン）

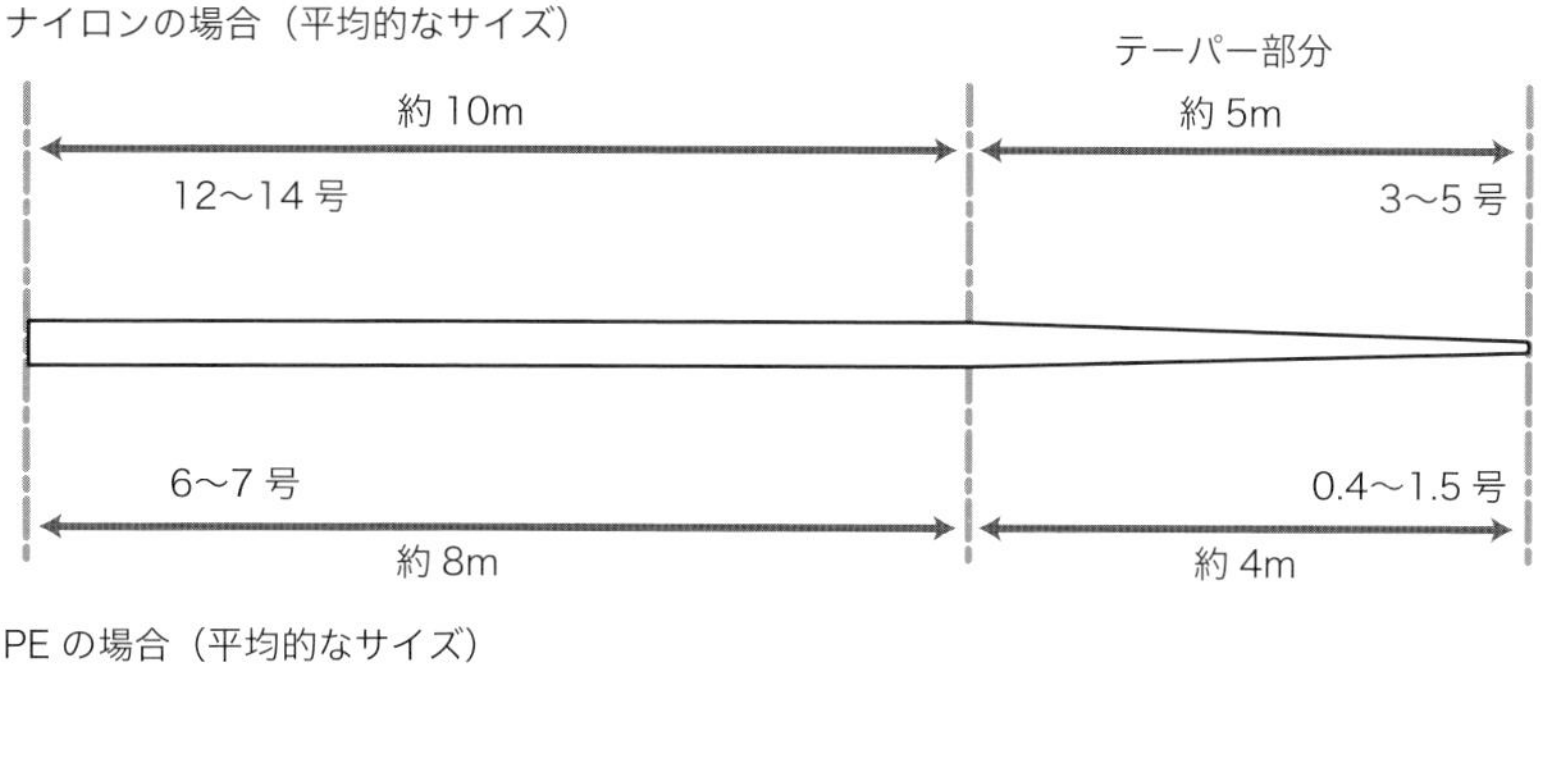

ある所だと3号、磯ものねらいなら5～6号がよい。

伸びのないPEラインの出現によって大きく変わったのがシロギスの引き釣りだ。細イトを使用できることで以前より遠投ができ、しかも150mラインでもシロギスのアタリが分かるようになった。ポイントをしっかりと把握でき、探るべきエリアが明確になった。シロギスの引き釣りテクニックが格段に向上した要因のひとつといえる。

使う号数だが、きれいな砂地底で遠投がよい場合は0・6号、少し海藻などがあるポイントでは0・8号を選択。超遠投したい場合は0・4号なども使うが、ちょっとしたトラブルで切れたりするのでベテラン向きといえる。

PEラインは200m巻き（細イトは250m巻き）で売られていることが多い。メーカーやアイテムによって違うが25mか10mごとに色分けしてあり、飛距離やアタリのあったポイントを把握できる。この配色を覚えておくことで釣りの精度が向上する。

ナイロンラインも色分けされたものが販売されているが、傷みが早く交換の頻度が高い。そこで色分けラインより安価なボビン巻きを購入する人が多い。600、1000、3000m巻きなどがあり、色は蛍光イエロー、ピンク、オレンジなど。単色のため飛距離は分からないが、釣行回数が多い人にはありがたい商品である。

PEラインはナイロンラインに比べて劣化しにくく、長持ちするのが特徴。切れるまで使える。ただ、擦れには弱いとされ、浮きやすい性質のため海流に流されやすいという欠点もある。

投てき時のショック切れを防ぐカイト

投げ釣りは硬調ザオをフルキャストし、25号以上のオモリを100m以上も投げる釣りである。当然、キャスト時にラインにかかる負荷はかなり大きなものとなる。ナイロンラインの3～5号や、ましてやPEラインの0・6号クラスならショックでひとたまりもなく切れてしまう。そこでミチイトの先にカイトなるものを結ぶ。

カイトは、名前のとおり投てき時のショックに負けない太さになっている。ナイロンラインなら12～16号、PEラインなら6号が標準。ただ、この太さのイトを細いミチイトに直接結ぶと差がありすぎて上手く結べないだけではなく、少しのショックで切れてしまう。これを防ぐために、カイトの中間部分からミチイト側はテーパー状に徐々に細くなっている。そのためテーパーラインとも呼ばれている。

ミチイトがナイロンラインならナイロンのカイトを、PEラインならPEのカイトを結ぶのが基本だが、投てき時のショックをやわらげるため、PEラインにナイロンのカイトを結ぶ人もいる。このあたりは個人の感覚や考えによるところが大きい。

重いオモリを遠投して小さなシロギスなどをねらう投げ釣りは、各部のイトにさまざまな役割があり、それに適したラインが使用されている

ミチイトがナイロンライン3号なら、カイトの細いほうも3号と合わせるのが基本。カイトがワンランク太くなるのはかまわないが、カイトのほうが細くならないようにする。根掛かりした時などに簡単に切れてしまうからだ。PEラインでも考え方は同じ。

ミチイトとカイトの結び方は、ナイロン同士だとブラッドノット、ナイロンとPE、あるいはPE同士は電車結びがよい。

PEラインではミチイトとカイトが一体になったものがある。やや高価だが結び目がないため強度が高く、海藻なども絡みにくい。シロギスの引き釣り競技会など、ここ一番という時に使う人が多い。なお、ナイロンラインの8号以上、PEラインの5号以上ではカイトは不要。通しで使用できる。

ハリスはフロロカーボンがメイン

ハリを結ぶイトをハリスという。素材はナイロンとフロロカーボンの2種類があるが、シロギスの引き釣り、大ものねらいのいずれでもフロロカーボンがよく使われている。ナイロンハリスに比べてフロロカーボンハリスはシャキッとしており、遠くに仕掛けを投げる時、シャキッとしているほうが絡みづらいのがその理由。一方で、食い込みの点ではしなやかなナイロンラインが勝る。食いが渋い時などは、あえてナイロンハリスを使うこともある。

モトスはハリスの1・5～2倍の太さにする

ほとんどの投げ釣り仕掛けではモトス（幹イトともいう）を用いる。投入時に仕掛け絡みを防ぐためで、ハリスの1・5～2倍の太さにするのが基本。たとえばシロギスの引き釣り仕掛けでハリスが1号の場合、モトスは1・5～2号にする。仕掛け絡みを抑えるためにハリスが1号なのにモトスを5号にすると、バランスが悪いだけではなくハリスがショック切れしやすくなるので避ける。なお、マダイやスズキねらいなどで太ハリスの1本バリの場合は、モトスは付けずにハリスだけの通しでよい。

モトスの素材はナイロン、フロロカーボンのどちらでもよいが、シャキッとしているフロロカーボンのほうが絡みは少ない。

オモリ（テンビン）

仕掛けを絡ませないための必需品

機能と役割

投げ釣りはテンビンタイプ、特にL型テンビンと呼ばれるオモリを使うのが基本。その理由は39頁図で示したように、飛行時に力イトやオモリに仕掛けが絡まないようにするためだ。いくらよいエサを使っていても仕掛けが絡んでいると、魚はまず食いつかないので要注意。

仕掛けが絡むのは飛行時が一番多いが、次に多いのが着水時だ。着水した衝撃で力イトなどに絡まってしまう。これを防ぐには、オモリ（テンビン）が着水する直前にリールのスプールに軽く手を添え、ミチイトの出を止めてやる。それによって仕掛けが遠心力で向こう側に倒れ、絡まなくなる。このとき気を付けるのは、リールのベールを戻すなど急激にミチイトの出を止めないこと。一気に止めるとミチイトがショック切れを起こすからだ。あくまでも軽く止めるようにする。

次に絡みやすいのが着底時。オモリ（テンビン）が海底に着いた時にそのまま放置していると、オモリ（テンビン）の上に仕掛けが下りてきて絡んでしまう。これを防ぐには、オモリ（テンビン）が着底したと同時にサオを軽くあおってやる。そうすることでオモリ（テンビン）が少し引き寄せられ、仕掛けが真っすぐなだらかに海底に落ち着く。この行為を「仕掛けを開かせる」と言う。この2つを知らない人が意外に多い。釣果にも差が出るので必ず実行すること。

シロギスの引き釣り仕掛けは長いから絡みやすいと思われている。もちろんそのとおりなのだが、カレイねらいの2本バリ仕掛けや、マダイ、クロダイねらいの1本バリ仕掛けでも絡む。むしろ大ものねらいの仕掛けのほうが絡みやすいかもしれない。エサが大きいので空気や海水の抵抗が増え、重量もあり沈む速度が速いからだ。

キャスト時にも絡むケースがある。特にサオの振り始めが要注意。急激にスイングするとショックで絡むので（下手をすると力イトがショック切れを起こす）、なるべくスムーズにキャストする。また、ライナーになると絡みやすいので、上方40度くらいを目標にキャストするのがよい。

テンビンの使い分け

投げ釣り用テンビンは「固定タイプ」「全遊動タイプ」「半遊動タイプ」に大

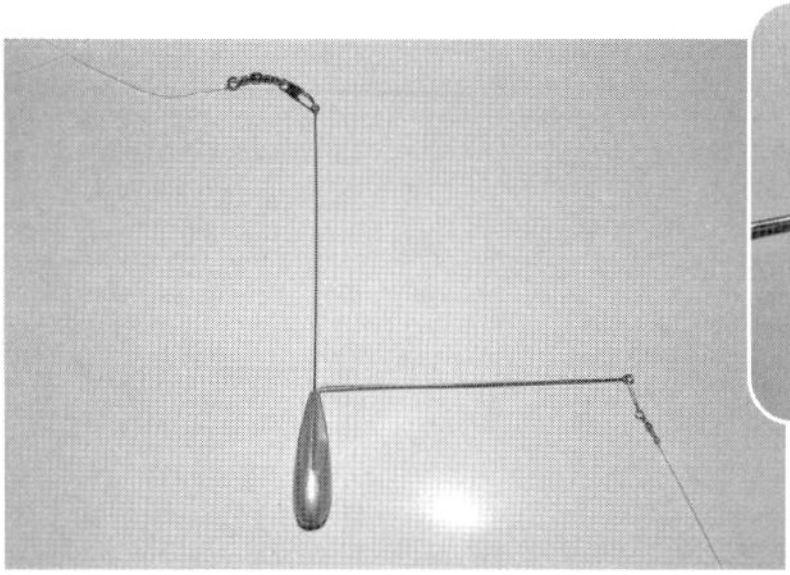

固定タイプのＬ型テンビン

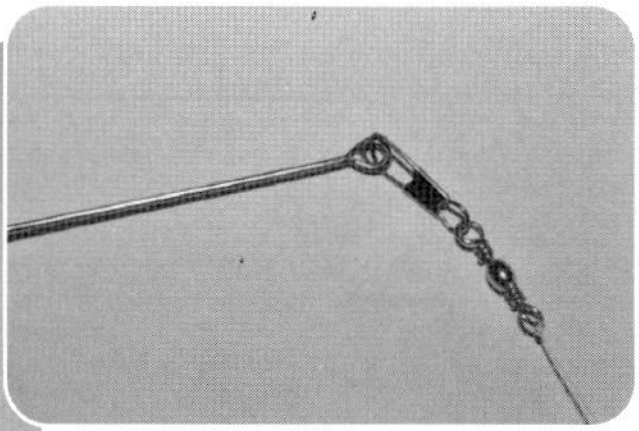

カイトとハリス（モトス）はそれぞれのアームにスナップサルカンで接続する

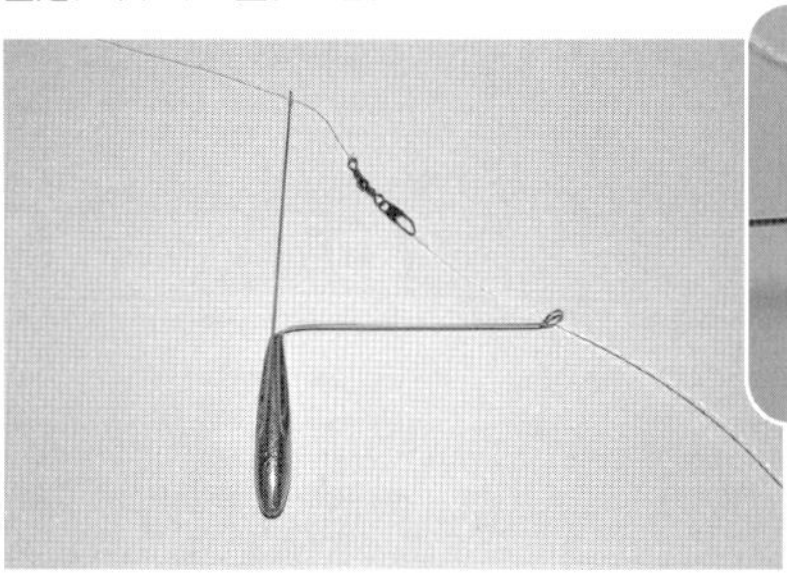

全遊動タイプのＬ型テンビン

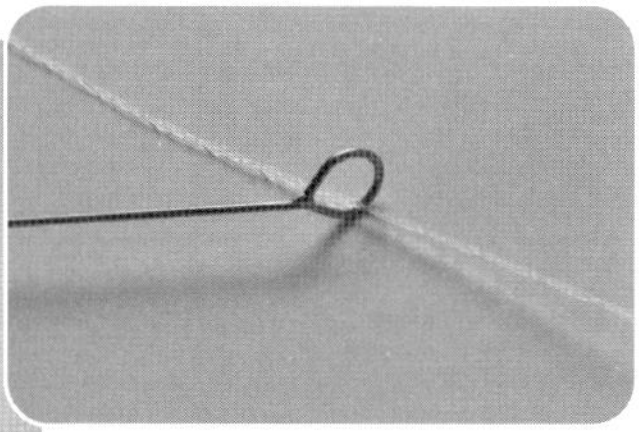

折り曲げるほうのテンビン先端の輪が大きく、仕掛けがすり抜けられるのが特徴

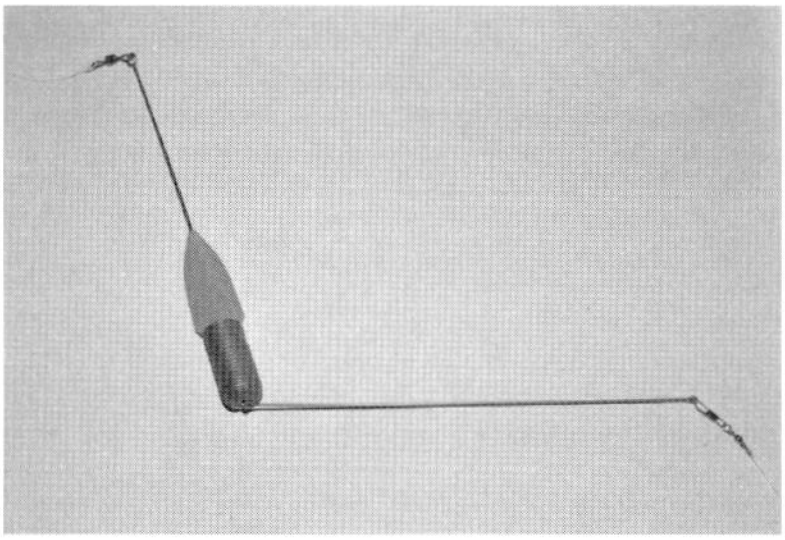

半遊動タイプのジェットテンビン

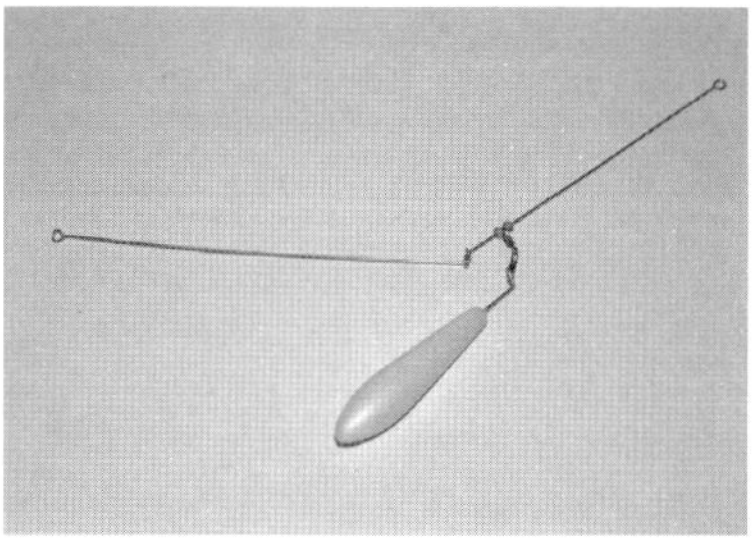

湘南テンビン。これも半遊動タイプだ

別できる。また同じL型テンビンでも「固定タイプ」と「全遊動タイプ」がある。以下はそれぞれの使い分け。

●固定タイプのL型テンビン　主にシロギスの引き釣りで使用する。いわゆる片テンビンタイプで、折り曲げた横棒（テンビン）に仕掛けを付ける。魚がエサをくわえて引っ張るとオモリの重さが直に伝わる。この抵抗で魚はエサを放すと思われがちだが、シロギスなどの小さな魚にはむしろテンビンがショックを吸収し、抵抗なく食わせてくれる。さらにテンビンはバネの役目を果たし、自動的にフッキングする（40頁図）。シロギスの引き釣りでよく使われる理由でもある。

　希に、カレイ釣りなどでもこの片テンタイプのオモリを使う人がいる。何かこだわりがあるようだ。

●全遊動タイプのL型テンビン　主に置きザオでカレイ、マダイ、スズキなど大ものねらいで使用することが多い。折り曲げるほうのテンビンの先の輪が大きいのが固定タイプと違う点。40頁図のようにセットするが、この時、リールのドラグを緩めておくことで魚がエサをくわえて引っ張るとヨリモドシが輪を抜けて出て行く。これが「ドラグフリー釣法」だ。魚に抵抗を感じさせず、確実にエサ（ハリ）を食わせることにつながる。前述のように警戒心の強い大ギスには特に有効だ。

●半遊動タイプテンビン1　いくつかの種類があるが、代表的なのがジェットテンビンタイプ。L型テンビンと違って真っすぐなのが特徴。しかし、飛行時はテンビンの先半分が折れ曲がり、仕掛け絡みを防いでくれる。オモリはテンビンの上部の長さ（約10㎝）しか動かないので、半遊動タイプといわれている。魚がエサをくわえて引っ張ると10㎝ほどで抵抗を感じてしまうので、大ギスねらいには向かない。

ただ前記したように、ジェットテンビンタイプは巻き上げ時は一直線になり、海藻や沈み根が多いポイントで機能する。間をすり抜け根掛かりを避けてくれるのだ。また、浮き上がりも速い。そのようなことから根掛かりの多いポイントで使用されることが多い。

一方で、形状的に転がりやすい欠点がある。潮流が速い釣り場では使いづらい面もあるが、どれを優先させるかはその場の状況判断次第。いずれにしてもL型テンビンとジェットテンビンタイプは持参するのがよい。

●半遊動タイプテンビン2　棒状のテンビンが中央部で90度ほど曲がる構造。投入時はL字状に、海底や巻き上げ時は真っすぐな状態になる。上部のテンビンの長さ分だけ遊動で、アタリがダイレクトに伝わり分かりやすい。湘南テンビンと呼ばれるタイプで、シロギスの引き釣りでよく使われる。

スナップサルカンによってオモリが簡単に交換できるのが利点。25号を使っていて遠投に切り替えたいと思った時、ワンタッチで30号に交換できる。また、無垢のオモリを使っていて食い込みが悪いと感じた時や、引き心地を変えたい時、木オモリや発泡オモリに簡単に交換が可能。

このタイプをカレイ釣りやマダイ釣りで使う人もいる。巻き上げ時にテンビンが真っすぐになるので海藻帯を抜けやすい、というのが最大の理由。また半遊動のため、オモリの重さで魚が自動的にフッキングするのも長所。ただ、食いが渋い時は食い込みが悪くなることがある。

魚がハリ掛かりしているのに、巻き上げ途中でオモリが根掛かりすることがある。こんな時、イトを緩めてしばらく放置すると、半遊動タイプなら魚が引っ張ってくれて根掛かりが外れることがある。これもメリットのひとつ。全遊動タイプはどこまでもミチイトを引っ張るだけなので上手くいかかない。

テンビンの役目と必要性

飛行中に仕掛けがカイトに
絡まないようにするためにテンビンが必要

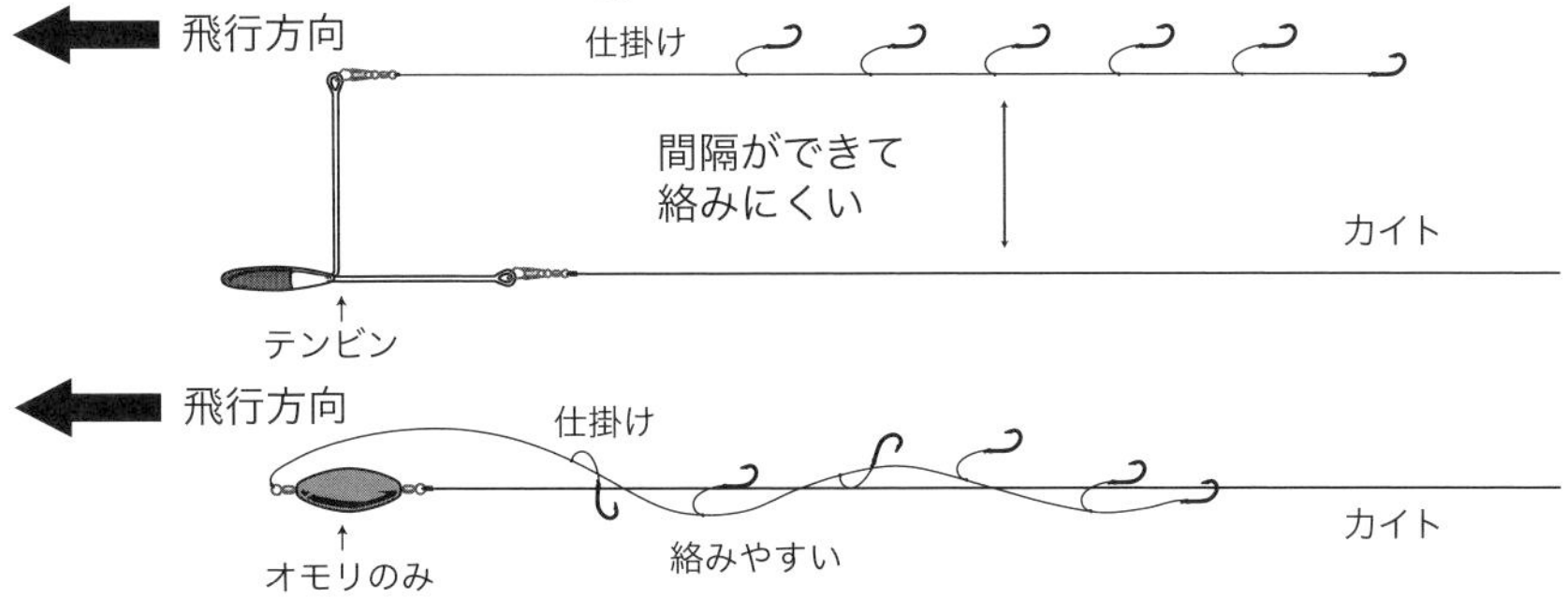
飛行方向
仕掛け
間隔ができて
絡みにくい
カイト
テンビン
飛行方向
仕掛け
カイト
オモリのみ
絡みやすい

仕掛けを絡ませないためのテクニック

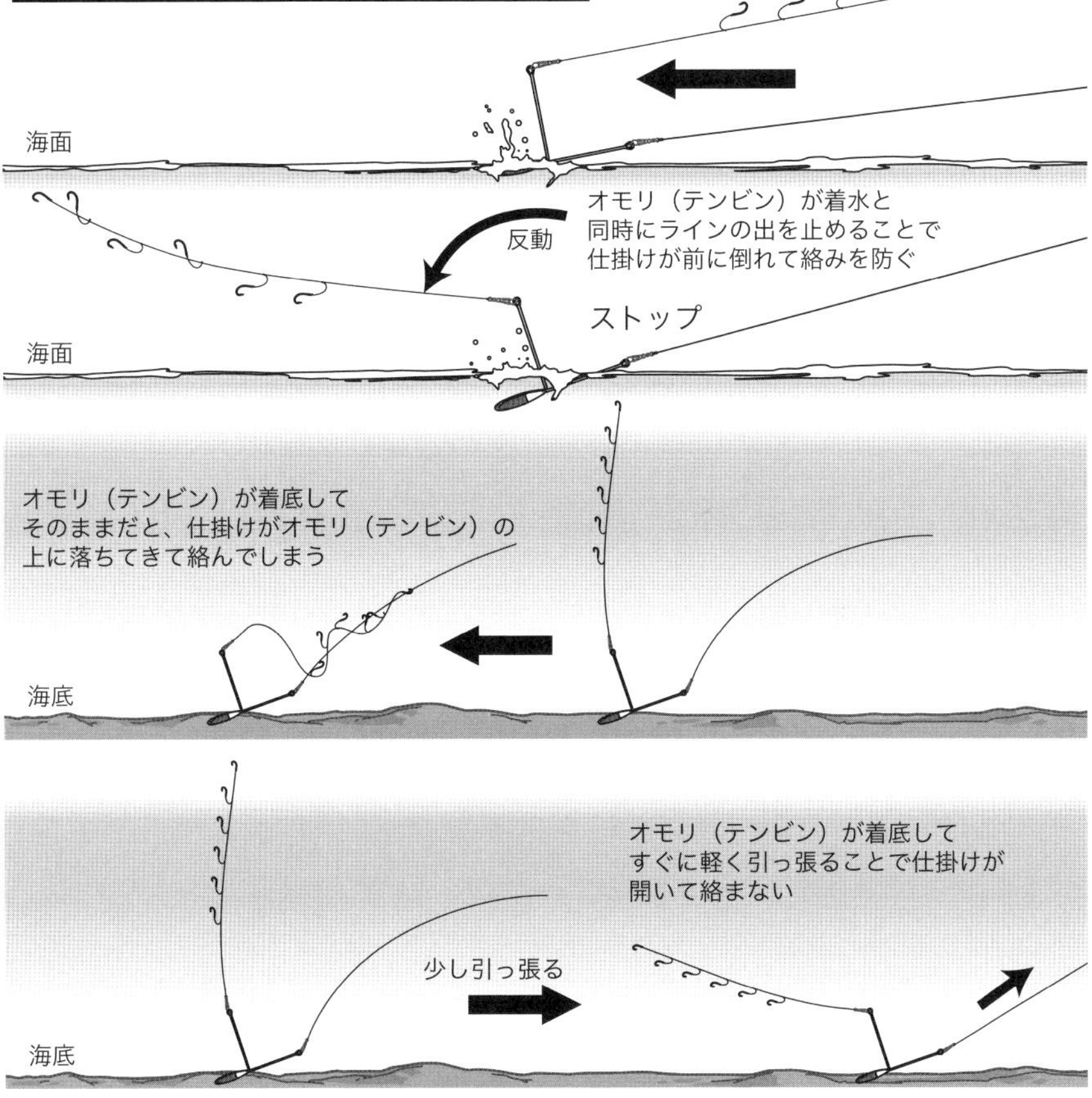
海面
オモリ（テンビン）が着水と
同時にラインの出を止めることで
仕掛けが前に倒れて絡みを防ぐ
反動
ストップ
海面
オモリ（テンビン）が着底して
そのままだと、仕掛けがオモリ（テンビン）の
上に落ちてきて絡んでしまう
海底
オモリ（テンビン）が着底して
すぐに軽く引っ張ることで仕掛けが
開いて絡まない
少し引っ張る
海底

テンビンの特徴

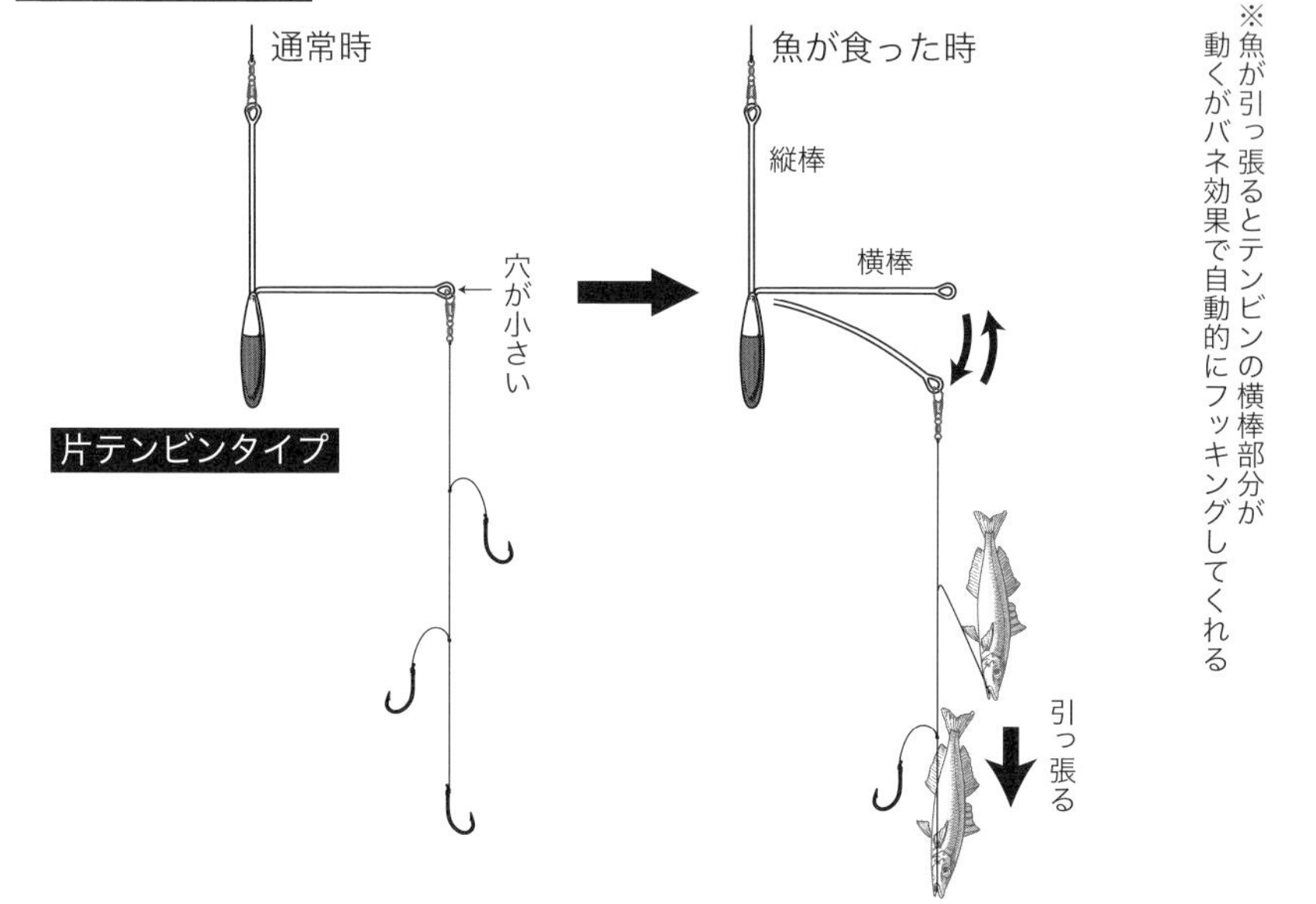
通常時
穴が小さい
片テンビンタイプ
魚が食った時
縦棒
横棒
引っ張る
※魚が引っ張るとテンビンの横棒部分が動くがバネ効果で自動的にフッキングしてくれる

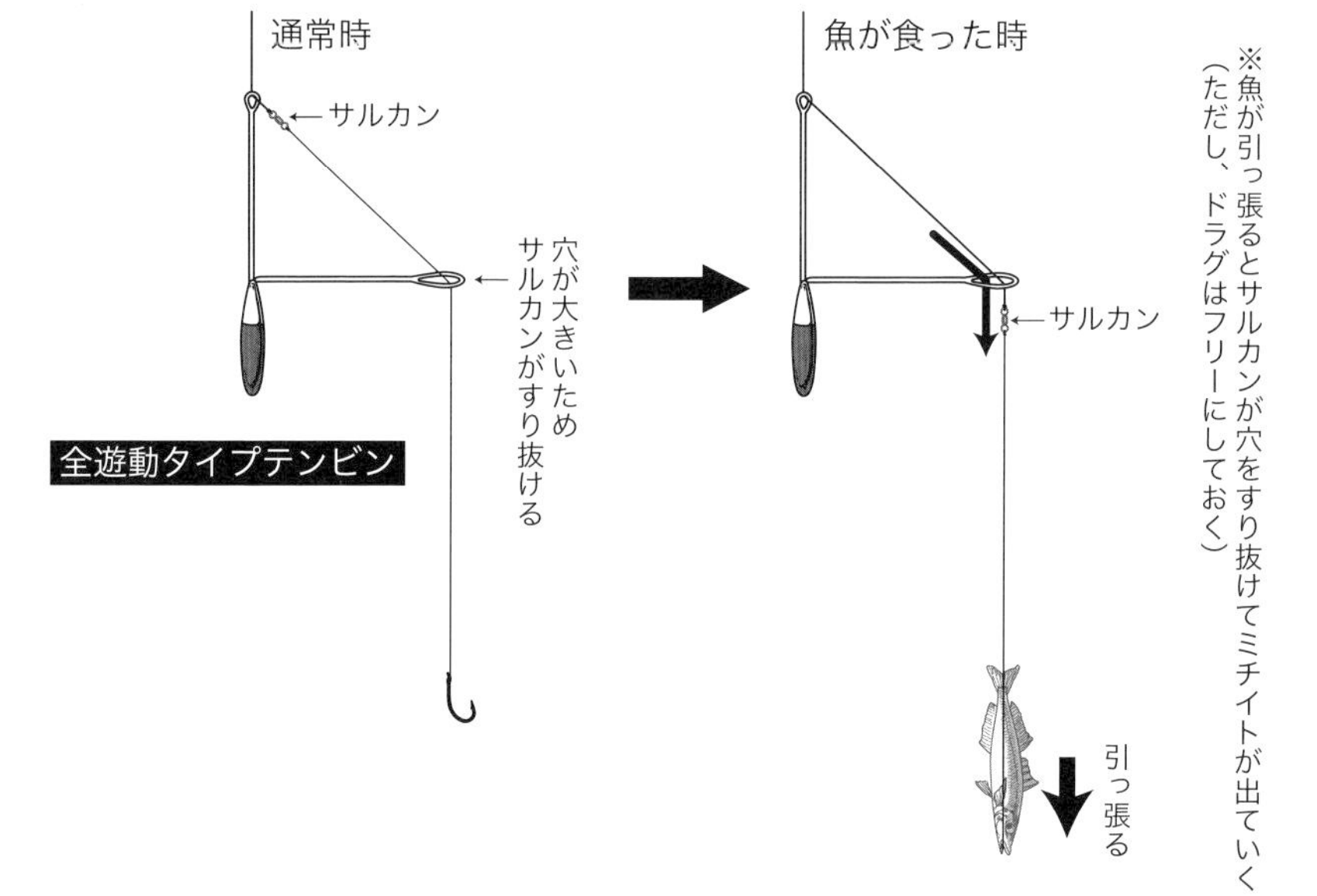
通常時
←サルカン
穴が大きいためサルカンがすり抜ける
全遊動タイプテンビン
魚が食った時
←サルカン
引っ張る
※魚が引っ張るとサルカンが穴をすり抜けてミチイトが出ていく（ただし、ドラグはフリーにしておく）

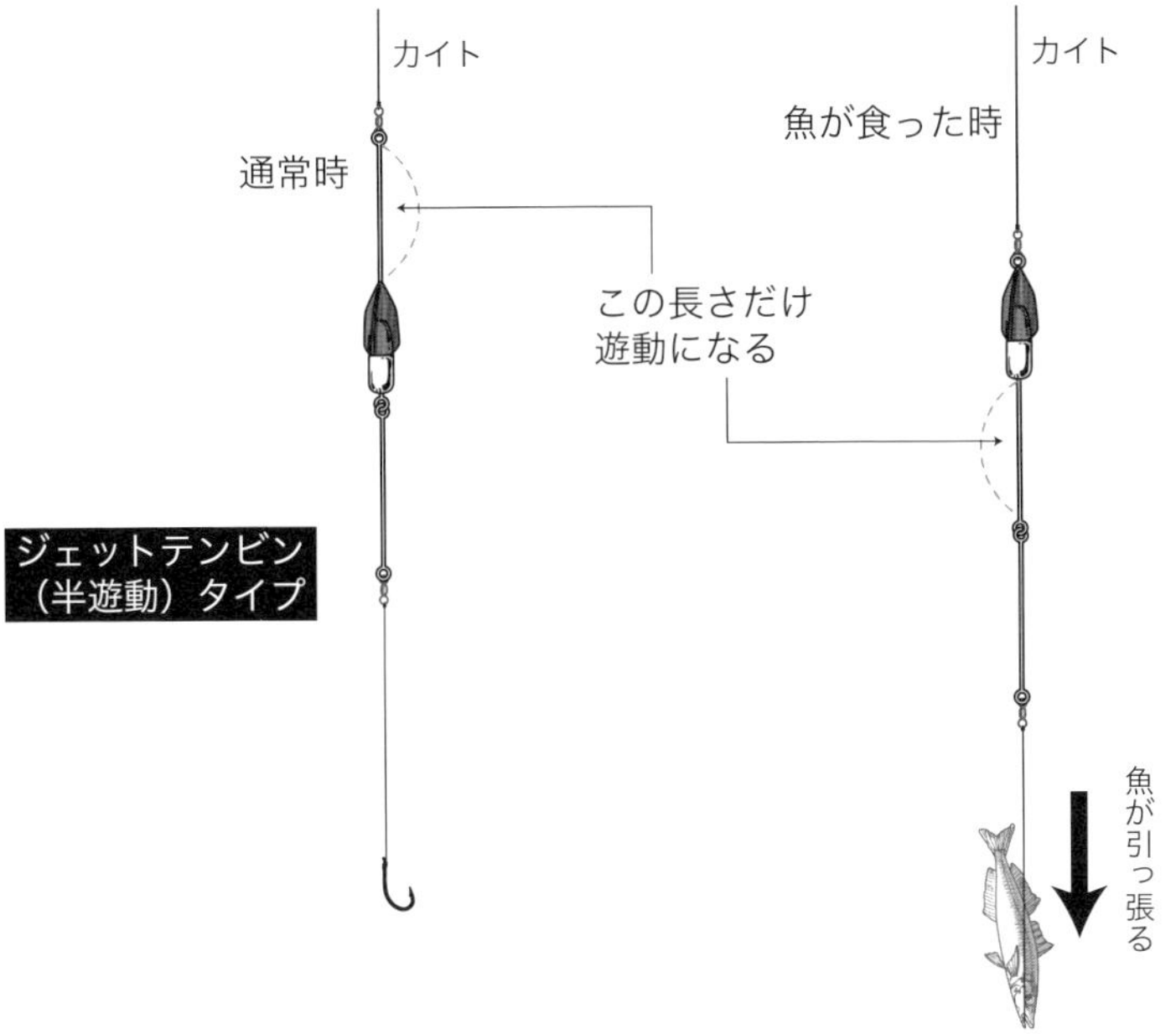
カイト
通常時
この長さだけ
遊動になる
カイト
魚が食った時
ジェットテンビン
（半遊動）タイプ
魚が引っ張る

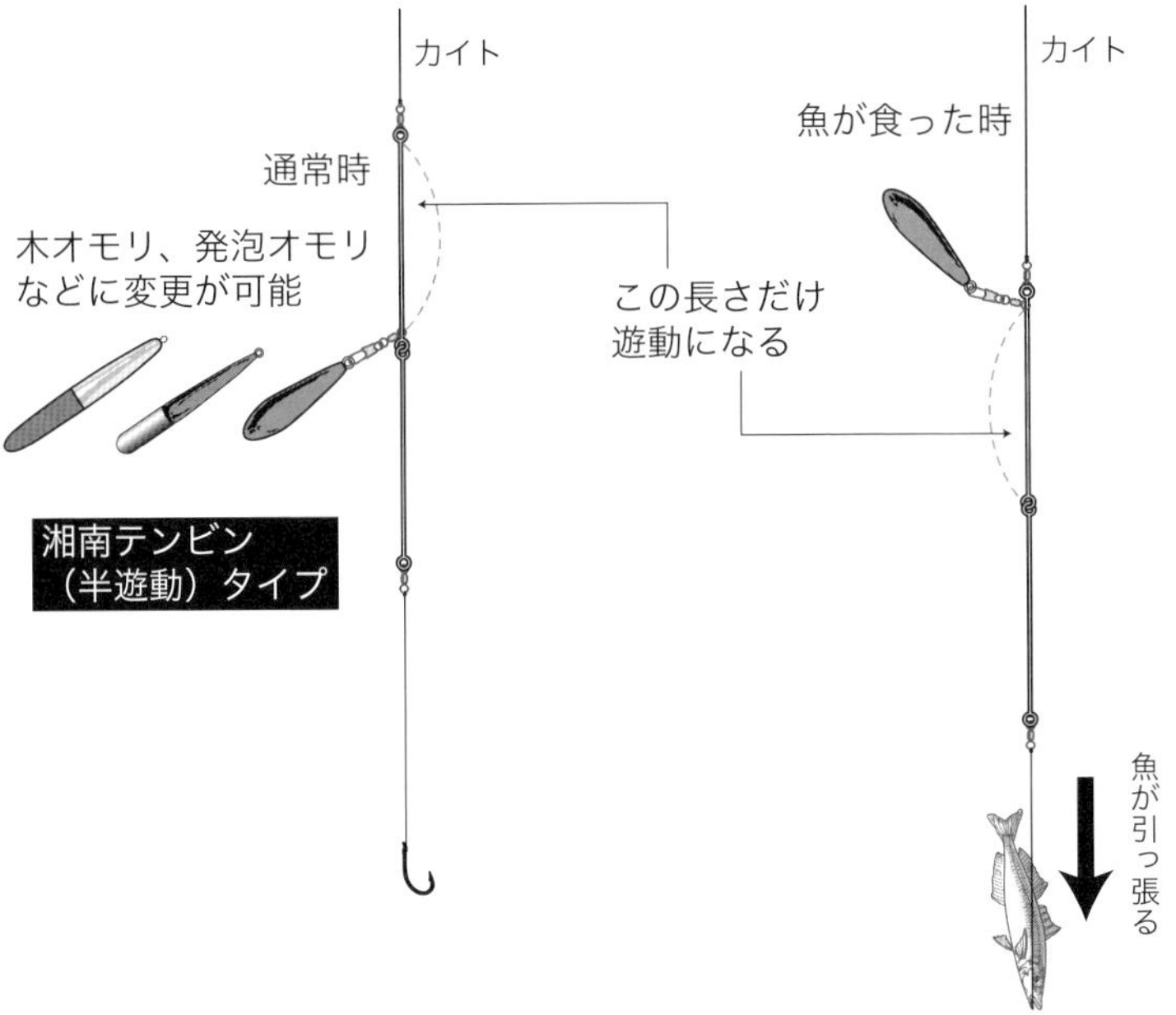
カイト
通常時
木オモリ、発泡オモリ
などに変更が可能
この長さだけ
遊動になる
カイト
魚が食った時
湘南テンビン
（半遊動）タイプ
魚が引っ張る

釣りバリ

ねらう魚種によってタイプを変える

魚との唯一の接点となるハリは、どのような釣りにおいても最も重要な要素のひとつだ。ハリの選択で釣果が分かれるといっても決して過言ではない。特に投げ釣りの場合、対象魚が多いためハリの形やサイズを決めるのに苦労する。

詳しくは4章の「ターゲット別釣り方解説」で紹介するが、ここでは基本的なことについて述べる。

シロギスの引き釣り

最近は各メーカーからいろいろなタイプのハリが販売されている。トーナメントなどに出場し、絶えず上位入賞するベテラン、名手と呼ばれる人たちは、それらのハリを状況によって使い分けている。詳しく紹介すると1冊の本ができるくらい奥深い。

シロギスの引き釣り用のハリは、「袖型」と「キツネ型」に大別できる。2つの違いはカーブしている箇所、いわゆるフトコロの形状である。袖型は丸くなっており、一方、キツネ型は細くやや尖った感じになっている。

一般的にはキツネ型のほうが先が細く食い込み（吸い込み）がよいとされている。袖型は先が丸く膨らんでいるぶん、ハリ掛かりしてからのキープ力に勝るとされる。このことからシロギスの活性が高く食いがよい時は袖型、やや食いが渋い時はキツネ型を選ぶのがセオリー。

ただ、その時のシロギスのサイズや海況、釣れるポイントの距離によって合うハリ、合わないハリがあるから難しい。これらは経験を積んで判断するしかない。

いずれにしても両タイプのハリを持参するのがよい。

中には先細でありながらフトコロが広めのハリもある。両方のいいとこ取りしたものだ。これなどは良型ねらいによいとされている。

大ものねらい

これも多種のハリが販売されている。同じカレイバリでも、メーカーによって微妙に違ったりする。しかし、「キツネ型」「流線型」「丸せいご型」に大別できる。

キツネ型は先細のため食い込みがよく、大ギスやカワハギねらいに適している。流線型はキツネ型に比べるとややフトコロが広くなっている。流線袖やカレイバリがその代表格。名前のとおりカレイねらいに多く使われるが、アイナメにも適している。サイズが小さいものは大ギスやカワハギにも使われ、逆に大きなサイズはクロダイ、マダイ、スズキの中型ねらいに使う。キツネ型と流線型は軸が長いのが特徴。エサを大きく真っすぐに付けやすくするためだ。

丸せいご型はフトコロが広く軸が短めなのが特徴。クロダイ、マダイ、スズキ、マゴチ、コロダイなどをねらう場合に適している。

同じタイ系の魚をねらう場合でも、エサによって使い分けることが多い。流線型はイワイソメ、タイムシに、丸せいご型はユムシ、本コウジを使う時によい。エビ、塩イワシ、イカ、生きアジなどをエサにする時も丸せいご型が使いよい。

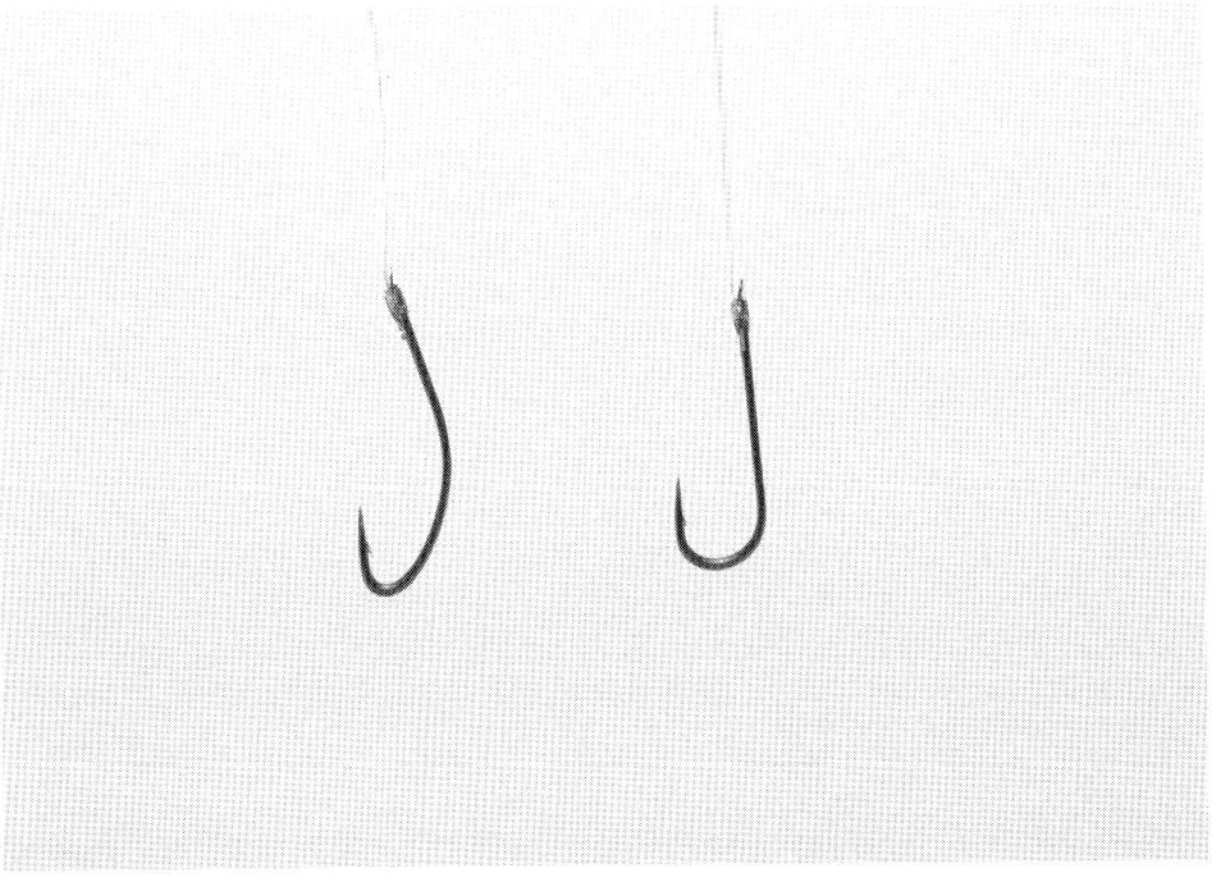

シロギス引き釣り用のハリは、キツネ型（左）と袖型に大別される

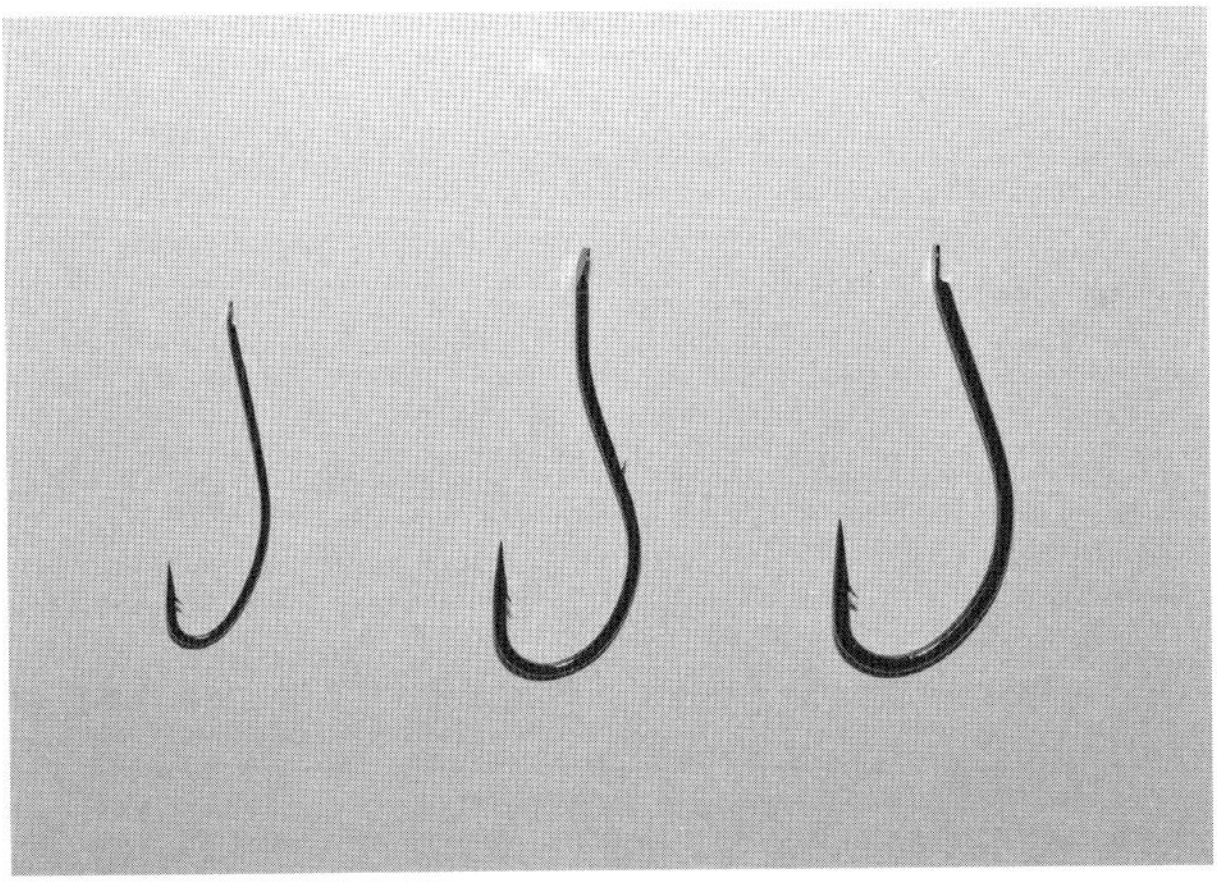

大ものねらいの３大ハリ型。左から、キツネ型、流線型、丸せいご型

ロッドスタンド・水汲みバケツ

2つで1セットの道具

三脚は据え方にも工夫が必要

大ものねらいで複数のサオをだす場合だけではなく、手持ちで探るシロギスの引き釣りでも、ロッドスタンドがあると便利。基本的に大ものねらいの場合は三脚、シロギスの引き釣りの場合は一脚、あるいはクーラーボックスに取り付けるロッドスタンドが主流。

三脚の場合、脚を広げて立てるのだが、そのままだとサオの重みや風で簡単に倒れてしまう。そこで、中央部に取り付けられたフックに重しを付けて倒れないようにする。ナイロン袋に砂や石を入れて吊るす方法もあるが、一番多いのが水汲みバケツに海水を入れて吊るす方法だ。防波堤や岩場では簡単に海水が汲めるので、最も手軽な手段といえる。

この海水は手を洗ったり、締めた魚を洗う、または釣りを終えた後で釣り座を洗い流したりもできるので一石二鳥である。ちなみに砂浜やゴロタ浜では砂や石を入れるとよい。

水汲みバケツは大きめのものがよい。海水をたっぷり入れることで三脚がより安定するからだ。重しが軽いと風が強い時に簡単に倒れてしまう。三脚が倒れるとサオの破損につながり、防波堤などではサオや三脚が海に落ちてしまうこともある。

三脚には4本くらいサオを立てかけることが可能だ。しかし実際にひとつの三脚に3〜4本も置くと、中央のサオにアタリが出た時に困る。他のサオのラインと交錯し、オマツリしてしまうことがあるからだ。これでは取り込み時にバラす確率が高くなってしまう。

そのため、慣れない間はひとつの三脚に置くサオを2本までにするとよい。もしも3〜4本だすとすれば三脚が2つ必要になるが、確実に取り込むことを考えるなら致し方ない。その場合、三脚と三脚の間は5〜6m開けるが、広すぎても狭すぎても扱いづらくなるから要注意。ただし、周りに釣り人が多い時は三脚はひとつにしてサオ数も減らすのがマナーだ。

クーラーボックスに取り付けるタイプでサオが数本置ける一脚もある。これはエサを付け替えたり、タックルを準備する時にも便利だ。三脚に比べると強度は落ちるが普通に使える。磯場など、狭いポイントでは特に重宝する。

シロギスの引き釣りでは一脚、あるいはクーラーボックスに取り付けるタイプのロッドスタンドがよく使われる。やはりタックルの準備をする時や、エサを付け替える時に使用する。一脚は砂浜に刺して使う。

一脚は外洋に面した釣り場で大ものをねらう時に使うこともある。波が高い時はミチイトが波に叩かれ、砂や砂利に埋もれてしまうことがある。これを防ぐためにはサオ先を高く構える必要があるが、一脚があるとそれが容易になる。

ロッドスタンドは投げ釣りに必須の道具。慣れるまでは写真の状態から真ん中のサオをなくし、２本ザオにするとトラブル防止になる

三脚＆水汲みバケツ。三脚を安定させるための水汲みバケツはその目的から大きめがよい

サーフでシロギスの引き釣りを行なう時などには一脚が活躍する

こちらはクーラーボックスに取り付けるタイプの一脚

クーラーボックス・エサ箱

エサの保管も大きな役割

飲食物からエサまで保冷保管

釣った魚を新鮮な状態で持ち帰るのに必要なのがクーラーボックスだ。また飲み物や食料の持ち運び、エサの保管にもクーラーボックスは必要。キャスターにはこれが一番大きな役割かもしれない。特に夏場は必需品である。

投げ釣りはアオイソメやイワイソメなどの虫エサをメインに使う。虫エサは暑さに非常に弱く、ちょっとした気温の上昇で弱ったり死んでしまう。エサが弱ると釣果がガクッと落ちるし、死んでしまうと使いものにならないこともある。それを避けるためにも氷や保冷剤を入れたクーラーボックスでしっかりと保管したい。

エサの保管次第で釣果が変わるといっても過言ではなく、ベテランほど気を使う。エサを氷に直接当てるのは、エサが弱ることにつながるのでよくない。氷の上に新聞紙や薄いウレタンシートを敷き、その上に置くようにする。使う時は小出しにするのが基本。

ロッドスタンドの項でも紹介したが、クーラーボックスは一脚やロッドスタンドを取り付けることが多い。シロギスの引き釣り専用のクーラーボックスには最初から装着されているものもある。今では普通になっているが有効利用のアイデアといえる。

また、冷気が逃げないように釣れたシロギスを入れる投入口や、小物収納用のサイドボックス、シンカーホルダーが付くものもある。コンパクトにまとめられるので、移動が多いシロギスの引き釣りでは便利なシステムだ。

虫エサには木製エサ箱がよい

何でもよいと思われがちなエサ箱だが、実は重要な役割を果たしている。造りによってエサの弱り方が大きく変わるからだ。従来より虫エサには木製のエサ箱がよいとされる。気温の変化が中の虫に伝わりづらいのが大きな理由。また、虫の湿り気が木に染み込んで環境を維持してくれるので、プラスチック製と比較すると活きのよさが全然違う。特に夏場はその差が歴然だ。

エサ箱を絶えずクーラーボックスに入れておけば、その差は小さくなる。ただ、エサの付け替えのたびにクーラーボックスの蓋を開け閉めしていると、せっかくの冷気が逃げて魚やエサの鮮度が落ちるから要注意。それを避けるためにはエサを小出しにするのがよい。そうしていればプラスチック製でも差は少ない。いずれにしても必ず蓋付きを使うこと。

　クーラーボックスにピッタリ収納できる木製のエサ箱を自作するベテランもいる。冷気が逃げず、しかも冷気がエサ箱の底に当たるためエサの鮮度が落ちにくい。さらに冷気が逃げないように中蓋を工夫したものも見られる。

　塩イワシ、冷凍エビ、イカ、ボケなどもクーラーボックスに入れておき、小出しで使用すること。

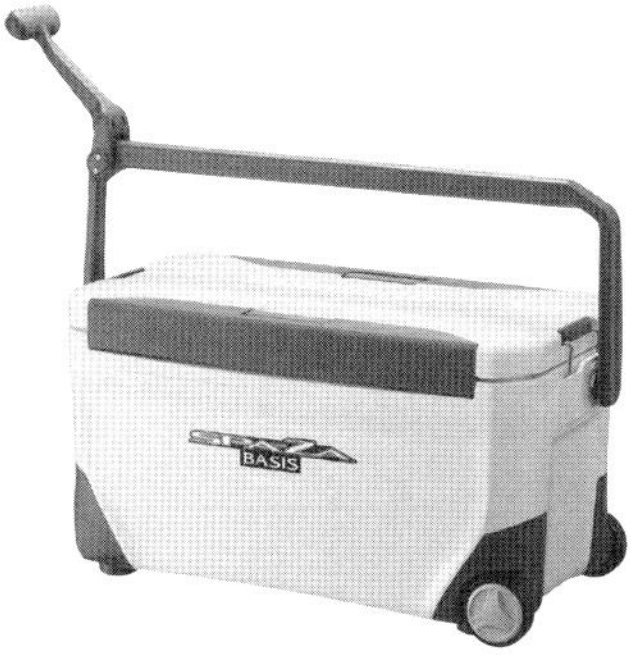

旅行用キャリーケースのように引き手と車輪が付いたタイプのクーラーボックス

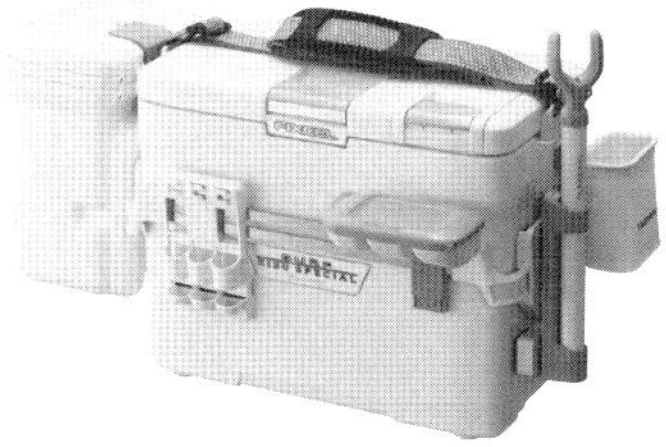
引き釣り用クーラーボックス。さまざまな便利機能が付属する

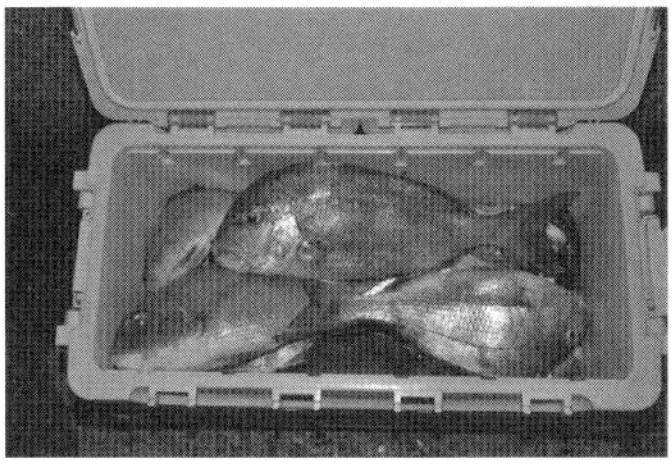
釣った魚を保冷保存するのがクーラーボックスの第１目的だが、それ以外にもさまざまな役割がある

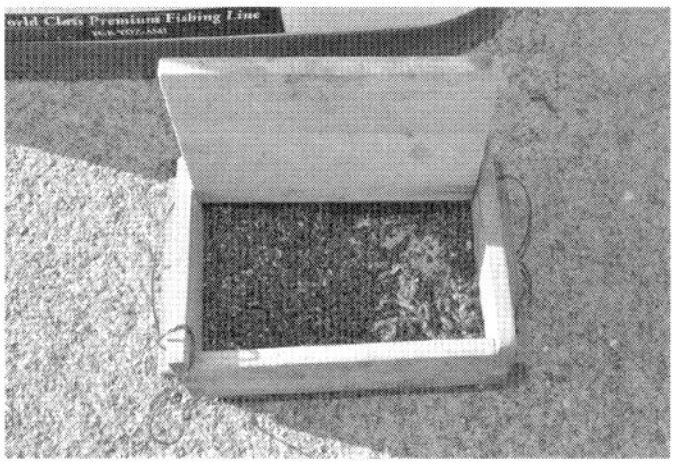
通気性や保湿性に優れる木製エサ箱

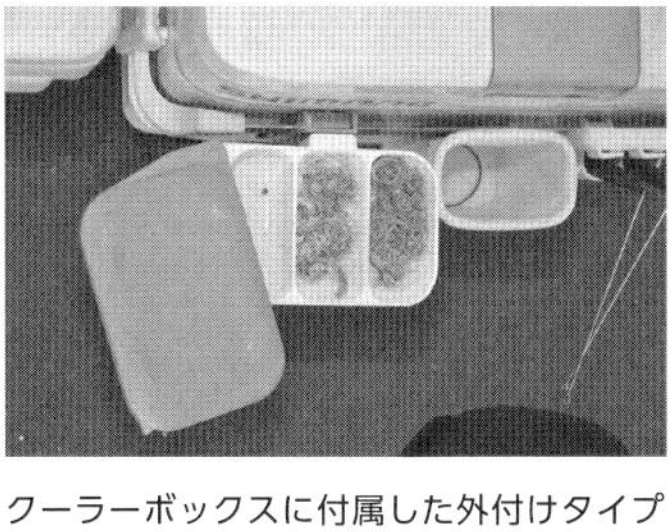
クーラーボックスに付属した外付けタイプのエサ箱。エサ交換の度にクーラーボックスを開閉して冷気が逃げるのを抑えてくれる。短時間で使い切る量をここに入れて使うとよい

エサの活きを維持しながら保管するのもクーラーボックスの大切な役割だ

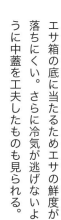

ロッドケース・リュック（バッグ）

使ってわかる専用製品のよさ

ロッドケースはサオの種類・用途で選ぶ

シロギスの引き釣りなど1～2本しかサオを使用しない釣りでは、購入時に付属のサオ袋に入れたり、ロッドベルトなどで束ねて持ち歩くことが多い。しかし、3～4本使う大もの釣りではそうはいかない。しっかりとしたロッドケースが必要になる。

40年ほど前、3～4本の投げザオを裸のままベルトでまとめて持ち歩くのが流行った（しかも当時は並継ぎが主流だった）。これがカッコイイと思われていたからだ。しかし、むき出しのガイドが車の中であちこちに当たり、損傷やトラブルが続出。ブームはすぐに終わった。

大ものねらいでは、投げザオ以外にタモの柄、タモ網、三脚&水汲みバケツ（2セット）などが必要。近年は振り出しザオがメインになり比較的コンパクトになったとはいえ、これだけの道具類をまとめて持ち歩くのは大変だ。並継ぎザオだとなおさらである。

かさばりやすいサオをすっきりと収納できるように設計されたのが投げ釣り専用のロッドケースだ。中にはリールをセットしたまま収納できるタイプもある（リールの数には制限あり）。また、並継ぎザオ用の長めでストレートタイプもある。サオの種類や用途によって選べばよい。磯ザオ用のロッドケースなどでもよいが、長さや収納容量などを考えると、やはり専用タイプが使いやすい。

バッグはリュックタイプがおすすめ

サオ数が増える分だけリールも増える。また、オモリ（テンビン）や仕掛け、予備の替えスプール、ヘッドライト、カイト、フィッシュホルダー、ハサミなどの小物類と、投げ釣りは道具がやたらと多い。しかし、どれも必要なものばかりだから省くわけにはいかない。そのためリュック（バッグ）も大型が必要になる。

やはり専用のリュック（バッグ）がおすすめ。下部にリール、上部に仕掛け類が収納できるように設計されている。中には磯釣りなどで使われる四角いバッグを使っている人もいる。これなども容量が大きく、蓋も大きく開くため使い勝手はよい。ただ、肩に掛けるショルダータイプのため、移動距離の長い釣り場では不便を感じる。

投げ釣りはロッドケース、クーラーボックス、リュック（バッグ）のいわゆる3点セットが基本。持ち運びの際、ロッドケースは手に持ち、クーラーボックスは肩に掛ける。残るバッグは背負うタイプにしないと、持ち運びに苦労する。いつでも車横づけのポイントなら磯用のバッグでもよいが、そのようなことは少ない。総合的に考えるならリュックタイプがよい。

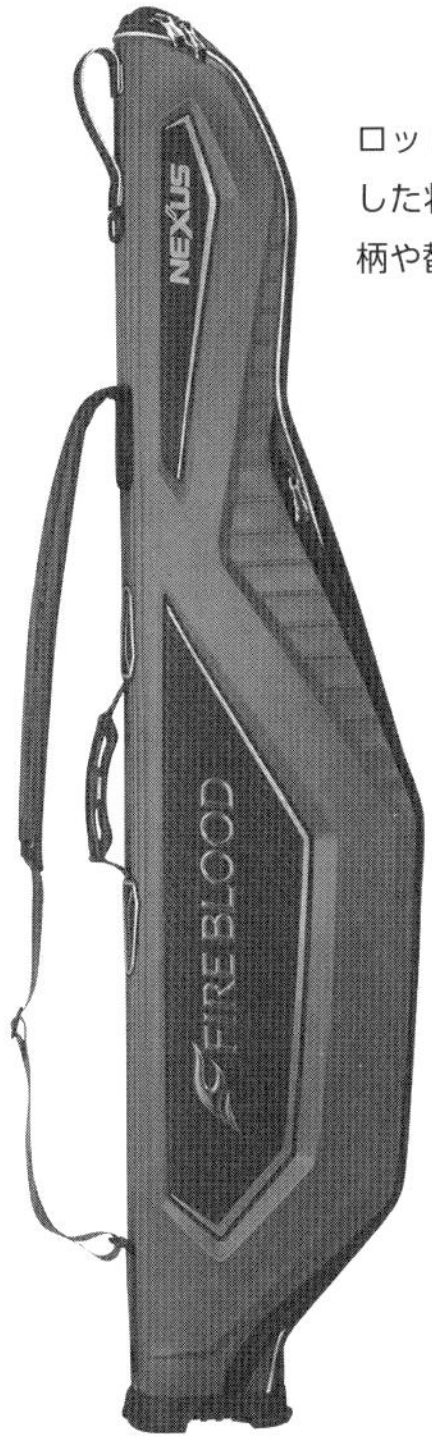

ロッドケース。写真の製品はリールをセットした状態で複数のサオを持ち運びでき、玉ノ柄や替えスプール等の小物類も収納できる

投げ釣り用に開発された専用リュック。ファスナーで開閉する外側下段のスペースには複数のスピニングリールを収納できるほか、テンビンを収納できるサイドポケットなど、随所に便利な機能が設けられている

シンプルなイメージのある投げ釣りだが、釣り場に持ち運ぶ道具は意外にたくさんある。それらをいかに要領よくまとめられるかは、釣り場での快適性に直結する

ヘッドライト・穂先ライト・フィンガーグローブ

意外に重要な役割がある

ヘッドライト

投げ釣りではライトが必需品。夜に置きザオでマダイやスズキ、コロダイなどをねらう時はもちろん、日中にシロギスの引き釣り、カレイをねらう場合などでも使用するケースが多い。夜明け前からスタートしたり、準備にかかるからだ。

ライトにはいろいろなタイプがあるが、投げ釣りに限らず釣り全般で多く使用されているのはヘッドライトだ。名前のとおり頭に付けて使用するが、中には首に吊り下げる人もいる。いずれにしても両手が使えるので、釣りでは重宝する。

昔のヘッドライトは大きくて邪魔になったが、LEDの出現でコンパクト、かつ高輝度、さらに電池が長持ちして釣り人には大助かり。しかし、電池が長持ちすると予備の電池を用意するのを忘れがちになる。いざという時に困るので必ず用意しておくこと。

最近はめったにないが、電球が切れたり接触が悪くて点灯しなくなることもある。そんな時のために、安価でよいので予備のヘッドライトも持参しておきたい。

ヘッドライトの価格帯は広いが、高額製品ほど明るく使いよい。調光機能付きのタイプもある。長く使うなら中級品以上を購入したい。

ライトは他の人に向けて照らしてはいけない。また、取り込み時など必要な時以外は海に向けないこと。魚が驚いて逃げてしまうからで、近くの人に迷惑をかけたりトラブルの原因になるので要注意。

穂先ライト

名前のとおりサオの穂先に付ける小さなライト。夜釣りや夜明け前の暗い時間帯に、アタリを視認するために使用する。

ドラグフリー釣法では、魚がエサをくわえて走ると、ドラグがジジジーッと鳴るのでアタリが出たことは分かる。ただ、サオを3～4本もだしているとどのサオに当たったのか分かりづらい。その点この穂先ライトを付けていると一目瞭然、すぐに対応できる。穂先ライトがないとモタモタして後手を踏むことになる。相手が大ものだとバラシにつながることもある。

だいたいどのような魚でもいきなり当たることは少なく（希にある）、ドラグを鳴らすような大アタリの前に小

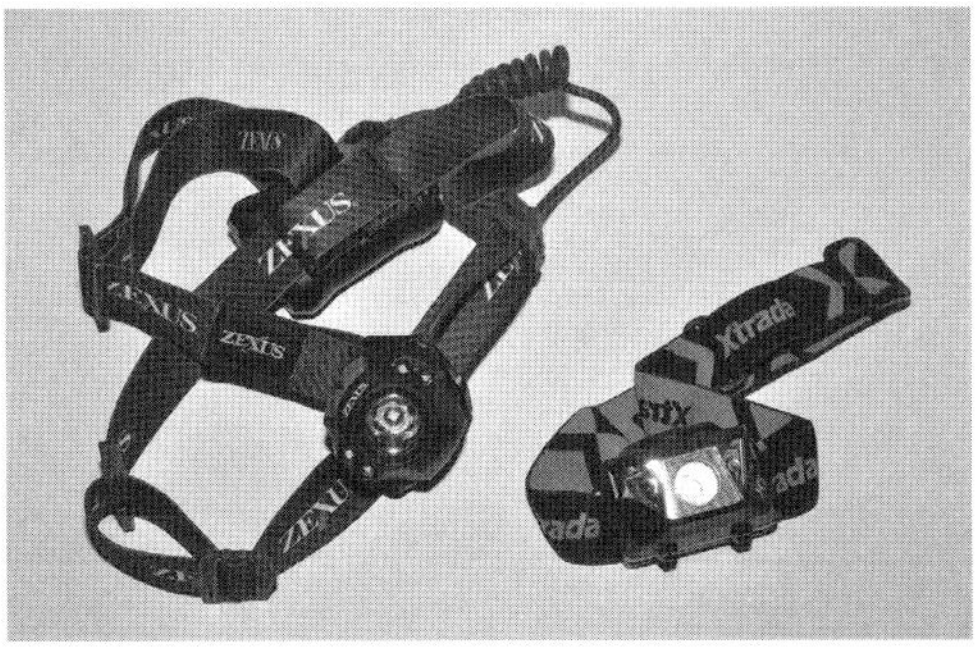

ヘッドライト。LEDの普及で使い勝手が大きく増した

両手が自由になるヘッドライトは夜間や薄暮の時間帯の釣りには欠かせない

さく当たる。いわゆる「前アタリ」である。昼間なら分かりやすいが、夜はまず分からない。それを知るためにも穂先ライトは必要である。

　前アタリを感じたらそのサオの近くで待機でき、次に出るはずの本アタリに備えることが出来る。場合によってはサオを手にしてサオ先を下げる、あるいはミチイトを少し出してやる。送り込みという作業で、これを行なうことで抵抗を減らり、食い込む率が上がる。このように穂先ライトの役目は意外に大きい。

　穂先ライトには電池タイプとケミカルタイプがある。最近の電池タイプはLEDのおかげで長持ちする。使用できる時間は商品によって違うが、同じ電池で2~3回使えるものもある。ひと晩で8時間使用したとすると24時間以上も持つことになる。

　ケミカルタイプは細長い容器をポキッと折ると、中で2つの液体が混ざり合って発光する。だいたい4時間ほ

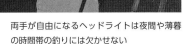

ど光り続けるので、ひと晩釣るなら2つ必要。サオが3本なら6ついることになる。価格はケミカルタイプが断然安い。ただ、カレイ釣りなどで夜明け前の1時間ほどだけ必要という場合は電池タイプが便利。電池を外せば何度も使えるからだ。用途や行く回数などで選べばよい。

なお、サオ先にセットする時、電池式はサオに押し込んで装着するタイプが多い。この時、サイズが合わなかったり無理をするとサオを損傷することがある。サイズの確認と、慎重にセットするように心がけること。ケミカルタイプはも同様である。

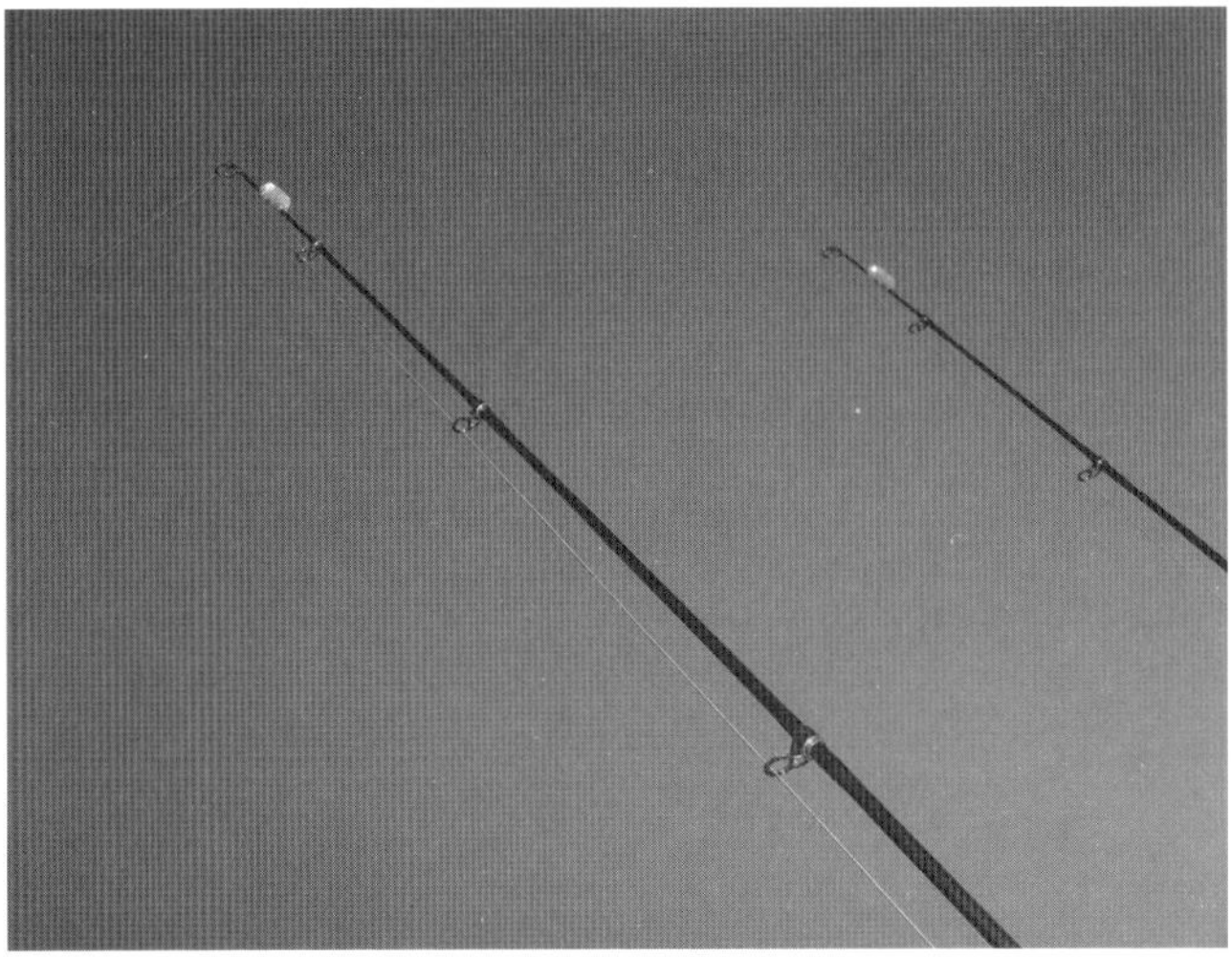
穂先ライトをサオに装着した状態

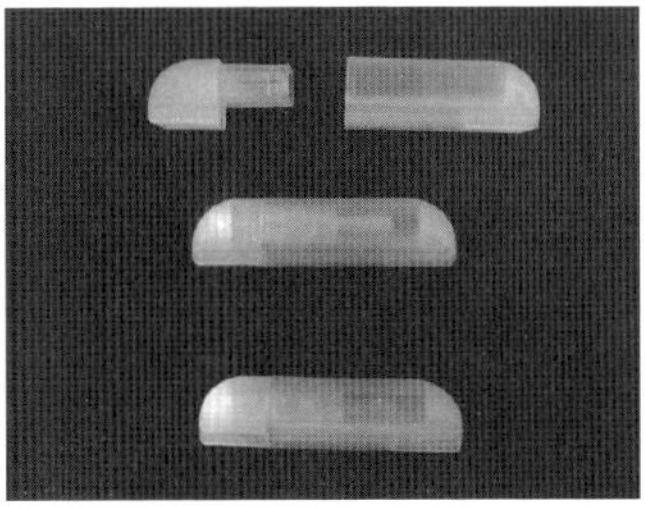
穂先ライト（電池式）

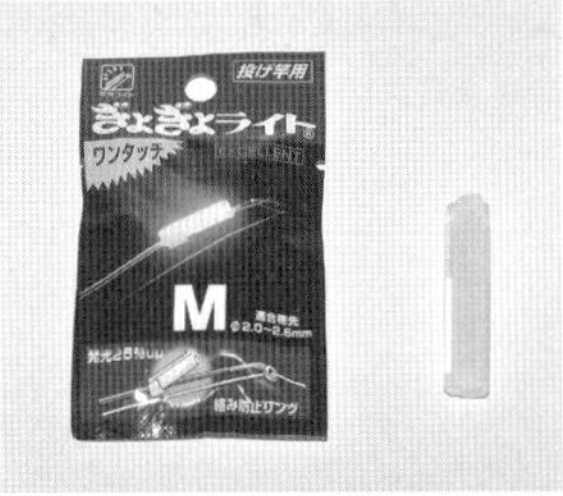

穂先ライト（ケミカルタイプ）

複数のサオをだしていても穂先ライトを装着していれば、どのサオが当たったかすぐにわかる

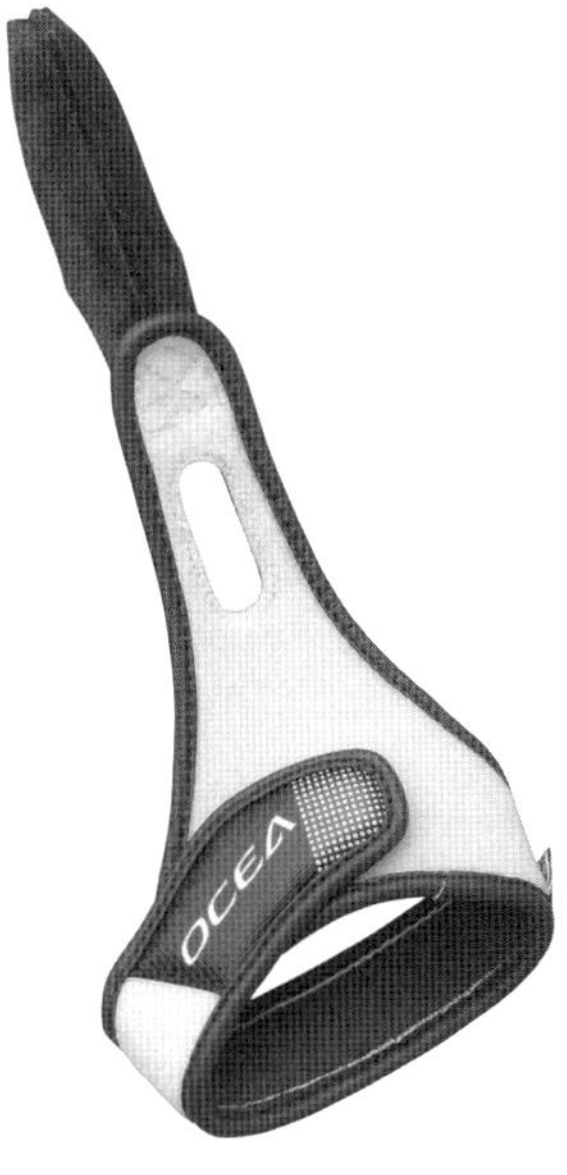

フィンガーグローブ。キャスト時の指先保護のために欠かせないアイテム

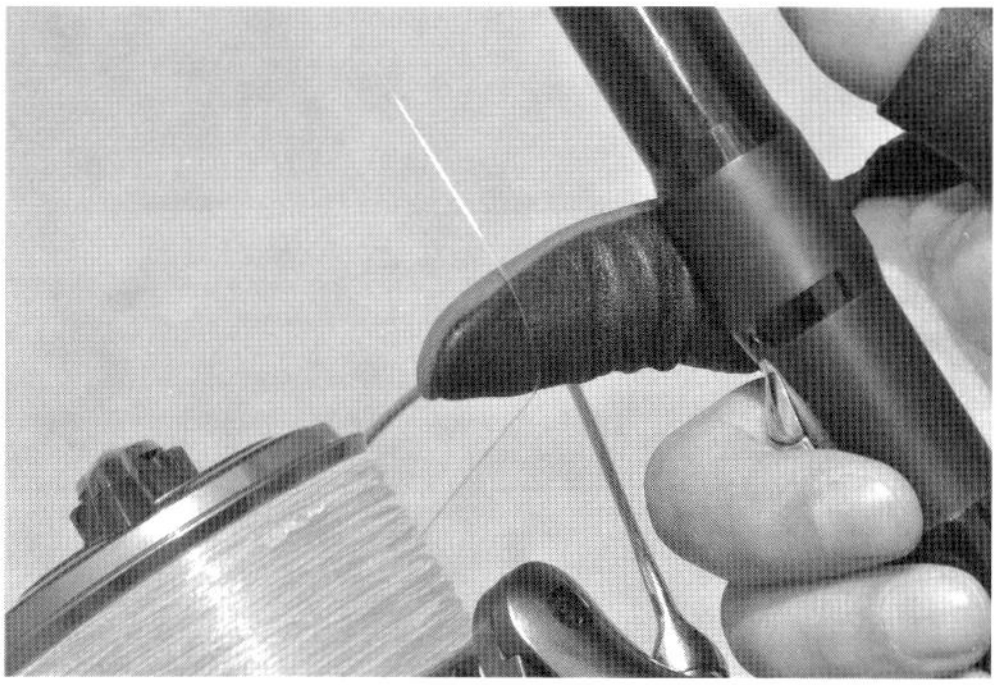

フィンガーグローブは利き手の人差し指に装着して使用する

フィンガーグローブ

投げ釣りは硬調ザオで30号クラスのオモリを100m以上投げて魚を探る釣りだ。1日に何度もキャストを繰り返すため、力イトを掛ける人差し指にはかなりの負担となる。キャスト時にタイミングがズレれば指先を切ってしまうこともある。そうなると釣りが続けられなくなる。

そんな事態を避けるためにあるのがフィンガーグローブだ。丈夫な皮製なのでまず切れることはない。これがあれば安心してフルキャストできる。

フィンガーグローブは、指先にはめるだけだとキャスト時に抜けてしまう恐れがあるので、手首で固定できるようにしてある。初心者、ベテランを問わずキャストミスはあるので、指先を守るためにも使用をおすすめする。

ライフジャケット・シューズ（ブーツ）・帽子・偏光グラス

いつでもどこでも安全装備は万全に

ライフジャケット

投げ釣りは砂浜や防波堤、岩場など比較的安全な釣り場がステージである。しかし、釣り場では何が起こるか分からない。足場のよい防波堤でもつまずく、足を滑らせるなどで落水する可能性はゼロではない。その時、近くに階段や消波ブロックがあればよじ登ることができるが、意外とない場合が多い。また、落ちたショックで気を失う、頭を打つなどの事態も考えられる。そうなると生死に関わってくる。

ライフジャケットを身に着けていれば、万が一落水しても浮いている間にロープなどで救助出来る。無理な場合はただちに携帯電話で消防や海上保安庁に連絡する。なかには「私は泳ぎが得意だから」とライフジャケットを着用しない人がいる。しかし、着衣の状態や靴を履いたままだと、うまく泳げないものだ。

最近では、かさ張らず動きやすい膨張式のライフジャケットが人気。防波堤ならこれでよいが、磯場に行く場合はハードタイプを推奨する。波で磯に打ち付けられても身体を守ってくれるからである。

ちなみに海上で万が一事故、事件があった場合は「118」に通報する。

シューズ（ブーツ）

砂浜や防波堤ではスニーカーでもよい。しかし、防波堤でも波を被る所では海苔が生えていて滑ることがある。また、仕方なく消波ブロックに乗らなければいけない場所もある。そのような所ではスパイクシューズやフェルト底のシューズの着用が望ましい。

磯場や岩場では必ずスパイクシューズ、もしくはフェルト底のシューズを履くこと。波が駆け上がってくる所ではスパイクブーツなどがよい。夏場ならまだしも、冬場に足が濡れると寒くて釣りどころではなくなる。

砂浜だからと裸足は厳禁。瓶のかけらや金属片が落ちている可能性もあるし、ハオコゼやゴンズイなどの毒トゲを持つ魚が捨てられていることもある。著者の友人はこれで大変な目に遭った。毒魚が釣れた場合は、砂浜や堤防に捨てず、必ず海に戻すこと。

帽子

直射日光を避ける、熱中症対策、またツバによってまぶしさを軽減するた

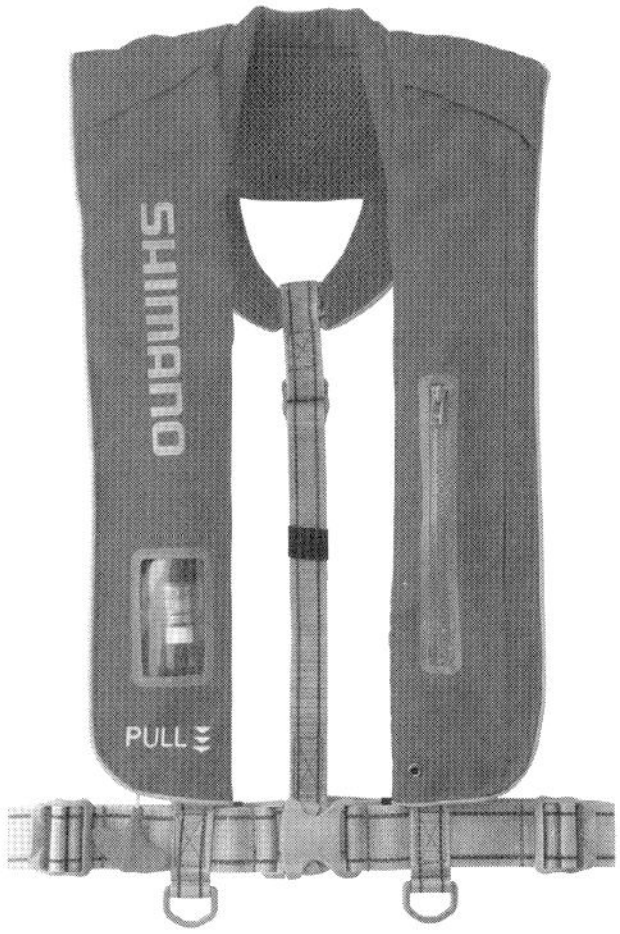

近年人気の、落水センサーが働き自動膨張するタイプのライフジャケット。腰に巻くウエストタイプもある

収納機能を備えたハードタイプのフローティングベスト

釣り専用ブーツ。写真のフェルト底のほか、スパイクタイプもある

透湿防水素材を用いたフェルト底のハイカットシューズ

めなどに帽子は必要。そして頭部の保護にもなる。

昔、子供がキャストしたルアーが近くで釣りをしていた人の頭に当たり、フックが刺さって抜けなくなったことがある。仕方なく病院に行く事態になったが、帽子を被っていれば避けられたかもしれない。

偏光グラス

安全対策には直接関係ないが、あればば役立つのが偏光グラスだ。まぶしさと目の疲労を軽減するだけではなく、浅い海域なら海藻帯やシモリ(沈み根)の位置がよく分かる。ポイントの確認とともに、根掛かりゾーンを避けて釣ることもできる。

普通の眼鏡タイプが主流だが、眼鏡の上から取り付けられるクリップオン、オーバーグラスタイプもある。近視、遠視などで普段から眼鏡をかけている人にはありがたいアイテムだ。

その他の道具類・ウエアなど

なくては困るモノばかり

タモ網

マダイ、スズキ、コロダイなどの大型が来た時はもちろん、カレイ釣りでもタモ網はよく使用する。カレイ釣りではハリ掛かりしてもエサ（ハリ）を吸い込んでいるだけのことが多い。その場合、釣り場が防波堤だったりすると、海面までは素直に浮いてくるが、いざ抜き上げにかかるとハリが抜けてバラすこともある。いわゆるすっぽ抜けである。体重のある大型ほど、このすっぽ抜けが起きやすい。防止のためにも慎重にタモ網ですくおう。

タモの柄の長さは5～6ｍが標準だが、足場が高い防波堤や磯場もある。そんなケースも考慮すると7ｍクラスがほしい。タモ網のサイズは45～50㎝枠がレギュラーだが、マダイ、スズキの70㎝クラス、さらには大型エイ、サメを想定して60㎝枠を用意したい。

ミチイト沈め

漁港の防波堤などでサオをだす時は、漁船の航行の邪魔をしないことが大原則。そして、航路筋などをねらう時用に必ずミチイト沈めを用意しておく。ミチイト沈めは10～20号の六角オモリ、または吊り鐘オモリにダブルスナップを取り付けるだけのシンプルなもの。使い方は図に示したとおり。ミチイトを足下に沈めることで船にミチイトが接するのを避けられる。

ときどき船にミチイトを掛けられて怒っている釣り人を見かけるが、お門違いもはなはだしく、危険を回避出来なかった釣り人側に責任がある。この時、ミチイトを切られるだけならまだよいが、サオを海に持って行かれる恐れもある。また、相手に危害が及ぶこともあるので、仕掛け投入のタイミングも含めて釣りの際には充分な注意が必要だ。

ハサミ

仕掛け類をセットする時はもちろん、仕舞う時、仕掛けやミチイトが切れた時、オマツリした時など小物類の中で最もよく使うのがハサミ。なくてはならない物だ。切れが悪いとイライラするので、中級品以上を求めたい。PEラインを使う人は対応できるものを購入すること。古くなったハサミはエサを切るのに使うとよい。

ハサミは紛失する頻度が高い。砂浜で落とすと分からなくなる。また、捨

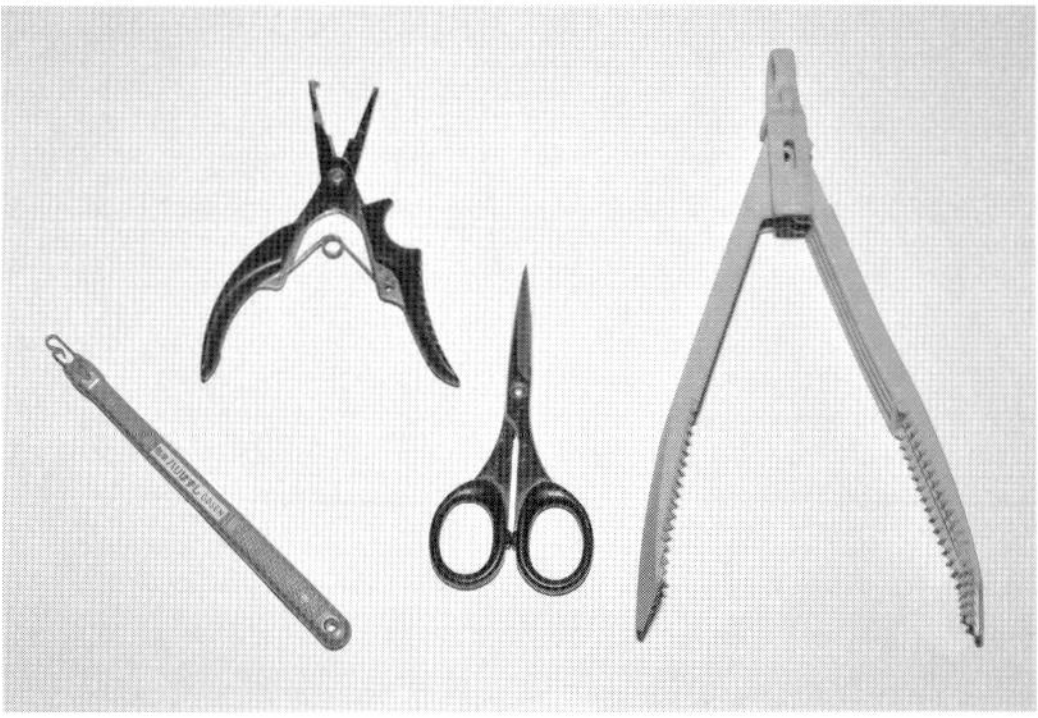

左から、ハリ外し、プライヤー、ハサミ、フィッシュグリップ

タモ網は投げ釣りでも必需品

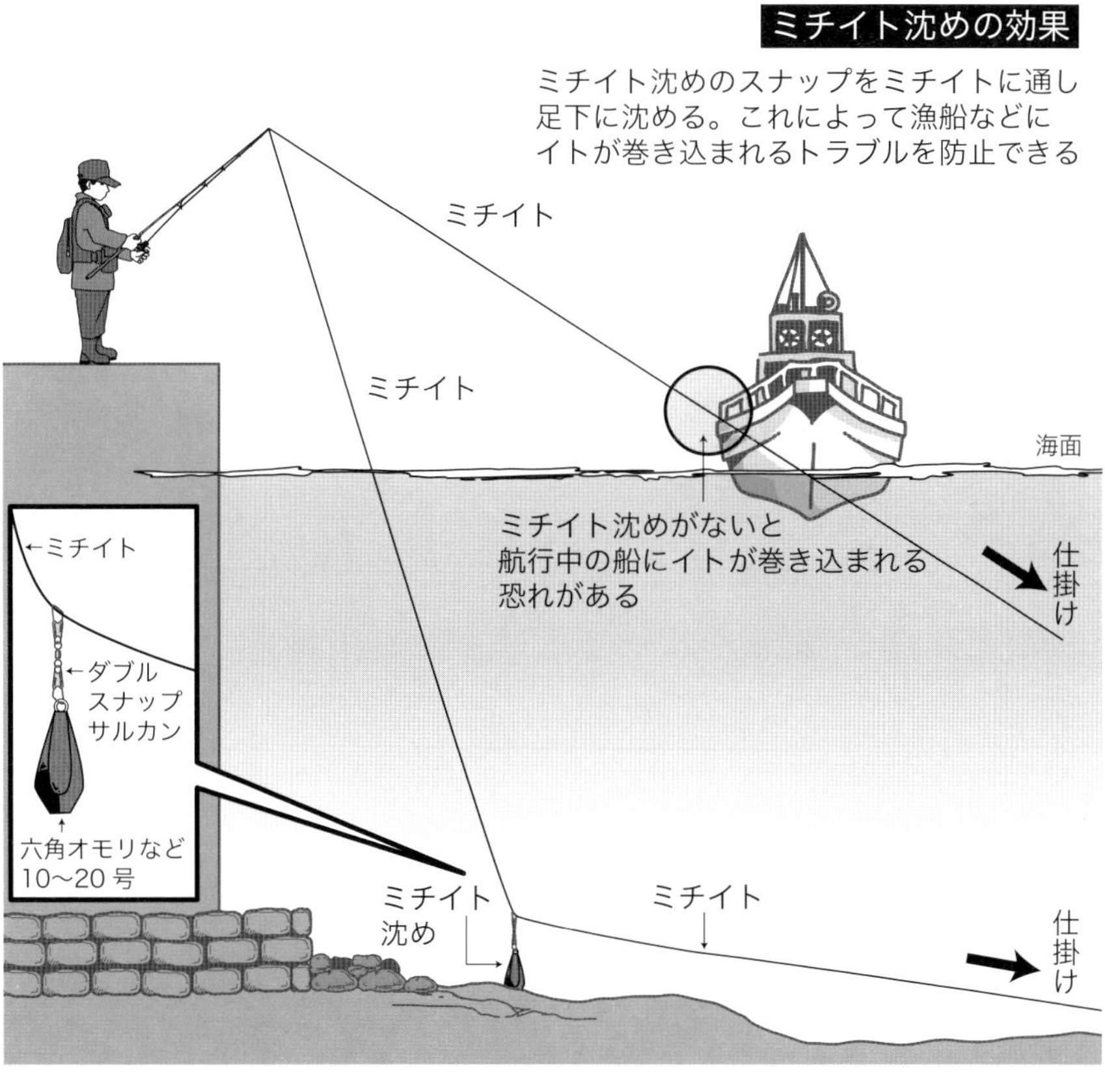

ミチイト沈めの効果
ミチイト沈めのスナップをミチイトに通し
足下に沈める。これによって漁船などに
イトが巻き込まれるトラブルを防止できる
ミチイト
ミチイト
海面
ミチイト沈めがないと
航行中の船にイトが巻き込まれる
恐れがある
仕掛け
←ミチイト
←ダブル
スナップ
サルカン
六角オモリなど
10～20 号
ミチイト
沈め
ミチイト
仕掛け

て石や磯場の間に落とすと回収が不可能。ないと困るので必ず予備を持参する。よくなくす人は安価なものをいくつかバッグに入れておくとよい。またベストや救命胴衣にピンオンリールで取り付けておくとまず紛失しない。爪切りのような小型のカッタータイプも便利。

フィッシュグリップ

名前のとおり魚をつかむ道具。メゴチバサミなども同類。シロギスやベラなどにも使用するが、一番使うのがメゴチ（ガッチョ）やアナゴなど体表の粘液が強い魚。素手だと滑りやすく、タオルはヌメリが付いて後が大変。

フィッシュグリップはハオコゼ、ゴンズイなどヒレの棘《とげ》に毒のある魚をつかむ時、ウミケムシをハリから外す時にも使う（絶対に素手では触らないこと）。ウミケムシの毛が指などに刺さるとチクチクして痛がゆく気持ち悪い。

ハリ外し

魚がハリを飲み込んでいなければ比較的簡単にハリを外せる。しかし、投げ釣りで釣れる魚はシロギスやカレイ、コロダイのようにエサを吸い込んで食べるタイプが多い。クロダイやスズキ、マダイなどもエサが海底にあると飲み込んでいることが意外に多い。そんな時に役立つのがハリ外しだ。いろいろなタイプがあるが、器具の先端をハリス伝いにハリまで移動し、奥に押すとハリが外れる仕組みのものが主流。先端が細いプライヤーでも代用できる。

シロギスやカレイはハリスを強く引っ張ると簡単に抜けることがあるが、無理をせずハリ外しを使うのが無難。

プライヤー

ラインを切ったりする時に使うが、魚の口からハリを外す時に重宝する。この使い道が一番多いかもしれない。特にハオコゼ、ゴンズイ、ウミケムシからハリを外す時は必ず使用する。片方の手はフィッシュグリップで魚をつかみ、片方の手はプライヤーを持ってハリを外す。魚が暴れてヒレの棘が指に少し触れただけでも激痛が走る。こうならないためにも必ずプライヤーを使うこと。

レインウエア

釣りに雨はつきもの。行く前に雨と分かっていれば中止にしたり、雨具を持参することができる。しかし、釣り場では晴れの予報でも突然降ってくることもある。夏でも雨に濡れると身体が冷えるが、秋や春、冬ならなおさらだ。また、夏場の夜釣りでも意外と冷え込むことがある。

そんな時にレインウエアがあると助かる。基本的にはいつも持参するようにしておくこと。

2章

仕掛け

1本バリなど簡単な仕掛けもあるが、ほとんどが複数バリで投げ釣り特有の仕掛けを用いる。それらの作り方や特徴、なぜその仕掛けを使うかなどを詳しく解説。

慣れないうちは市販仕掛けを使うのが手っ取り早いが、仕掛け作りも楽しみのひとつ。ぜひ作り方を覚えて自作にもチャレンジしてみよう。

仕掛け

各部の名称と役割

投げ釣りの仕掛けは、ほかの釣りの仕掛けにはない特殊な部分もある。以下、各部の名称と役割、必要性を解説していこう（62頁以降に各図解）。

●スナズリ　投げ釣りはその名前が示すように仕掛けを投げる釣りである。しかも、20～30号といった重いオモリを使い、かなり遠くまで投げる。また、カレイ釣り、マダイ釣りなどの大ものねらいではエサも大きくなり、抵抗が大きくなる。そのため投げ始めや飛行中、あるいは着水時に仕掛けが絡むことがよくある。

これを防いでくれるのが投げ釣りの仕掛けならではのアイテム、テンビンとスナズリだ（テンビンの役目についてはタックル解説のオモリ〈テンビン〉の項で紹介したので省く）。

スナズリはモトス（幹イト）の上部35～40㎝を2本ヨリ、または3本ヨリにしたものの名称。この部分を太くしておくことで飛行時の仕掛けの曲がりが大きくなり、飛行中はもちろん、着水時などによく起こる仕掛け絡みを軽減してくれる。

マダイ釣りではハリスを10号通しの1本バリにすることがある。このような太ハリスではスナズリがなくてもよいが、それでもユムシやコウジといった大きなエサを使う場合はよく絡む。仕掛けが絡んでいると魚はまず食わないから、なるべくスナズリを付けておくようにしたい。少しの手間で釣果が変わってくる。

スナズリは前記したとおりモトスの上部をヨリイトにしたものだ。また、仕掛けのつなぎ目はなるべく少ないほうが全体の強度が保たれる。しかし2本ヨリ、まして3本ヨリを作るのは意外に大変。そこでスナズリだけを別に作っておくという方法もある。10号程度のラインで2本ヨリ、または3本ヨリを作っておき、両サイドにサルカンを付ける。これを何本も作っておけば仕掛けの交換などもスムーズに行なえて便利だ。

パラゴンというヨリイトの両サイドにサルカンを取り付ける方法もある。これらは何回も使えるので仕掛け作りの手間がかなり省ける。

「シロギスの引き釣りは仕掛けが軽いのでスナズリは必要ない」と言う人もいるが、トラブルを避けるためにもやはり付けておきたい。特に時間の制限があるトーナメントではなおさらだ。ただ、ハリ数が2～3本で仕掛けの全長が短く、遠投したい場合はその限りではない。

●**モトス（幹イト）**　仕掛けの中央部分、ハリスが結ばれているイトをモトス、あるいは幹イトという。モトスの役目も仕掛けを絡ませないことだ。

モトスは太ければ太いほど絡みは防げるが、仕掛け全体のバランス、特にハリスとの兼ね合いが大事。使いたいハリスをメインに号数を考え、平均してハリスの1・5倍から2倍程度に設定するのが基本だ。

たとえばカレイ仕掛けでハリスを4号にする場合、モトスは6～8号、ハリスが5号の場合はモトスを8～10号にする。

シロギスの引き釣りでも同様で、ハリスが1号の場合はモトスを1・5～2号、ハリスが0・8号の場合はモトスを1・5～1・7号といった感じである。ハリスが1号なのにモトスを5号などにすると、モトスが強すぎて魚が食った時のショックや、根掛かりの際にハリスが簡単に切れるから避けるように。

●**枝ス用チチワ**　カレイ仕掛けでは2本バリにすることが多い。その場合、モトスの中間部分にチチワを作り、そこに枝バリを取り付ける。チチワは通常タイプ（65頁図）のほか、絡みをより軽減させるため2本ヨリにする人もいる。長さは4～5㎝でよい。

通常のチチワにしても2本ヨリタイプにしろ、さらに絡みを軽減させたい場合はパイプを通すとよい。これがあることで枝スを長くすることができ、誘い効果が高まると考えられる。通常のチチワで枝スを長くすると絡みやすくなるので要注意。枝スの長さは12～15㎝がアベレージ。

ちなみに、シロギス引き釣り用仕掛けの枝スはチチワを用いず、直結びにする。感度をよくするのと抵抗を小さくするためだ。

●**8の字チチワ**　モトスの先端やハリス、枝スの先は8の字チチワにしておくと、取り付け、取り外しが簡単に行なえる。8の字結びは64頁図のように1回ひねって結ぶ。これにより結び目が真っすぐになる。ひねらず単に片結びにすると、結び目でイトが曲がってしまい、見た目がよくないだけではなく絡みにもつながる。必ず8の字結びにしておくこと。

チチワ同士をつなぐ時は66頁図のようにする。逆にすると結束部が曲がってしまう。

●**ハリの結び方**

ハリとイト（ハリス）の結び方はいろいろあるが、多くを覚える必要はない。取りあえずひとつをマスターするのが得策。おすすめの結び方は強度が高いといわれている外掛け結びと、ハリスがチヂレないフィンガーノットのいずれか。一度やってみて、やりやすいほうを覚えればよい。

●**イトとイトの結び方**

投げ釣りでイトとイトを結ぶといえ

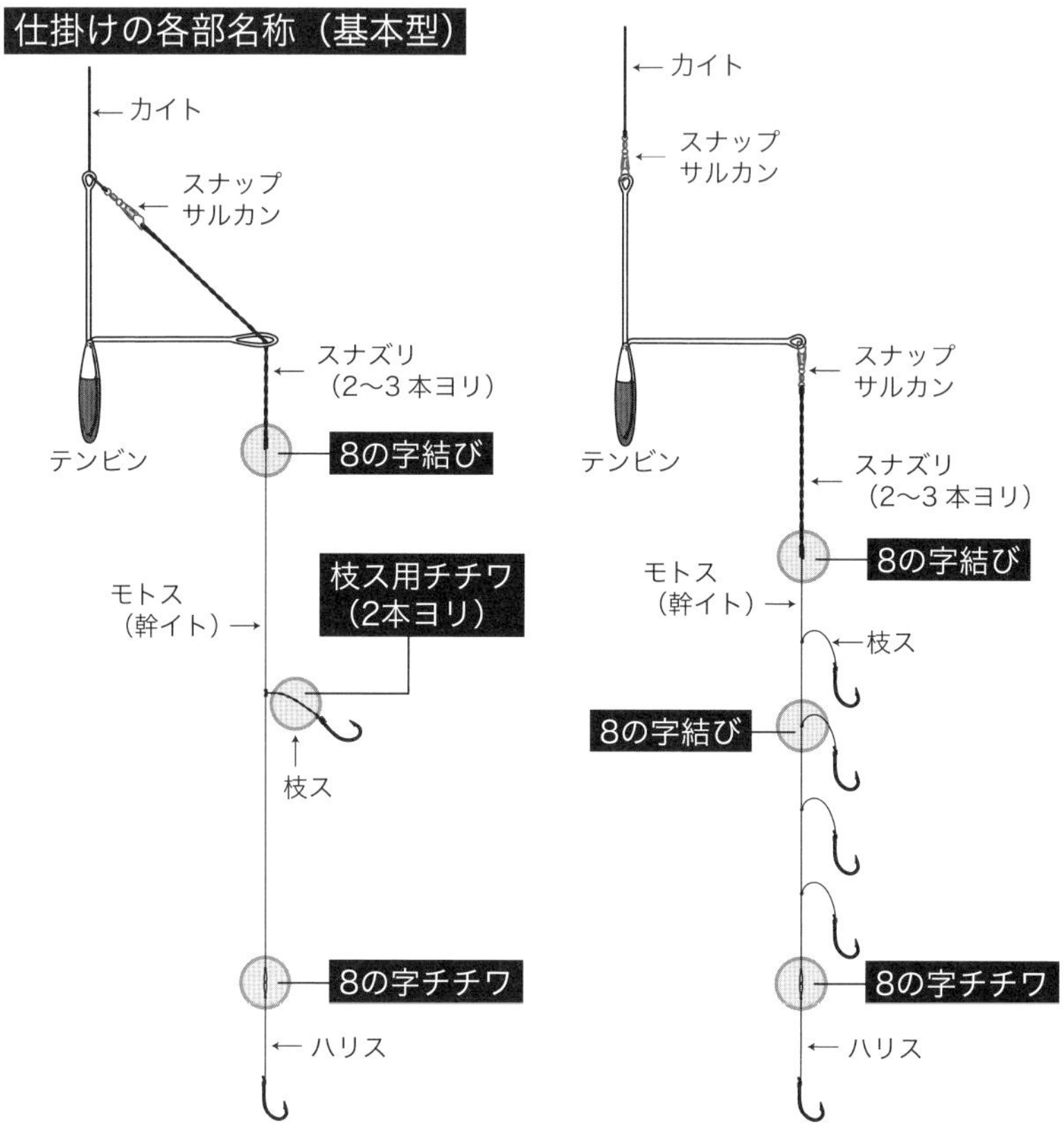

ば、大半がミチイトとカイトの結びである。この部分の結び目が大きくなると飛距離に影響が出るし、放出時のトラブルにもつながる。また、根掛かりした時に簡単に切れてしまうようではよくないので、しっかりとマスターすること。

ナイロンライン同士を結ぶ場合はブラッドノット、PEライン同士なら電車結びがおすすめ。ナイロンラインとPEラインを結ぶ場合も電車結びがよい。PEラインは滑りがよいので、ブラッドノットだと滑って抜けてしまうから要注意。いずれも結び目が小さく仕上がるのが特徴。

●イトとサルカンの結び方

これも数多くの方法があるが、クリンチノットとダブルクリンチノットを覚えておけばよい。ラインが8号以上の太い場合はクリンチノットでよい。ラインが細い場合は、安全度を考えてダブルクリンチノットにする。

スナズリの効力

スナズリがある場合

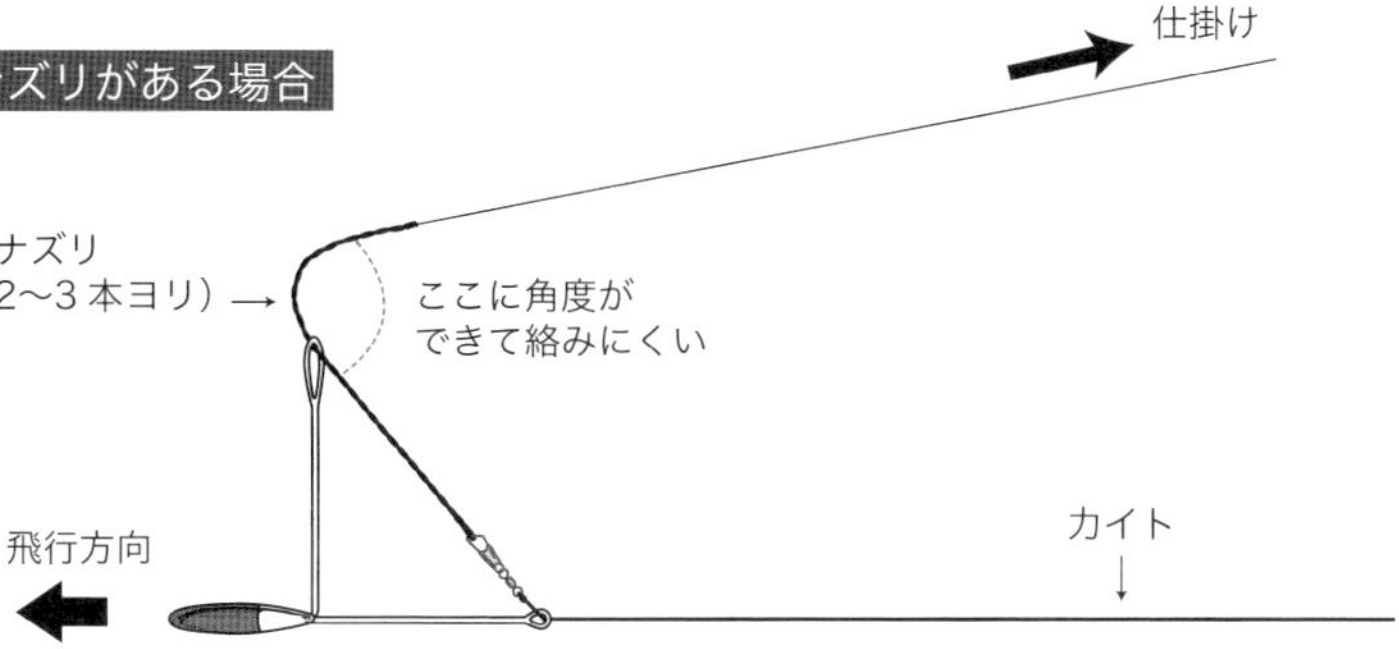

スナズリがない場合

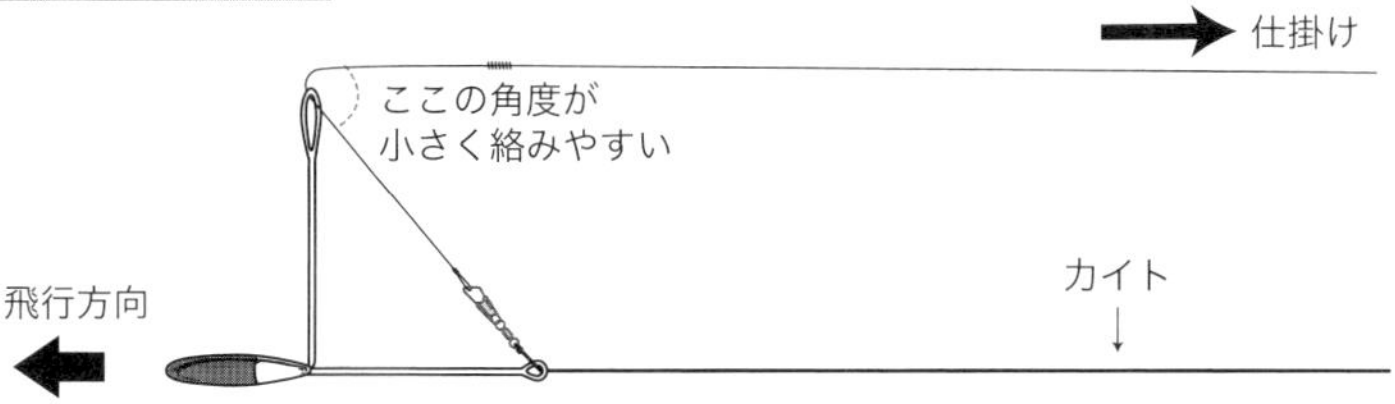

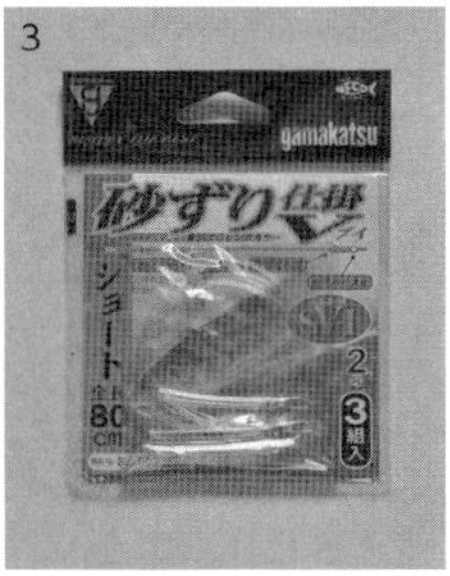

シロギス引き釣り用のスナズリ。ビギナーには市販品がおすすめ

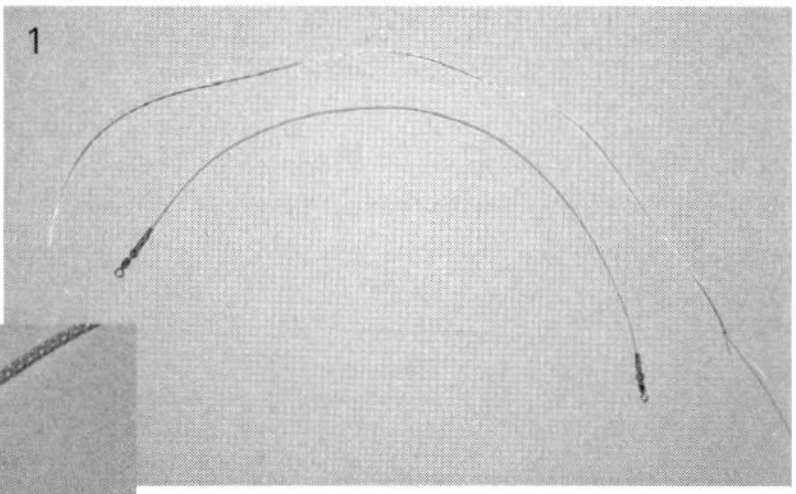

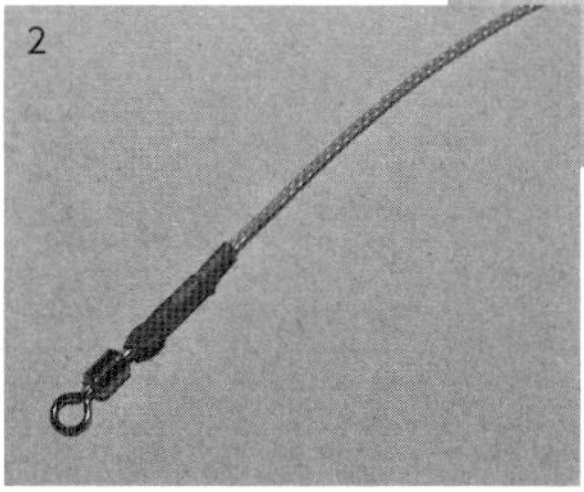

スナズリ 2 種。上はミチイトに接続する側の先端をチチワにして、ハリスと接続するほうでヨリイトを留めてある。下は両端にサルカンを取り付けた（写真②）パラゴンと呼ばれるタイプ

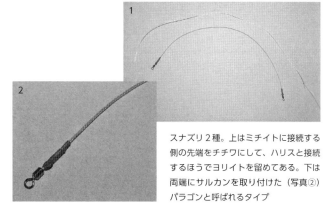

チチワ（8の字）

① イトを二つ折りにする。さらにそれを折り返す。
ちなみにより強度を求める場合には、イトを最初に
四つ折りにすると二重のチチワとなる

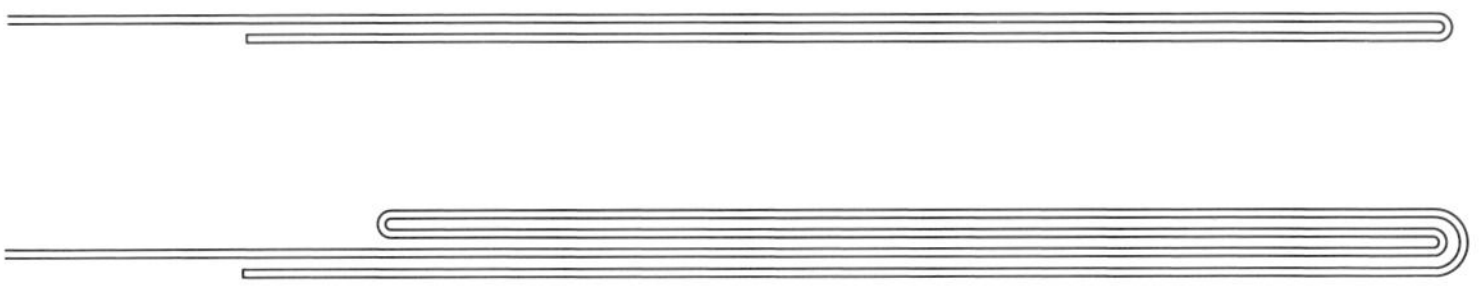

② イトを交差させ、1 回ひねって輪を作る

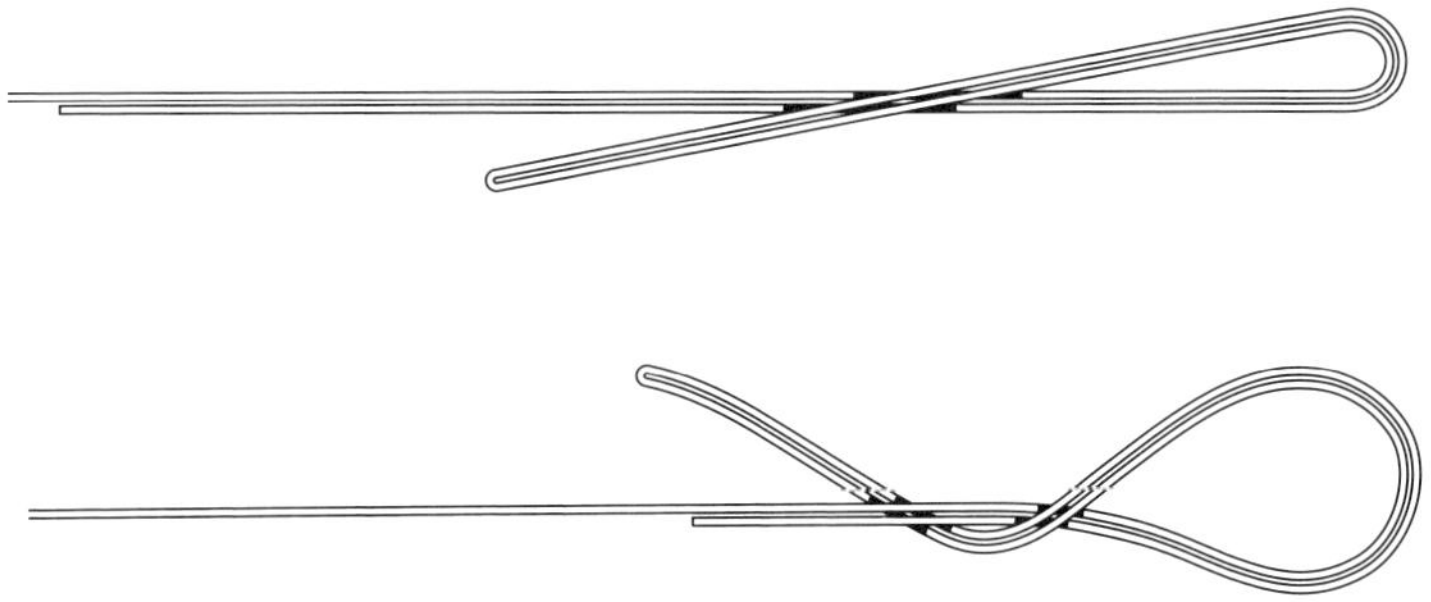

③ ②で作った輪に二つ折りの先端部分を通す。結び目となる部分が 8 の字になっていることを
確認し、サイズを調整して両側のイトを引き締めればチチワの完成。この時、結び目の根元に
端イトでハーフヒッチ（止め結び）を行なうとより安心できる

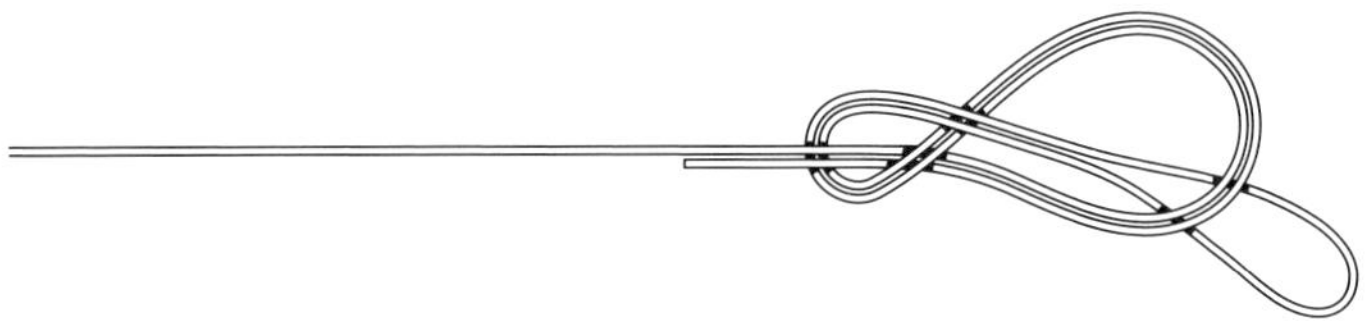

④ ゆっくり引き締める。余りを切ればチチワの完成

モトスの枝ス用チチワ

① 幹イトをひねって輪を作る。人差し指と中指を差し入れて
行なうと次の作業がやりやすい

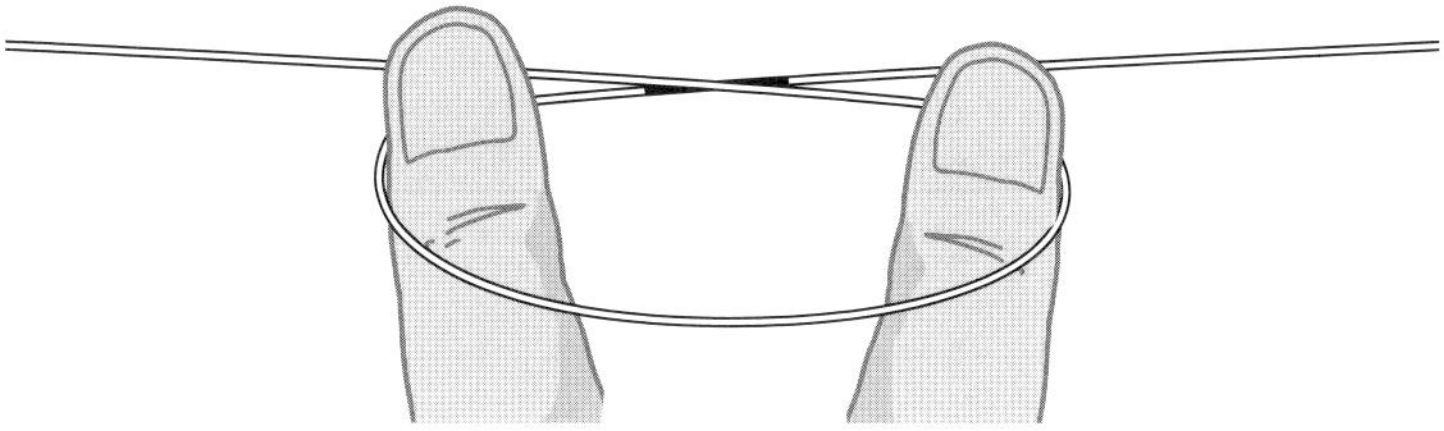

② 下側の幹イトをくくり取り、
図のように 3〜4 回輪のイトに絡ませる

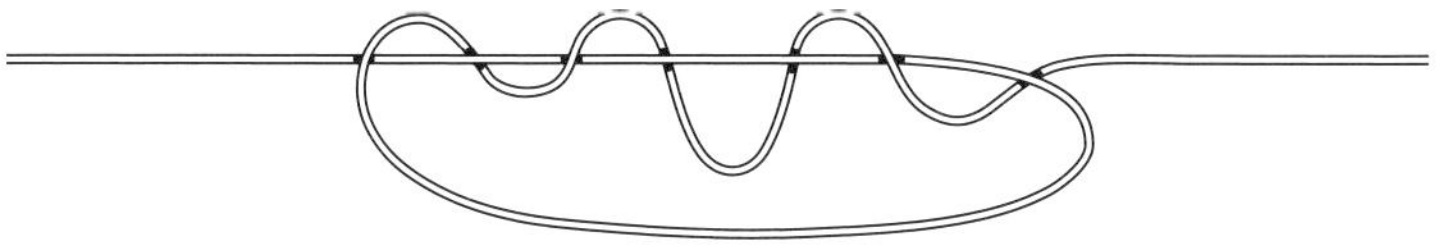

③ 絡ませた部分の中央の輪に元の輪を通す

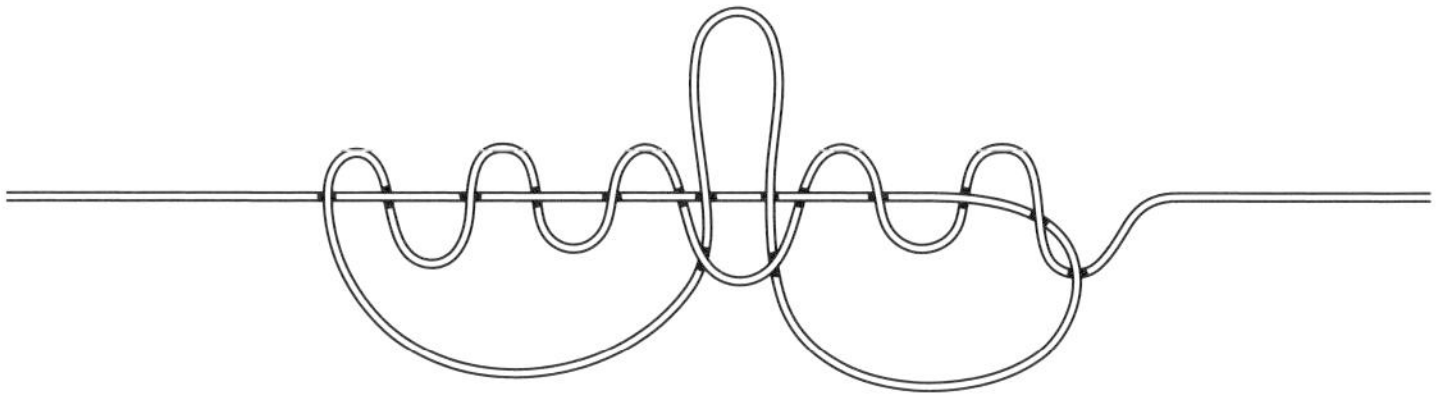

④ 爪楊枝などを輪に通して幹イトを
ゆっくり引き締めて完成

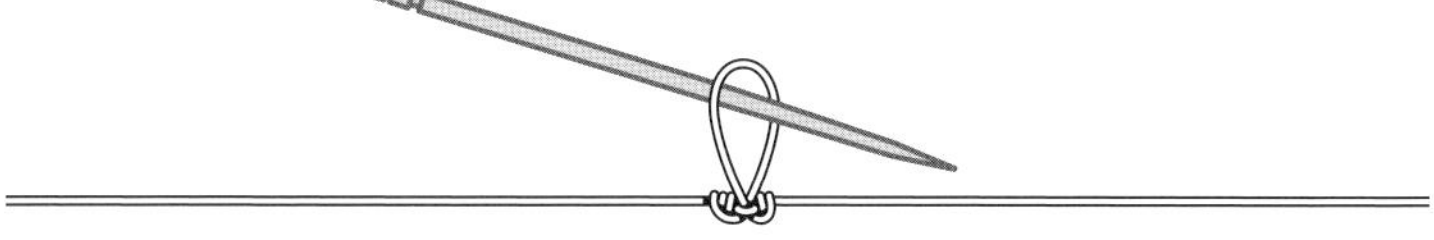

チチワ同士の接続（モトスとハリス）

①

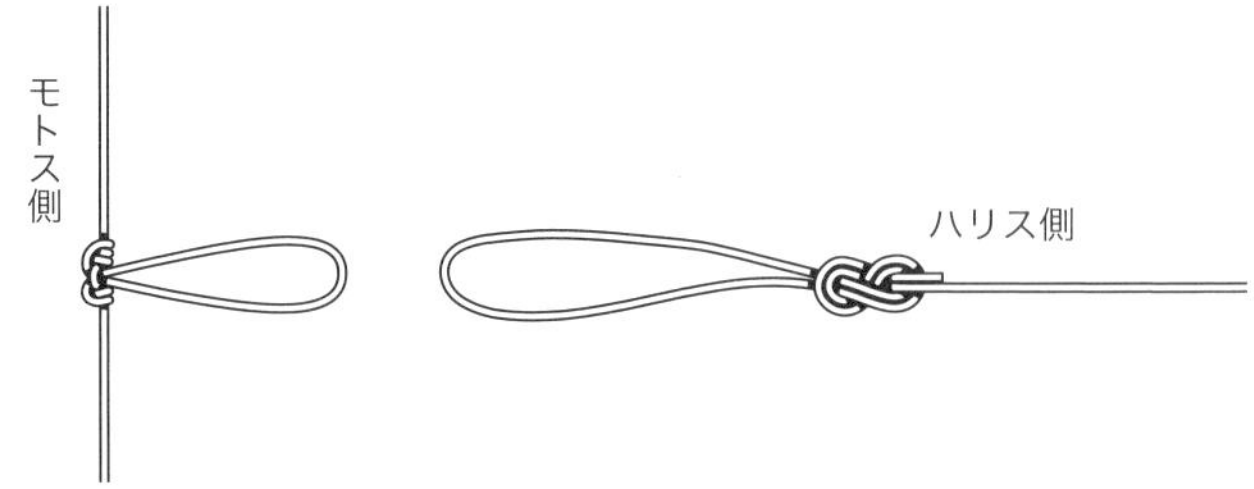

② チチワ同士をくぐらせる

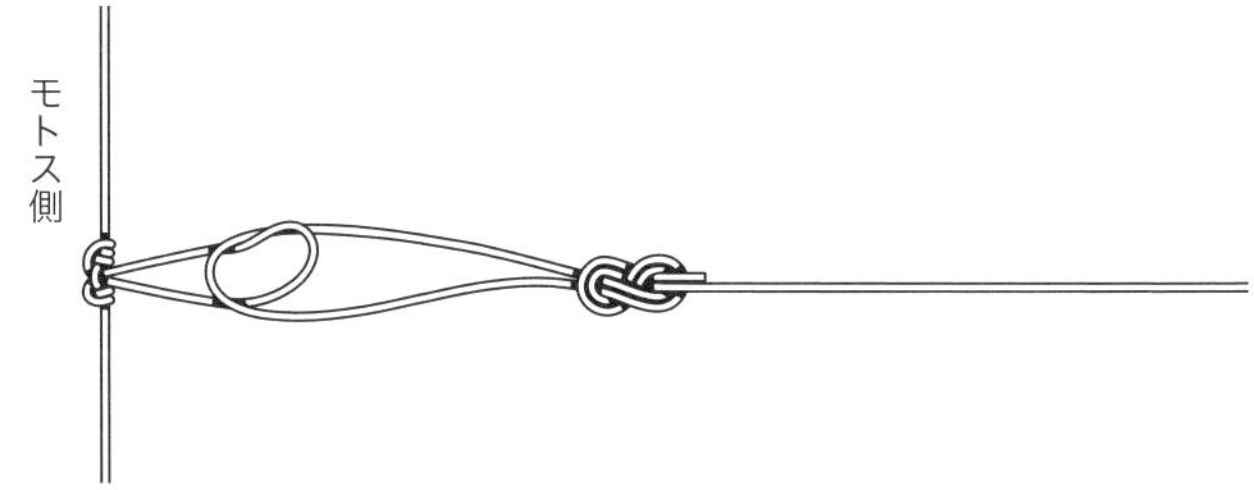

③ くぐらせたほうのチチワに反対側のハリスを通す

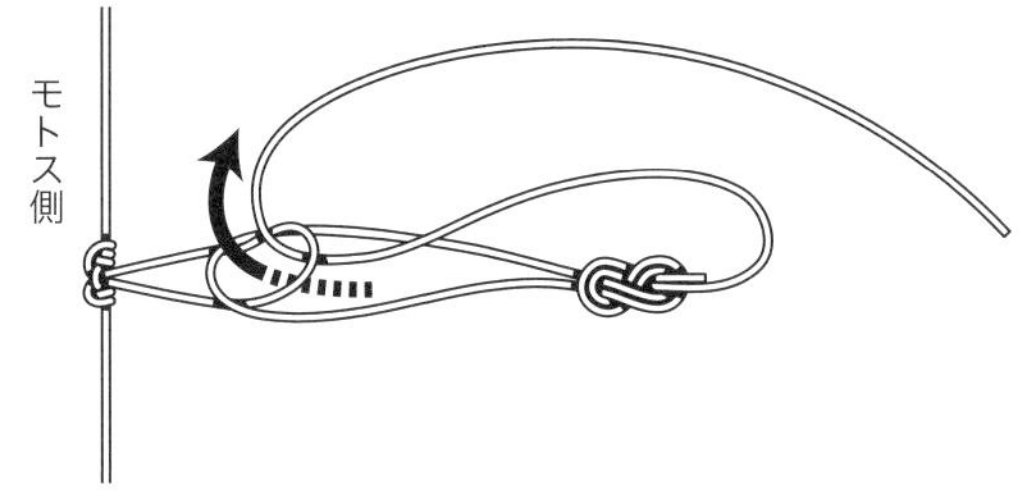

④ 両側のイトを引き締めれば完成

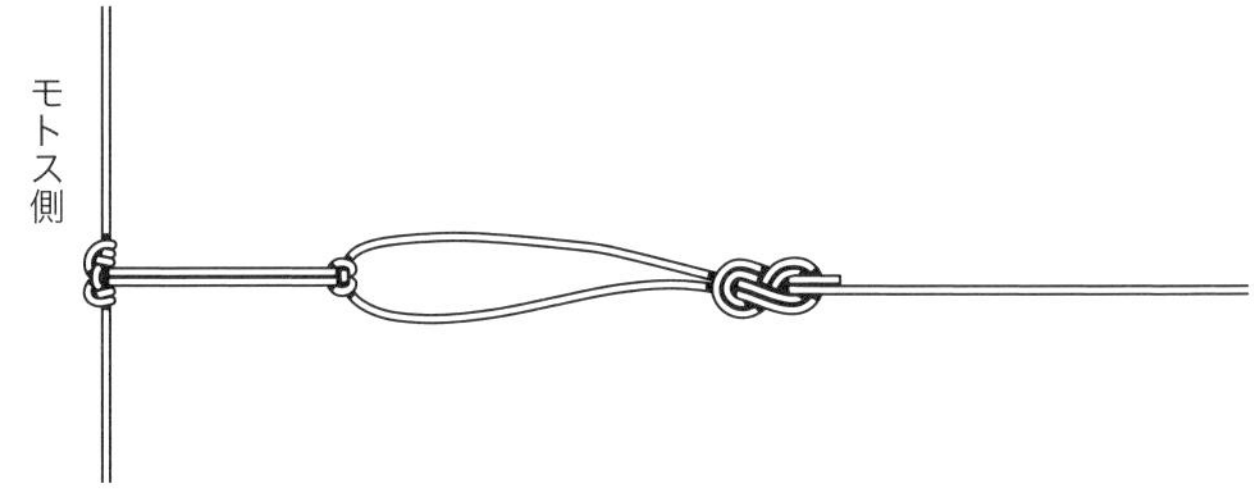

枝スの結び方（8の字結び）

① イトとイトを重ねて輪を作る

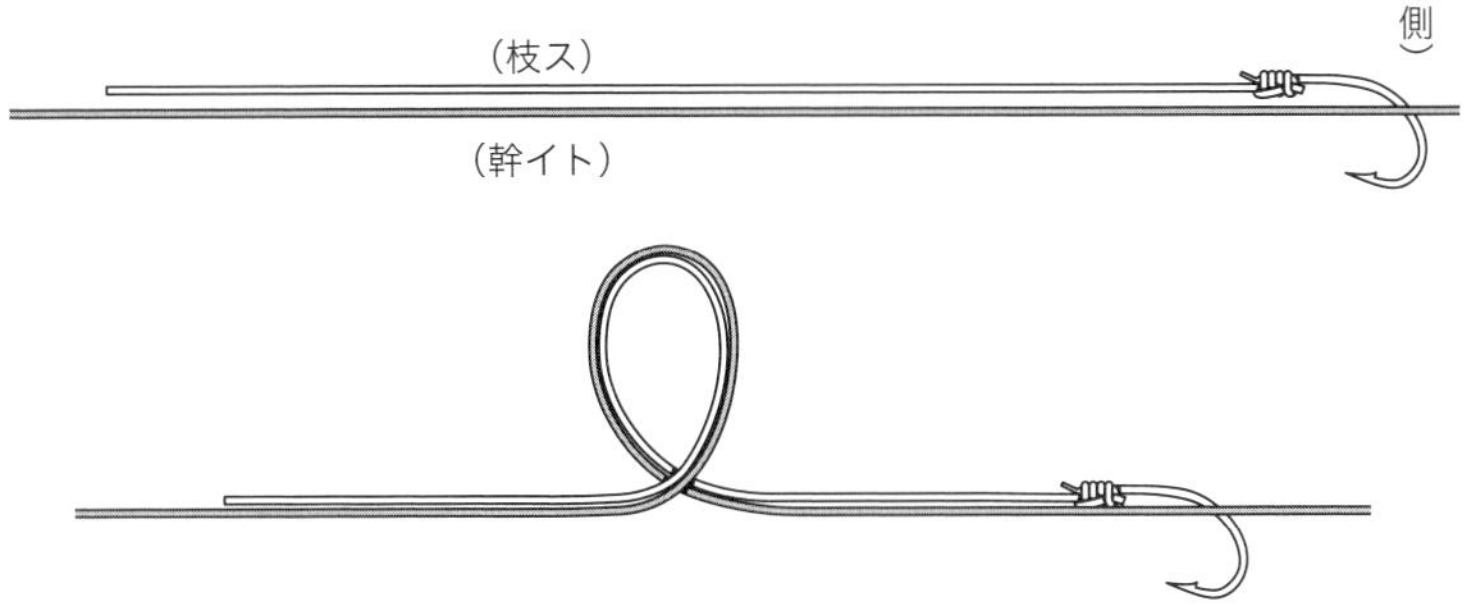

② 付け根を押さえて輪を２回ひねる

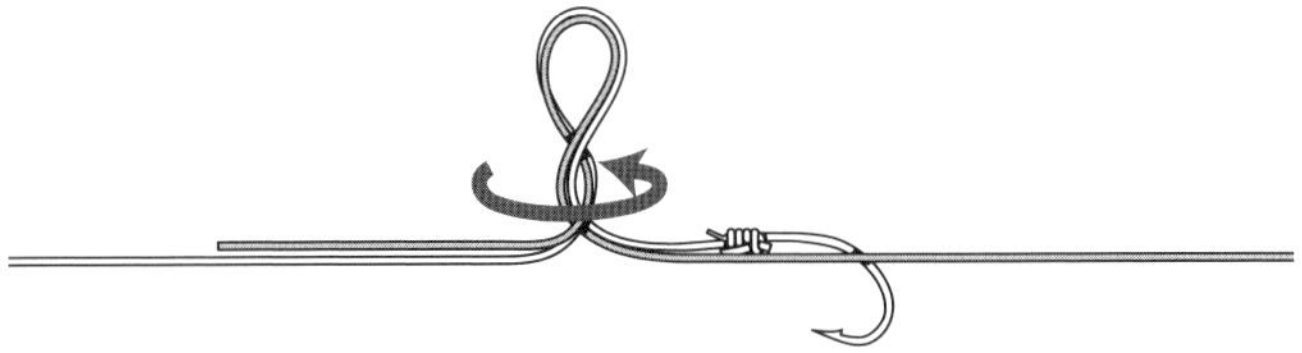

③ 先端の輪に両方のイトを通す

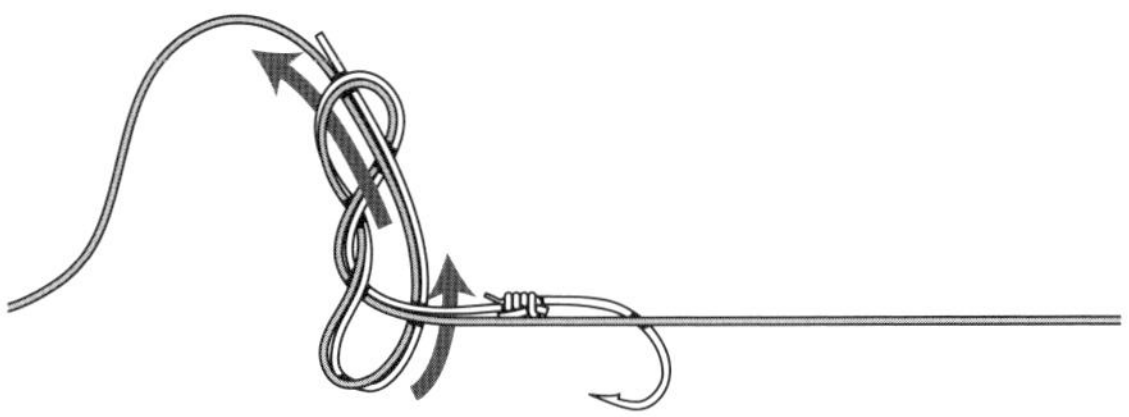

④ ゆっくりと引き締め、余りを切れば完成

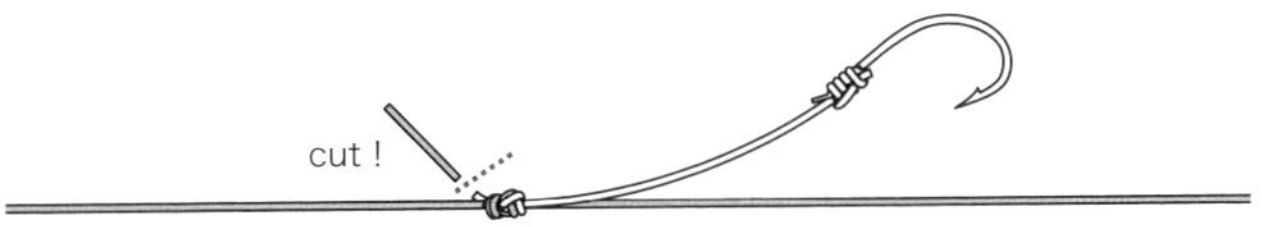

ハリの結び方（外掛け結び）

① イトをハリ軸に当てる

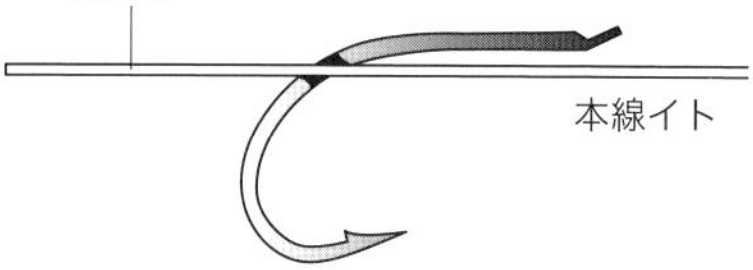

② 端イトで図のように小さな輪を作り、ハリに当ててからしっかり押さえる

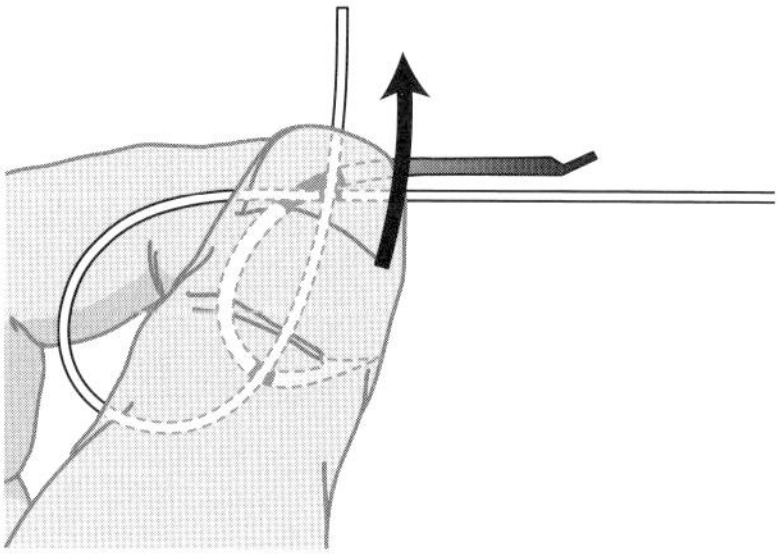

③ 輪をしっかり押さえたまま、端イトをハリ軸と本線イトに巻きつけていく。本線イトを張った状態で行なわないと、本線イトがハリ軸から外れたり回り込んだりすることがあるので注意

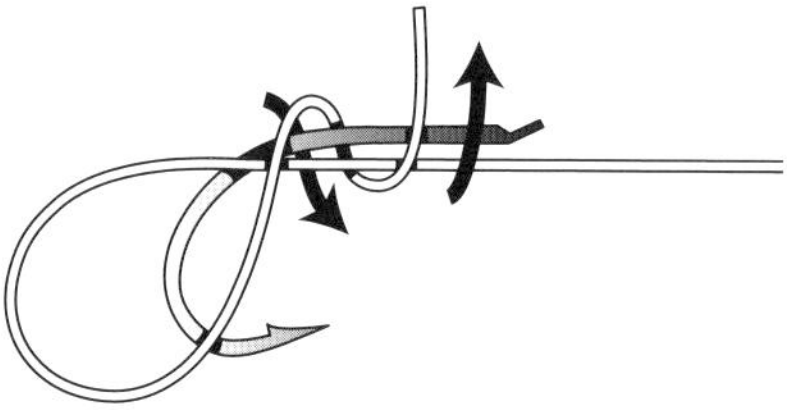

④ 巻く回数は4～6回

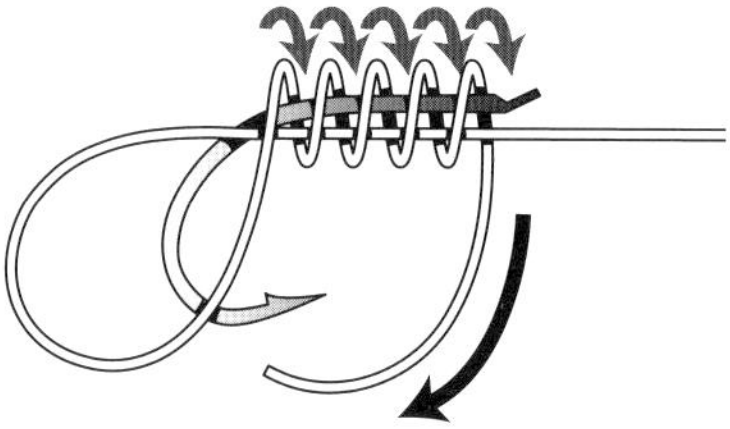

⑤ 端イトを折り返して②で作っておいた輪に通す

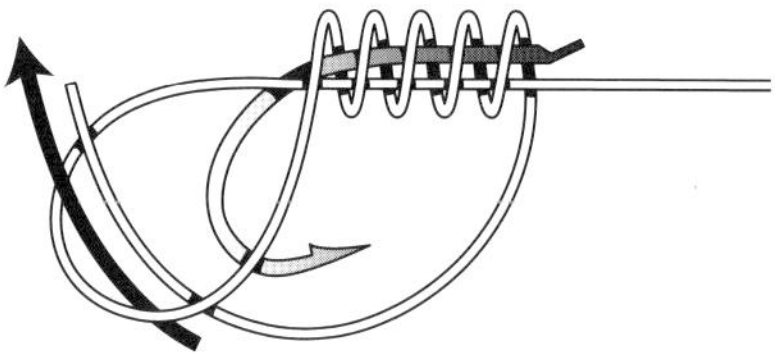

⑥ 本線イトをゆっくりと引き締め、端イトも締める。一度仮止めの状態から、本線イトがハリ軸（チモト）の内側から出るように調整し、しっかりと締める。
余分なイトを切れば完成

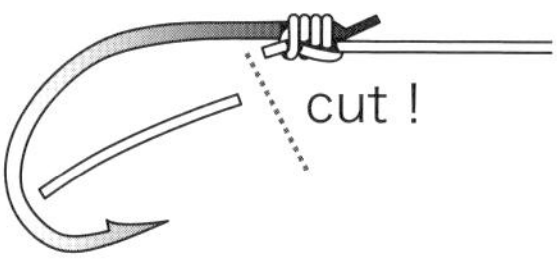

ハリの結び方（フィンガーノット）

①図のように輪を作る。輪の付け根はハリのチモトとともに指で押さえる

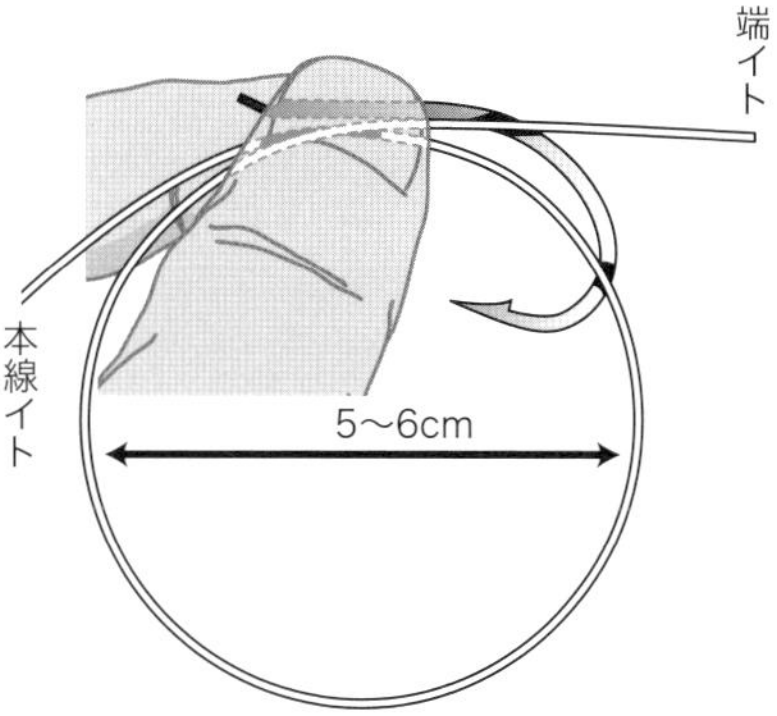

②輪をつまみ、端イトとハリの輪ごと巻き込んでいく

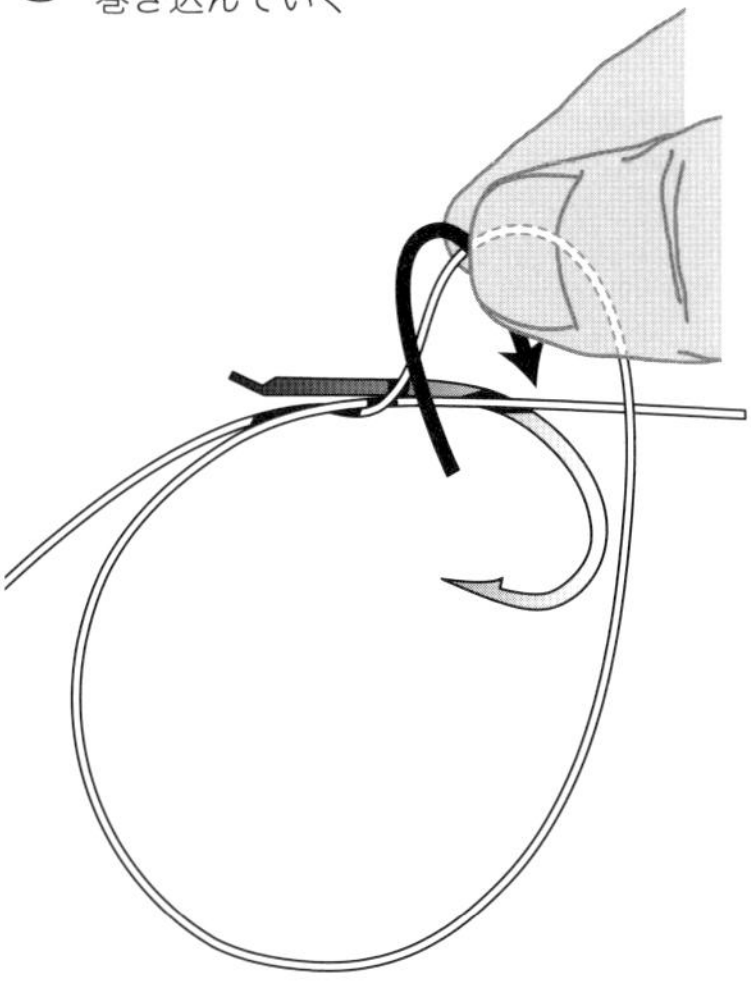

③ハリ先方向へ2回巻き込み……。

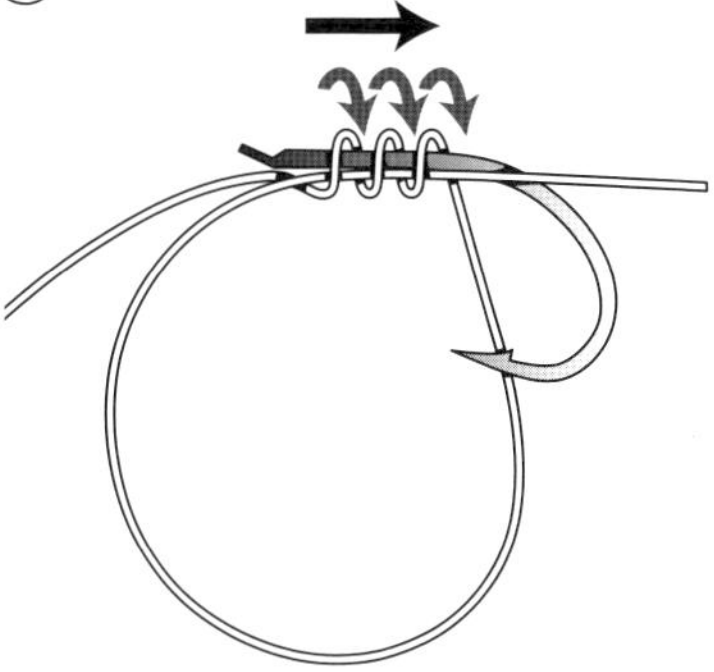

④折り返してチモト方面へ7、8回巻きつける

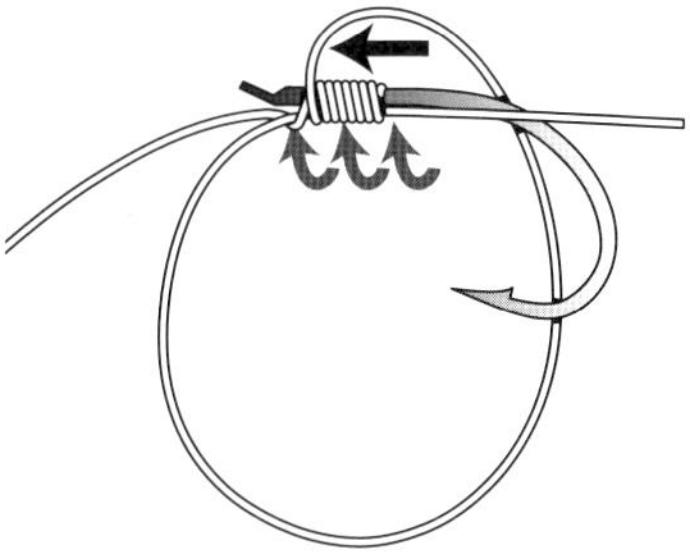

⑤チモトの付け根に集まったイトを指でしっかり押さえ、端イトを引き締める。本線イトがチモトの内側から出るように調節した後、しっかりと固定。余りのイトを切れば完成

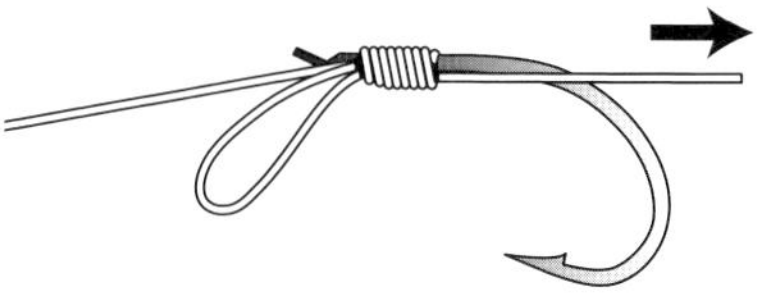

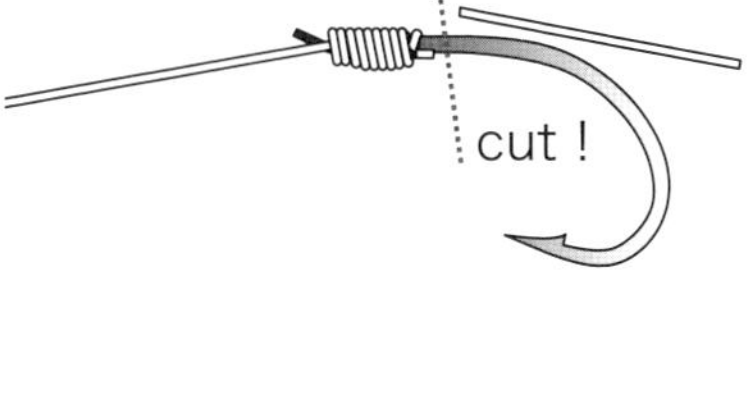

イトとイトの結び方（ブラッドノット）

① イト同士を重ねる

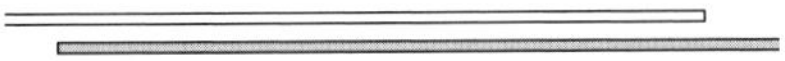

② 片側のイトを図のように
4〜6回巻きつける。
次に端イトを元の位置側に折り返す

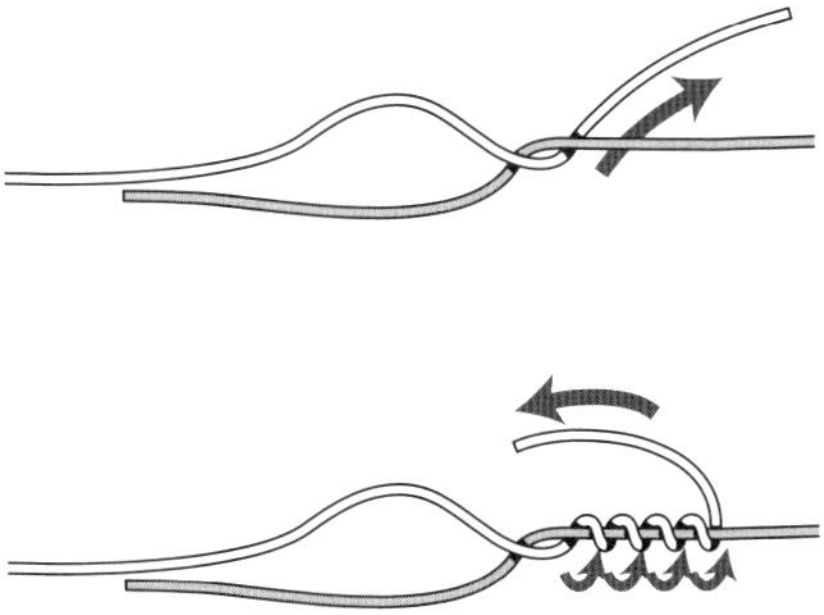

③ イト同士が交差する最初の箇所に
戻して間に通す

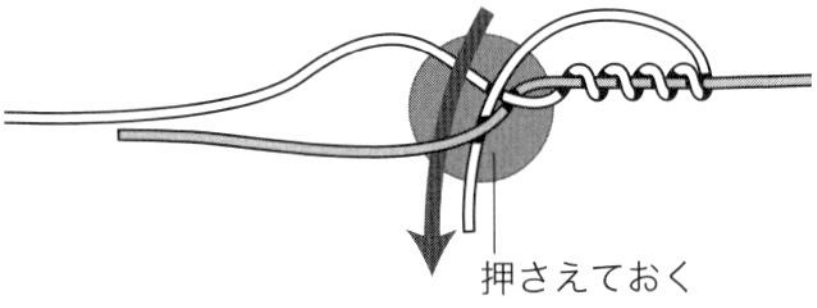

④ もう一方のイトも同じ回数で
巻きつける。
先端部は③と同じ位置に、
ただし逆側から通す

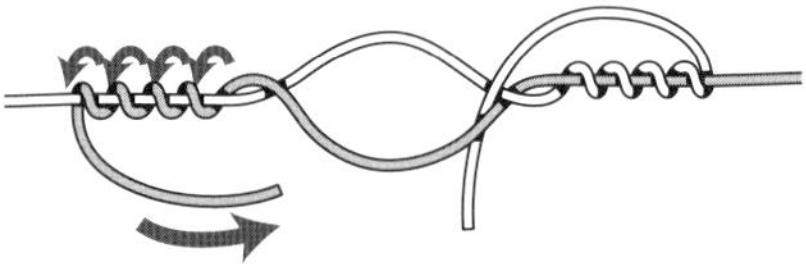

⑤ 両側の端イトと本線イトを軽く引き、
結び目ができる直前の状態にして…

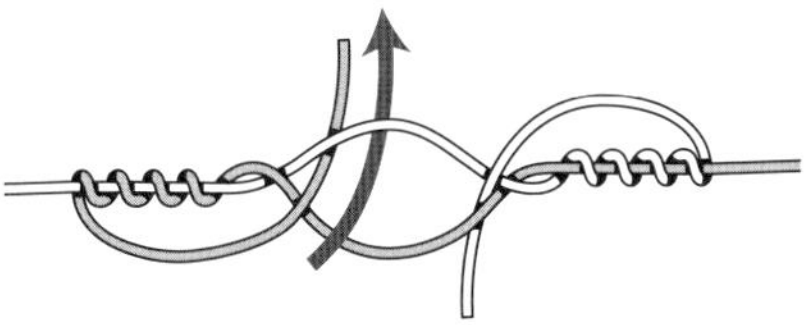

⑥ 両側の本線イトをゆっくり引き締める。
余りを切れば完成

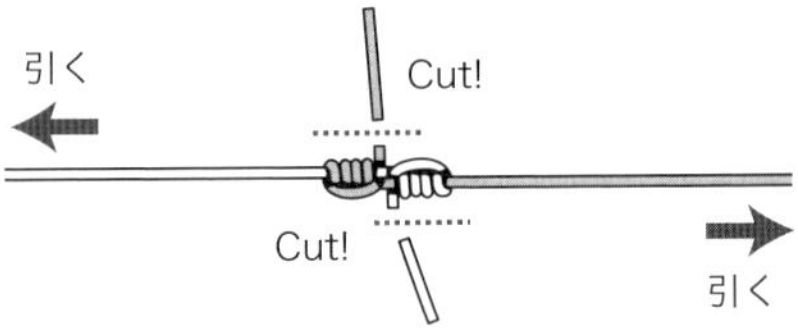

イトとイトの結び方（電車結び）

①イト同士を重ねる

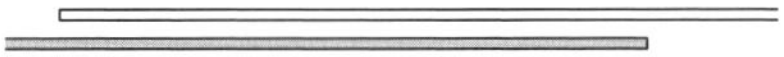

②一方の端イトで図のように輪を作る

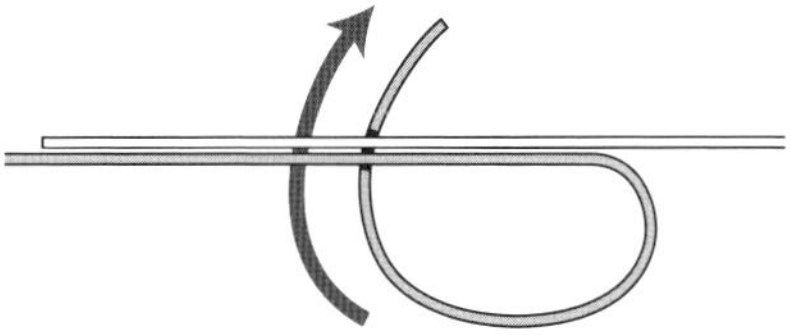

③輪の中に端イトを通す

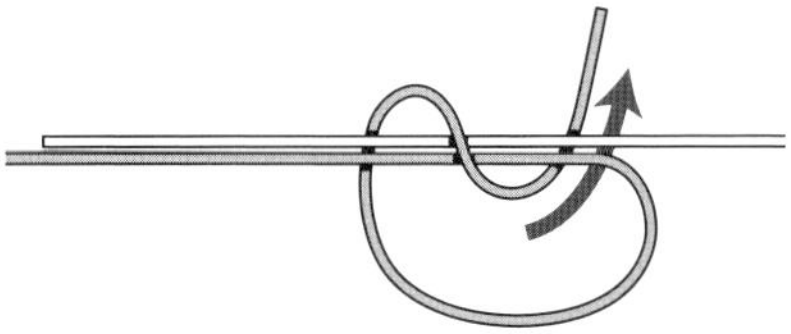

④同様に3〜5回通す

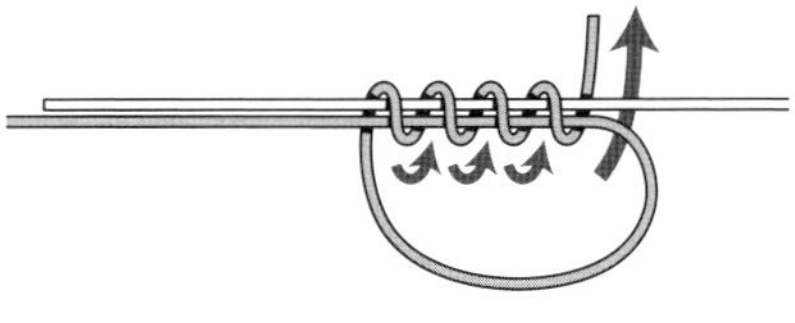

⑤左側の端イトと本線イトをゆっくり引き締めて結び目を作る

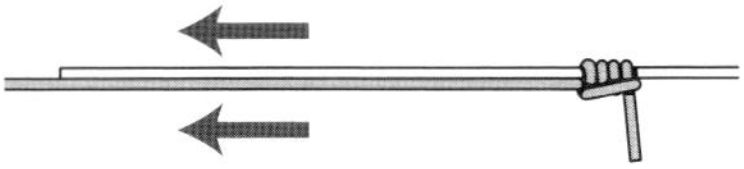

⑥もう一方のイトも、同様に結ぶ

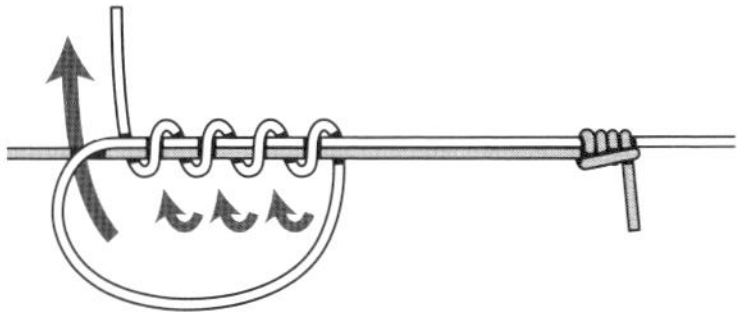

⑦結び目が2つできた状態

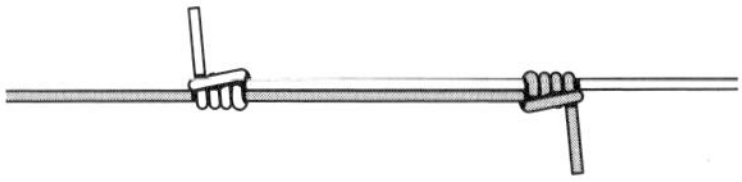

⑧左右の本線イトをゆっくり引き締めて結び目を1つにする。
最後に余りを切れば完成

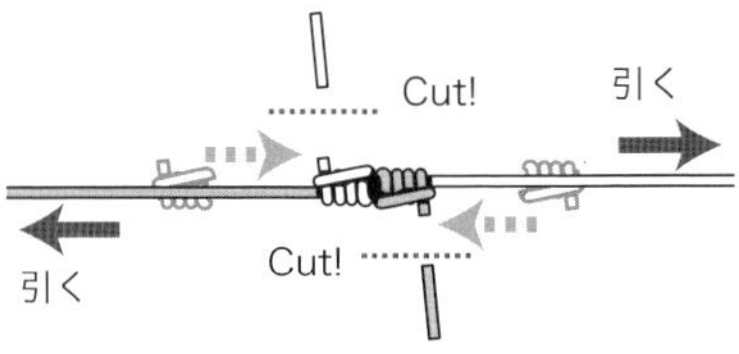

イトとサルカンの結び方（クリンチノット）

① 図のようにイトを1回通す。
2回通すとダブルクリンチノットになる

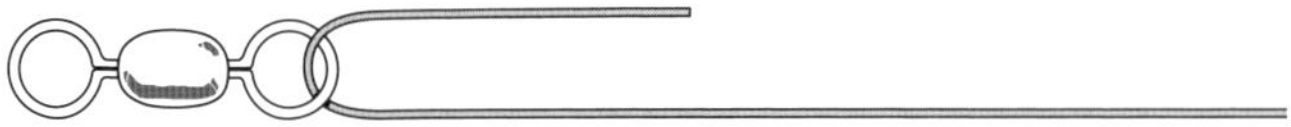

② 端イトを本線イトに5回ほど巻き付ける

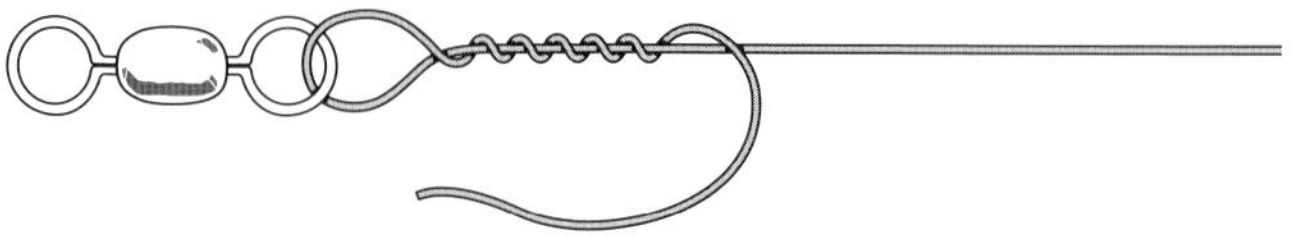

③ ②で最初にできた輪に端イトを通す

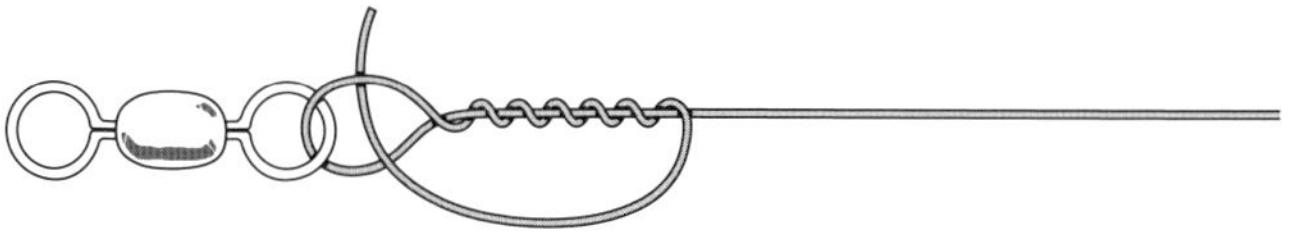

④ 端イトを折り返すように③でできた輪に通す

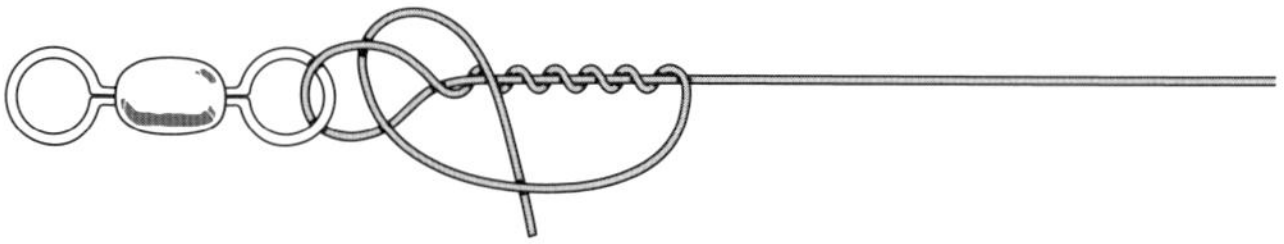

⑤ 本線と端イトを引き締め、余りを切れば完成

イトとサルカンの結び方（ダブルクリンチノット）

① 図のようにイトを2回通す

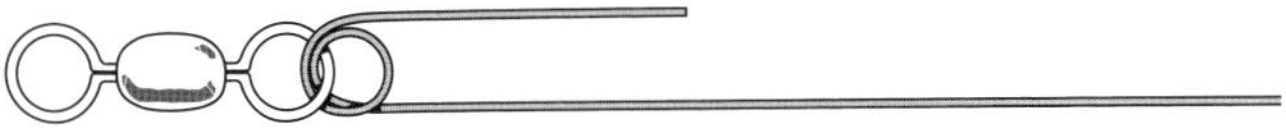

② 端イトを本線イトに5回ほど巻き付ける

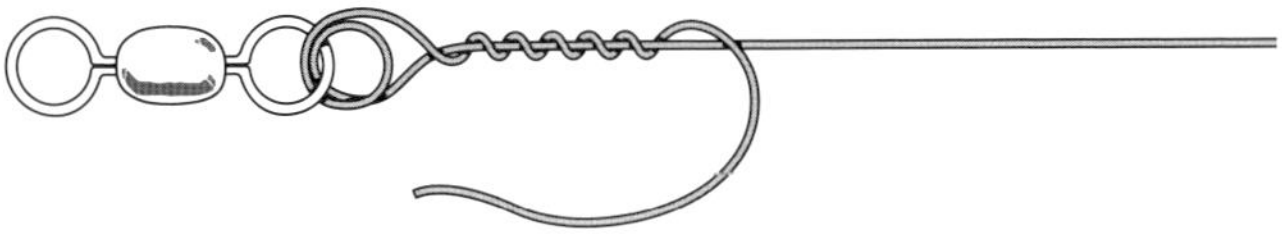

③ 2つの輪に端イトを通す

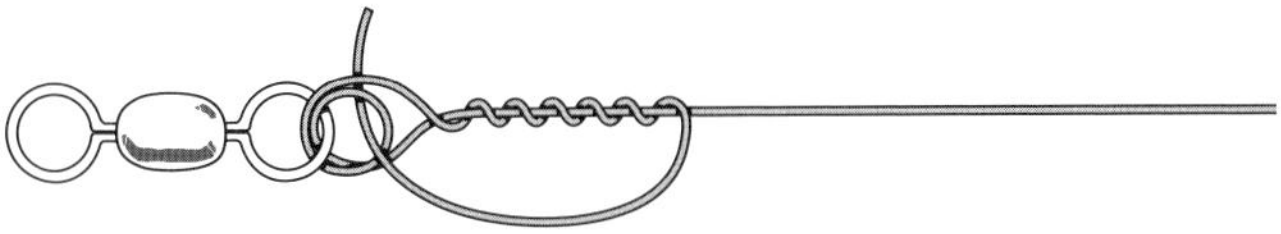

④ 端イトを折り返すように③でできた輪に通す

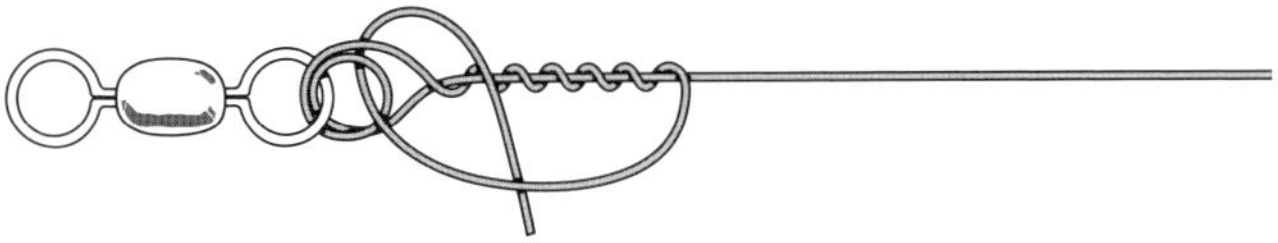

⑤ 本線と端イトを引き締め、余りを切れば完成

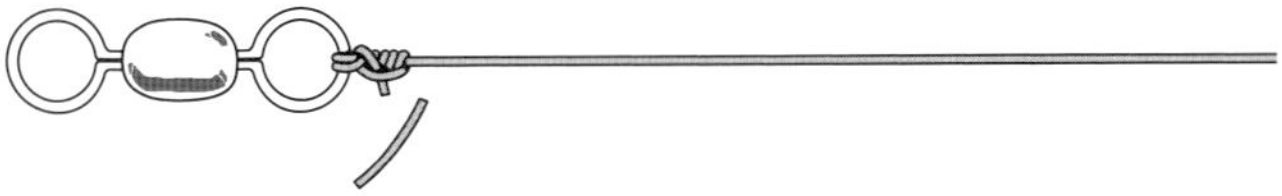

仕掛け巻き・仕掛けケース

巻きグセの付かない収納がキモ

丸いタイプ、ケースタイプ、自作も手軽にできる

　作った仕掛けを保管、または釣り場に持参するには、仕掛け巻きや仕掛けケースが必要。市販のウレタン製のスポンジシート状のものや、段ボールなどをカットして自作するのが一般的。細長いものは1本（あるいは1組）ずつ巻けるし、幅があれば数組巻ける。このタイプはかさ張らず軽量なので便利。取り出しも簡単に行なえる。しかし、どうしても巻きグセが付いてしまうのが欠点。モトスにフロロカーボンを使い、使用前に強く引っ張ればある程度の巻きグセは取れる。それでも完壁には取れない。

　仕掛けに巻きグセがあると釣果に支障をきたす。仕掛けが不自然な状態で海底にあると魚が警戒心を強め、食いが悪くなるどころか、その場から離れてしまうケースもある。なかでもシロギスはその傾向が強い。カレイやマダイ、スズキ、クロダイ、カワハギなども同様だ。仕掛けが絡んでいると魚はエサに食いつかないとよくいわれるが、同じような理屈である。

　巻きグセを付けないためには丸いタイプの仕掛け巻きがよい。また、1組ずつ個別に入れるケースタイプ（仕掛け入れ）も巻きグセが付きにくく、これを使っている人も多い。だいたい袋が10枚付いているので10組収納できるが、仕掛けをよく使う人はそれではケースがたくさん必要になり、意外とかさ張る。そこで袋の中にサイズと同じくらいの少し厚手の紙を仕切りとして入れると、1枚の袋に2組入れることができる。こうすることで1つのケースに20組の仕掛けを入れることが可能となる。

　ケースタイプの仕掛け入れにはいくつかのサイズがあるが、小さいと仕掛けが収納しづらく、巻きグセが付きやすい。逆に大きなサイズは巻きグセは付きにくいが、かさ張る。左右が15㎝ほどのものが使いやすい。1本バリ仕掛けは丸いタイプの仕掛け巻きに連続で巻き付けておくのもよい。

ハリの予備も忘れずに

　釣りの最中には根掛かりでハリ先が鈍ったり、フグなどにハリスを切られることがよくある。その場で結び直すのもよいが意外と面倒。そんな時のために予備のハリを自宅で用意し、釣り場に持参すると簡単に交換できて便利。写真のように整理しておくとよい。

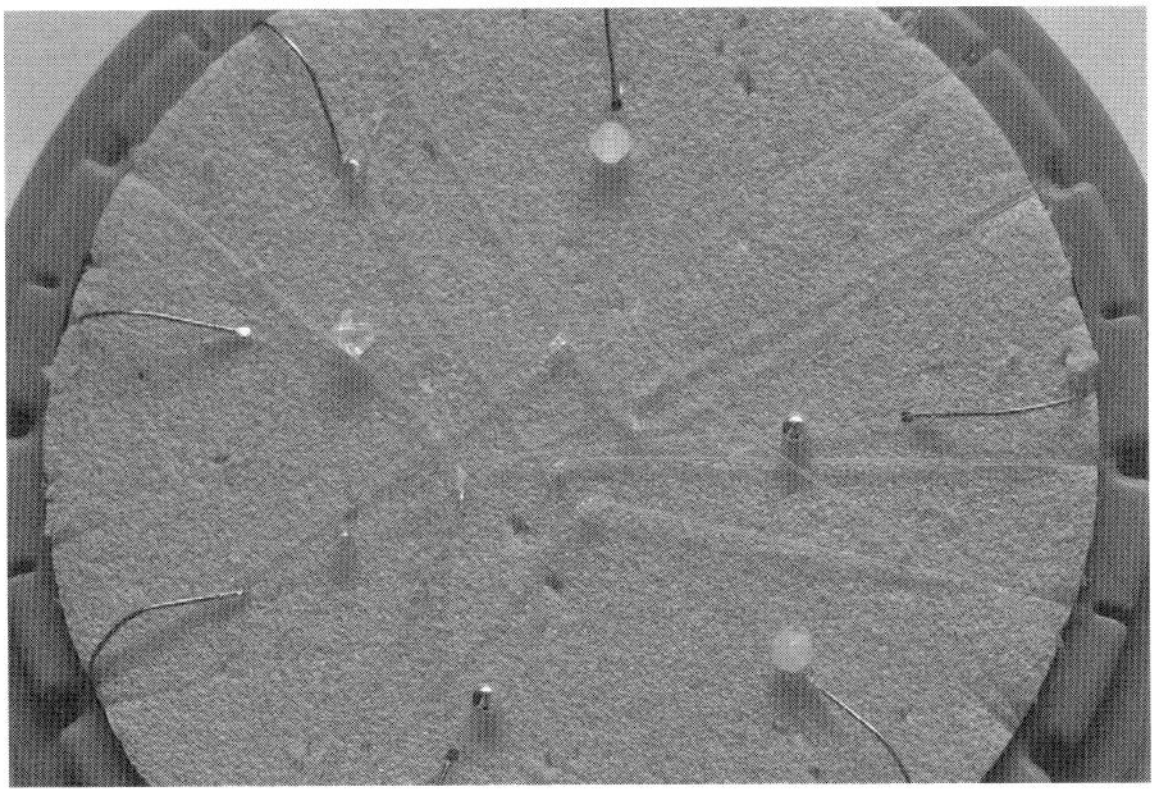

市販の丸型タイプの仕掛け巻き

ケースタイプの仕掛け入れ。紙で仕切りを作れば倍の仕掛けを収納できる

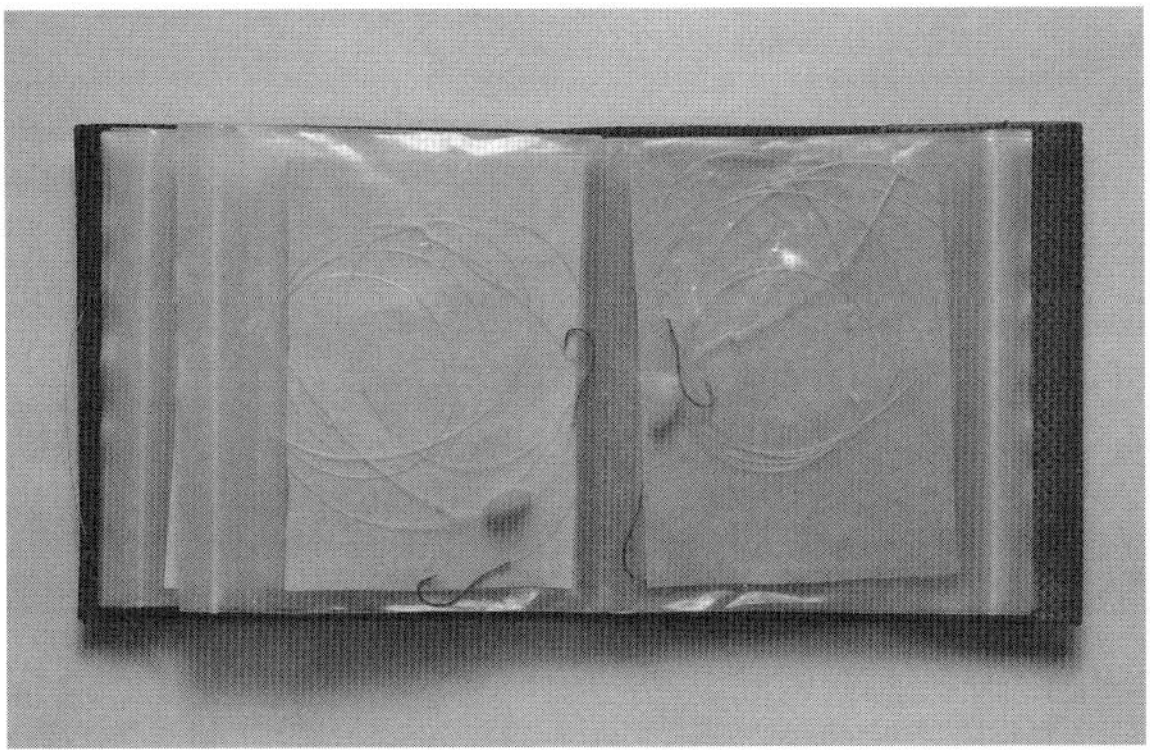

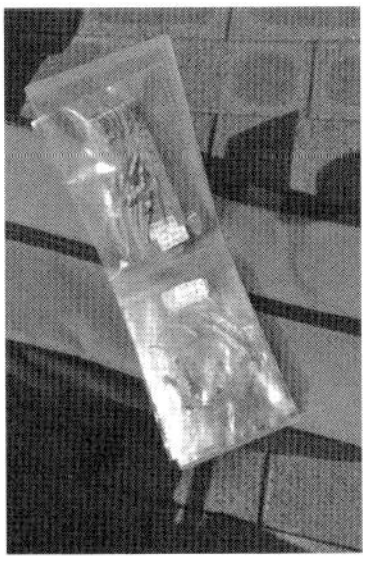

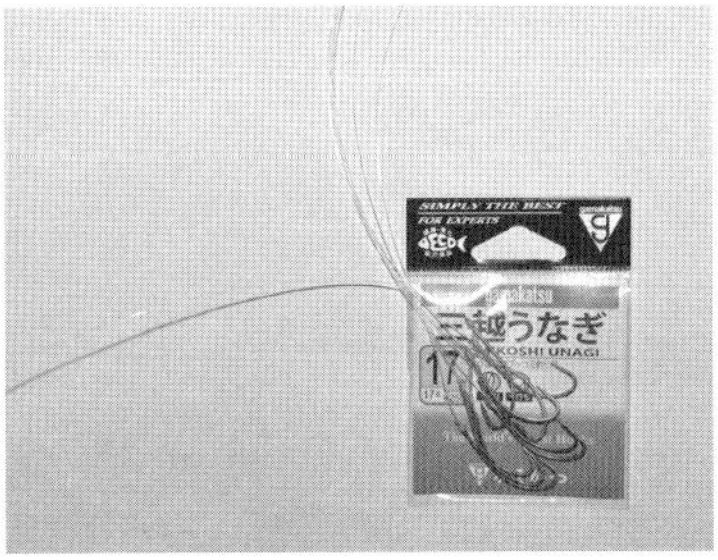

ハリスを自分で結ぶバラバリや、ハリス回りに装飾具等を付ける場合は、このようにあらかじめ予備を用意しておくと釣り場でハリを交換する際によりスムーズにできる

仕掛け等を事前にきちんと準備、収納しておくことで釣果にも確実に違いが表われる

市販仕掛けを活用しよう

クオリティーが高く種類も豊富！

50本バリ連結仕掛けは大変便利

仕掛けは自作するのが基本。自分で作った仕掛けで思った魚が釣れた時の喜びが増すからだ。しかし、入門者や初心者など仕掛け作りが慣れないうちは、市販仕掛けを活用するのもいい。1本バリ仕掛けなどは簡単に作れるが、シロギスの数釣り仕掛けなどのように細かい作業が必要なタイプは、ベテランでも市販仕掛けを使用している人もいる。

近年の市販仕掛けはクオリティーが高く、自作仕掛けよりもよいものが多い。安心して使えるのはもちろん、各種装飾品が装着されているものも多く、パーフェクトに近い。

投げ釣りの中で最も作成が大変なのがシロギスの数釣り仕掛け。ハリが小さく、ハリスも細い。ハリ数が多いから ハリを結ぶだけでも時間がかかるし、それをモトス（幹イト）につなぐのはかなり根気がいる作業になる。最近は各メーカーから50本連結の仕掛けが発売されている。これだと3、4本から10本以上まで好きなハリ数にカットして使えるので、とても助かる。数投してハリ先が鈍くなったり、仕掛けが絡んでほどけない時などでも簡単に交換できる。

この50本連結仕掛けは単独では使用できない。テンビンと仕掛けの間に別売り（または自作する）のスナズリを用いる。スナズリも長さが80㎝から120㎝まで3種類ほどあるので、食いのよし悪し、波気、潮流、魚影の多さなどの状況に合わせて使い分ける。

先にパッケージから全部出さないのがコツ

同じシロギスの引き釣り仕掛けでも、数釣りより良型ねらい、あるいはチョイ投げなどで探るには2~5本仕掛けを用いる。この場合は先端に装着されたスナップサルカンをテンビンのリングに掛け、仕掛けを引き出すだけでOK（ビギナーの場合、先にパッケージから仕掛けを全部出してセットしようとすると、かえって絡んでしまいやすい）。ハリ数やサイズ、仕掛けの全長は好みや状況に合わせる。

カレイ仕掛けは遊動で使用することが多いので、カイトをスナップサルカンに結んでから仕掛けを引き出す。カレイ仕掛けは2本バリが基本だが、先バリが段差になった変則3本バリ仕掛けなども販売されている。大型をねらう場合はこのタイプが有効。

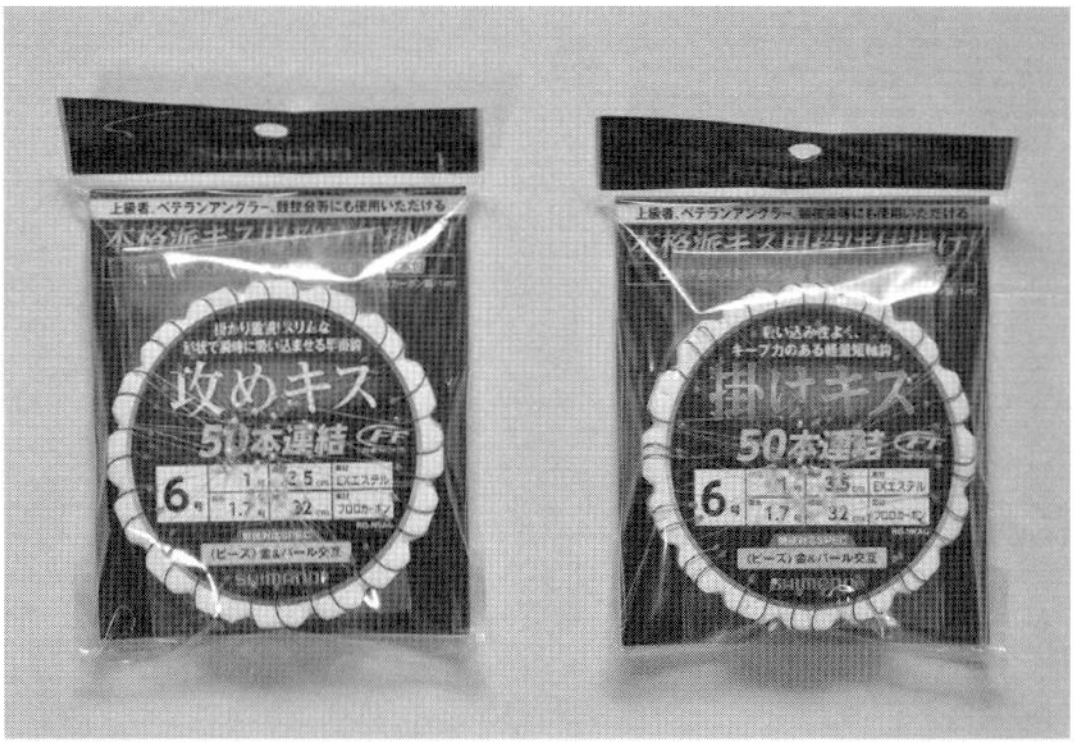

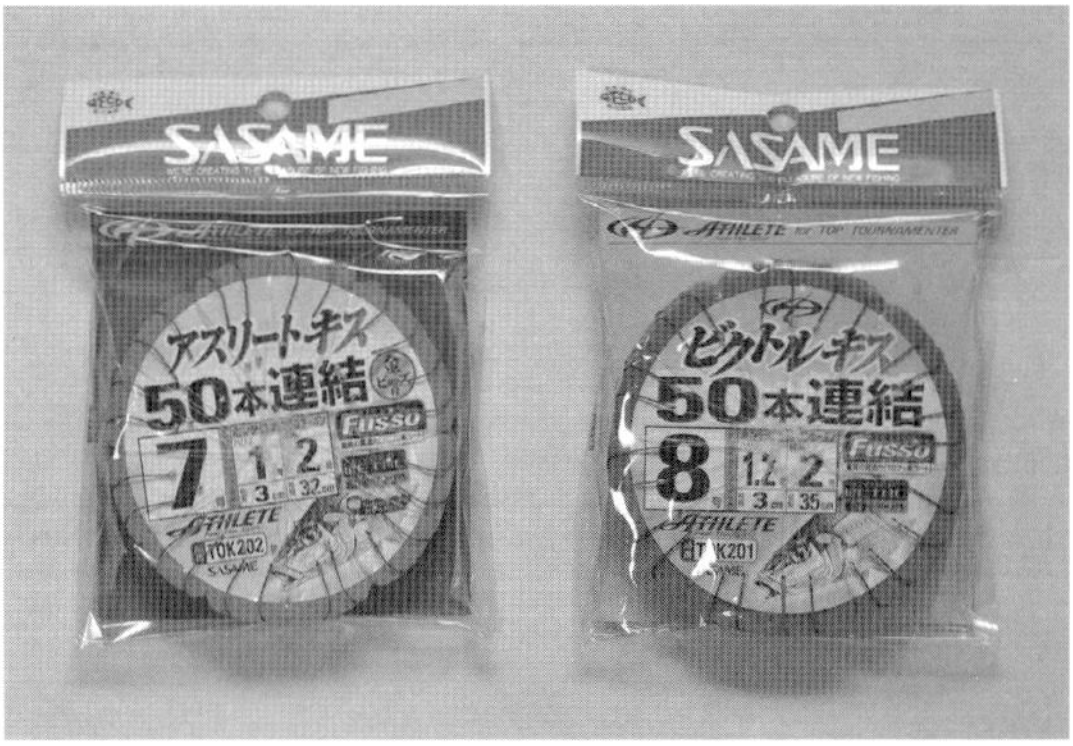

50本連結式・シロギスの引き釣り市販仕掛け。任意のハリ数で切って使用できるので使い勝手がとてもよい

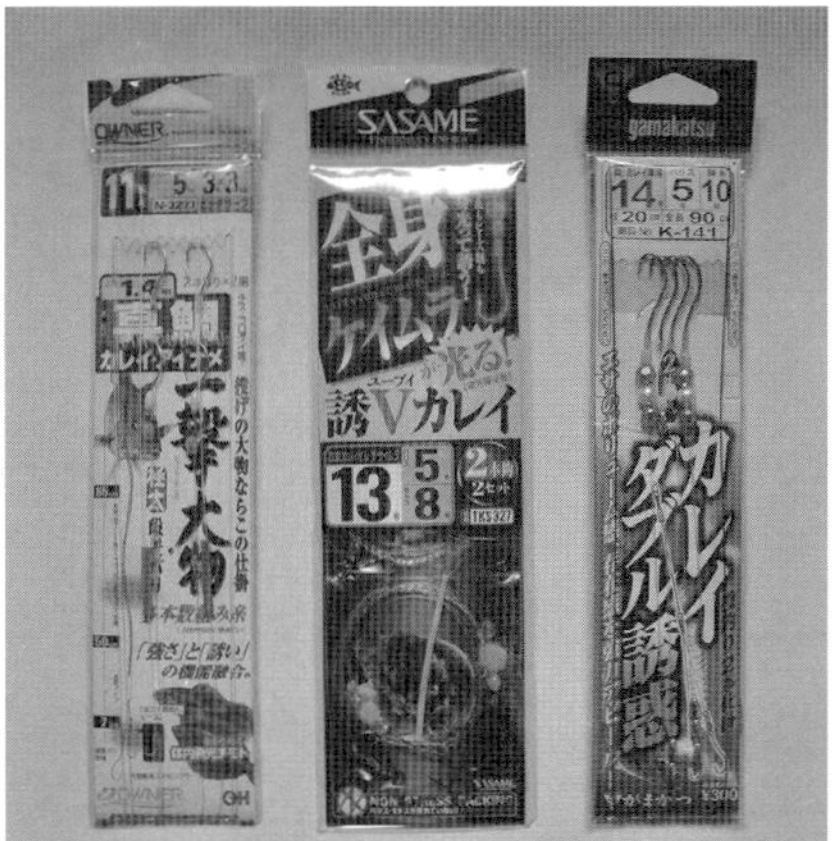

装飾パーツが賑やかなカレイ仕掛け

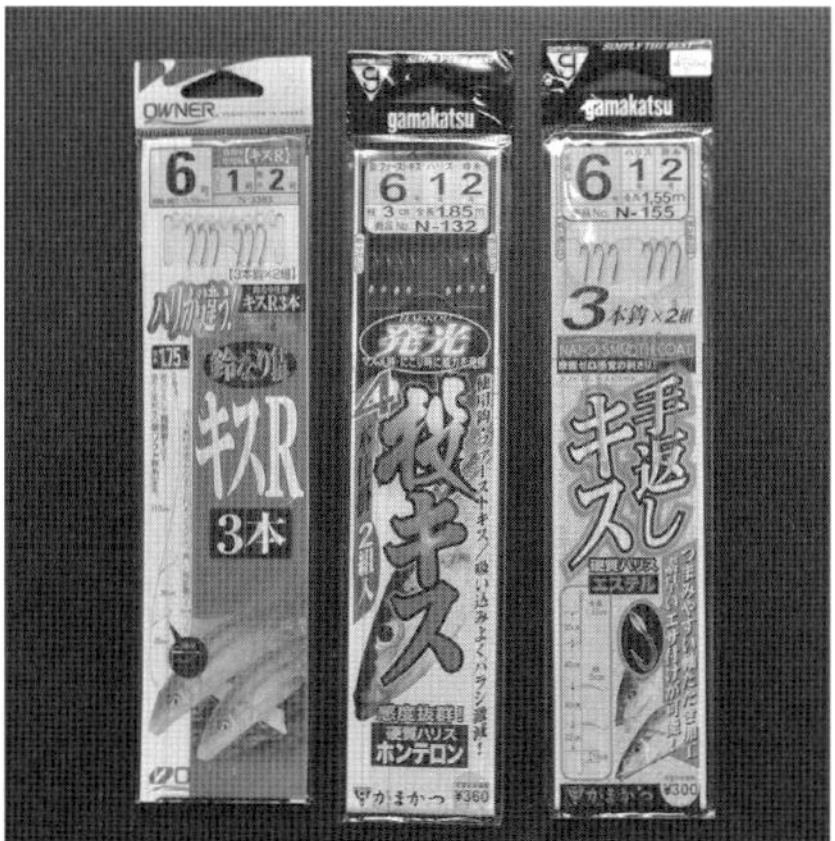

3、4本バリのシロギス仕掛け

装飾品について

魚にアピールするための小道具

「動き」「反射」「色彩」「発光」の4タイプ

いつのころからか、仕掛け（主にハリのチモト）にビーズやシモリ玉、エッグボールといった装飾品（アクセサリー）を装着するようになった。魚の目を引いて食いにつなげるのが目的である。全く意味がないという人もいれば、少なからず効果はあると信じる人もいる。実際に効果があるかどうかは定かではないが、楽しみのひとつとしてやってみるのもよい。個人的には効果があると思う派である。

装飾品を大別すると「動き」「反射」「色彩」「発光」の4つに分けることができる。

「動き」はシモリ玉やエッグボールなど浮力のあるものを付けることで海中でエサが揺らぎ、魚の食い気を誘う。カレイ仕掛け、大ギス仕掛けの枝バリに付けるのが効果的。これを付けることで枝バリのヒット率が格段に高くなった。ただ、あまり大きいサイズを付けると浮きすぎるから要注意。

「反射」系はメッキビーズ玉、ガラス玉、多面体カットのプラ玉など。これらは海中に届いた日光を反射してキラキラと光り、それが魚を誘惑する。

「色彩」はエッグボールやビーズ玉、パイプなどの色を赤やグリーン、ピンクなどにすることで魚の目を引く効果がある。

「発光」は夜光玉や夜光パイプなど、蓄光によって光るタイプや、ケミカル発光タイプなどがある。基本的には夜釣りで用いるが、雨天、曇天時などでも効果的。日中は紫外線で発光するケイムラ玉なども人気。それぞれを組み合わせることでさらなる効果アップが期待できる。

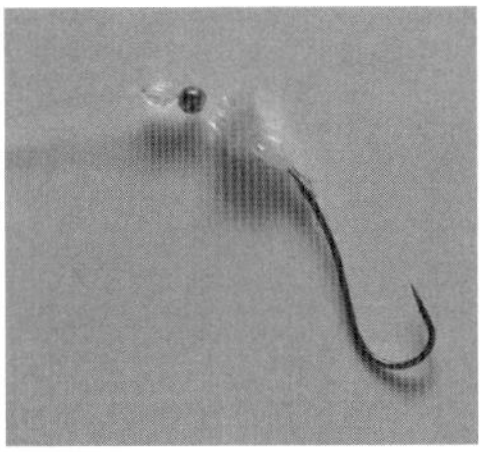
カレイ仕掛けの装飾品装着例

夜光玉

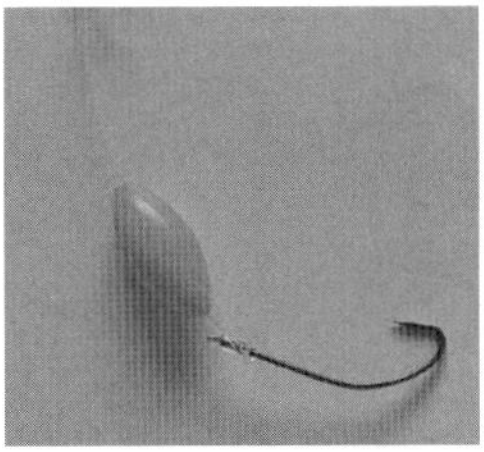
シモリ玉

3章

エサ

虫エサをメインに、ターゲットによってはエビやイカ、生きアジ、塩イワシなどを用いる。その使い分けや刺し方などを解説。エサの選択によって釣果が変わることもあるので、しっかりと覚えてほしい。

ジャリメ

シロギスの引き釣りには欠かせない

関西ではイシゴカイと呼ばれている。シロギスの引き釣りでは最もポピュラーで欠かせないエサだ。長さは5～6㎝で虫エサの中では小さくかなり細いほうだが、そのサイズ感がシロギスの引き釣りに適している。希に夜の大ギスねらいで使うこともある。生命力はあまり強くないので、弱らせないように保管する必要がある。トーナメントでは小型シロギスをねらうために2日ほど前に購入し、あえて細らせて使う人もいるが、下手をすると全滅するので要注意。普通のシロギス釣りでは活きのよさを優先させる。

最近は養殖物が多く、エサ店の水槽器具の性能がよくなったおかげで冬場以外は常備している店が多い。防波堤釣りではメジナねらい、秋のハゼ釣りなどで使うことがあるが、投げ釣りではシロギス釣り以外はまず使わない。

頭をカットし、胴体の柔らかい部分をハリいっぱいに刺すのが基本だが、食いが悪い時や魚影が少ない時は大きめに刺して目立たせる。良型をねらう場合は1匹刺しにする。この場合頭はカットしない。

ジャリメは頭をカットし、胴体の柔らかい部分をハリいっぱいに刺す

ジャリメ

食いが悪い時などは大きめに刺して目立たせる

アオイソメ・アカイソメ

投げ釣りの万能エサ

長さは８～12㎝で太さもジャリメに比べると２～３回り太い。そのため、大型ねらいに適している。また、カレイをメインにアイナメ、スズキ、クロダイ、マダイなどいろいろな魚をねらうことができる。小ぶりのものを４～５匹房掛けにして使うことが多い。大きなものは１匹刺しでもよいが、あまり大きいとキャスト時にち切れてしまうので、半分に切ったり尻尾の部分をカットする。

シロギスの引き釣りでも海が濁った時によく使われる。不思議と食いがよいからだ。この場合、なるべく細めがよいので尻尾のほうだけを使う。日本海（特に対馬や隠岐島）で大ギスをねらう時はなぜかアオイソメの１匹刺しが効果的。マダイ、クロダイなどもよくヒットする。

アオイソメの中に時々赤い個体が混じっているが、それを集めて養殖したのがアカイソメ。種類は同じだから食いに変わりはないはず。しかし、カレイは赤いものを好むといわれているせいか近年人気が高くなっている。それに伴い実績も上がってきている。コロダイなどにも効果的。

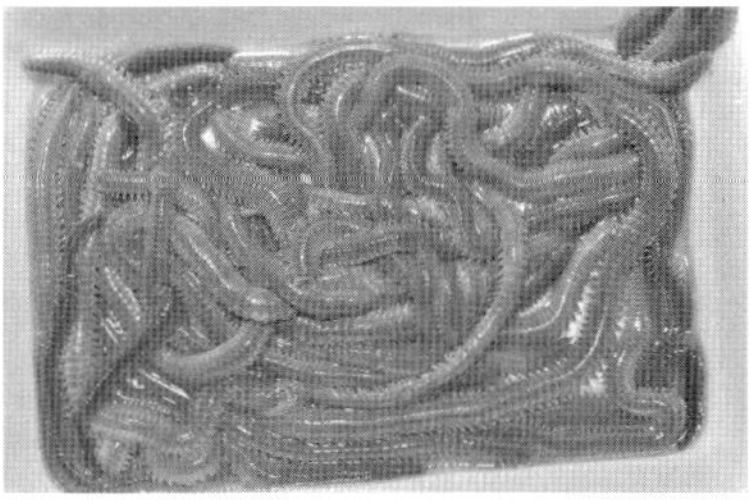

アオイソメ

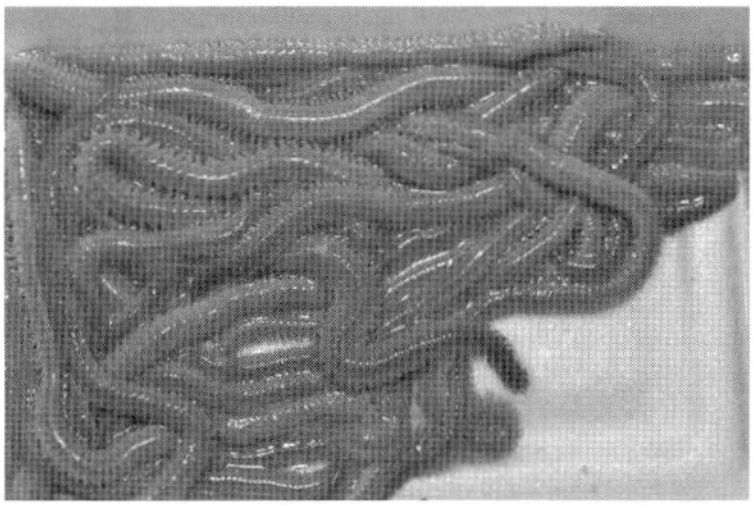

白黒なので分かりづらいがこちらはアカイソメ

アオイソメの刺し方

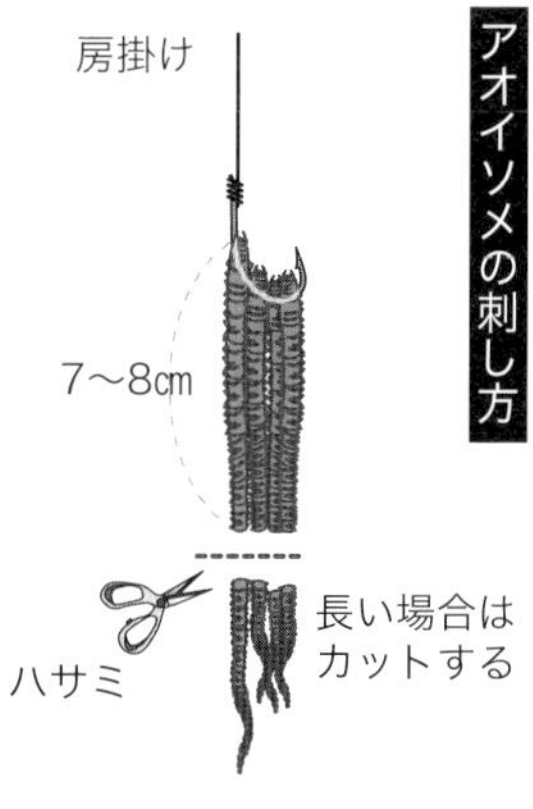

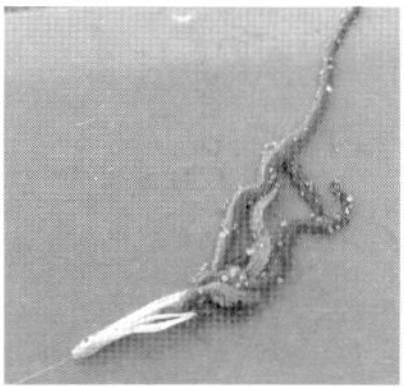

小ぶりなものを房掛けにして使うことが多い。写真はタコベイトを装着してさらにアピール効果を高めている

イワイソメ

匂いで強アピール、他のエサと抱き合わせも

関西ではマムシ、中・四国ではホンムシと呼ばれている投げ釣りでは定番のエサ。長さは10～15㎝、太さは7～8㎜がアベレージ。色は赤や茶褐色。切ると体液が出るが、その匂いが魚を寄せるといわれている。ただ、本命の魚だけではなくフグ、ベラ、小型カワハギなどのエサ取りも寄せてしまう傾向がある。これぱかりはどうしようもない。

単独で使うのが基本だが、ほかのエサとミックスさせて使うこともある。アオマムシなどがその例だ。イワイソメの匂いで寄せ、アオイソメの動きで食わせようというねらいだ。

カレイをメインにほとんどの魚が対象になる。中でもアイナメねらいにはなくてはならない。磯もののコロダイねらいにも欠かせない。大型には大エサの格言どおり、いずれも太めを大きく刺すのがコツ。コロダイねらいではエビとミックスさせることもある。

大ギスやカワハギねらいでも欠かせない。この場合は細めを使うこと。どちらも口が小さいからだ。また、タラシは少しだけにする。タラシが長いと先だけをくわえてハリまで食い込まないことがあるからだ。特に食いが渋い時ほど顕著なので、エサ付けに気を配りたい。

イワイソメ

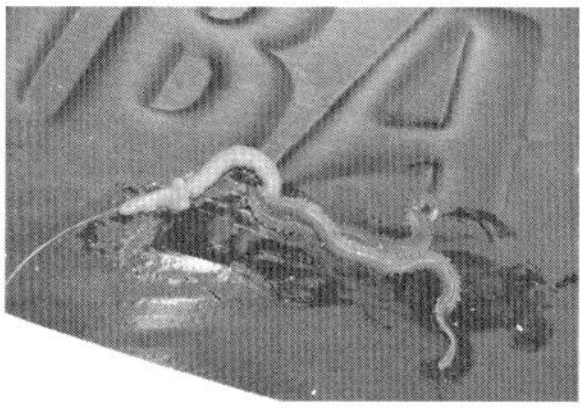

アオイソメとセットにしたアオマムシ

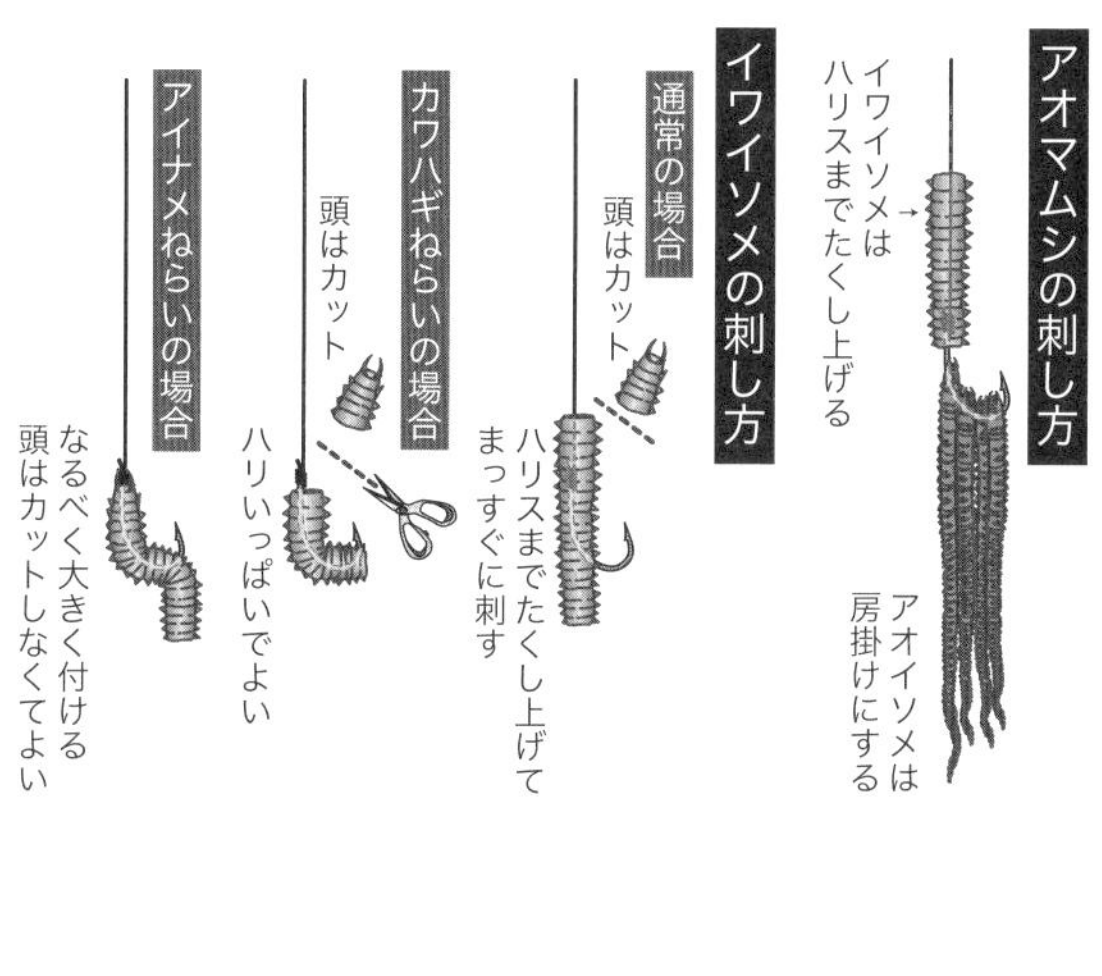
アオマムシの刺し方
イワイソメはハリスまでたくし上げる
アオイソメは房掛けにする
イワイソメの刺し方
通常の場合
頭はカット
ハリスまでたくし上げてまっすぐに刺す
カワハギねらいの場合
頭はカット
ハリいっぱいでよい
アイナメねらいの場合
なるべく大きく付ける
頭はカットしなくてよい

塩イワイソメ

自作で硬さの加減を調整可能

釣りに出かけたものの、エサ取りが少なくてイワイソメが余ることがある。そんな時は持ち帰って塩イワイソメにすると、次回の釣行の足しになる。しかし、昔はそんな「もったいないから」パターンだったが、最近のカレイ釣りでは初めから塩イワイソメにして持って行く人が増えている。シーズン初期はまだ水温が高く、フグやベラ、カワハギの小型などのエサ取りが多いからだ。生のイワイソメだとすぐに取られてしまうが、塩イワイソメだと取られることが少なく、それだけカレイが食うチャンスが広がる。

塩イワイソメの硬さは作り方次第で変わる。食いだけのことを考えるなら少し柔らかみが残るほうがいい。しかし、エサ持ちを重視するなら硬いほうがいい。かなり硬めでもカレイは食って来る。海中に浸かっている間に少しふやけるからだ。自作する場合はその加減が調節できるので、柔らかめ、硬めの２タイプを作るとよい。シーズンになるとエサ店でも販売している。自作が面倒な人はそれを購入すればよい。イワイソメ以外にアカコガネなども塩虫にすると効果的。ただ、最近は入荷が少ないようだ。

塩イワイソメ

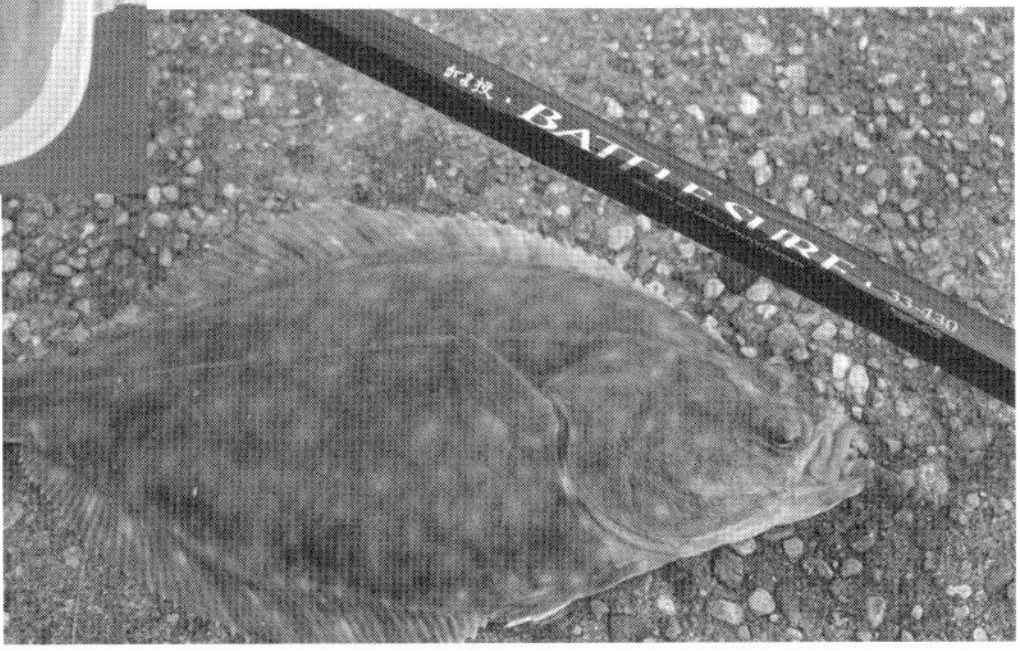

塩イワイソメはエサ取りが
多いシーズン初期に有効

チロリ

食いはよいが保管には気を遣う

東京スナメとも呼ばれている。色は赤くアオイソメのように足は長くない。一見ミミズのようにも感じる。全体に細身なのでシロギス釣りに向いている。特に超細めはシロギスの引き釣り、中でもトーナメンターの需要が多い。チロリに良型が来ることが多いからだ。重量勝負の大会では欠かせない存在になっている。夜に置きザオで大ギスをねらう時にも、ヒット率が高いので必ず用意したい。いずれもタラシは、魚が先をくわえて引っ張るだけのケースが多いので少なめに刺すのが基本。

シロギス以外にもいろいろな魚が反応する。大ギスねらいにクロダイ、マダイなどが食って来ることも多い。エイも来るので要注意。和歌山や鳴門などではマダイの実績が高く、50～60㎝の大型が釣れている。細身のため遠投が利くので、遠浅海岸などで有利に働く。マダイ、クロダイねらいでは大きめに付ける。

チロリは管理が難しい。急激に気温が変わるとブツブツと切れていく。こうなると使いものにならない。氷に直接当てるのもよくない（虫エサ全般にいえる）。エサパックに海水を少し入れるなどして上手く管理する必要がある。

チロリ。全体に細身のためシロギス釣りのエサに適している

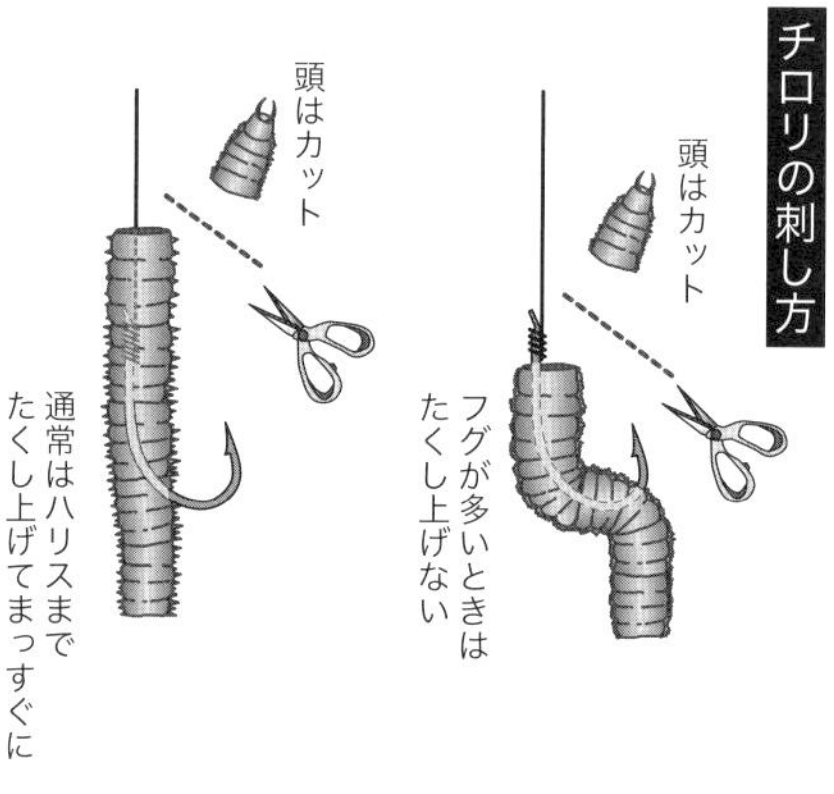

チロリの刺し方
頭はカット
フグが多いときはたくし上げない
頭はカット
通常はハリスまでたくし上げてまっすぐに

タイムシ

マダイの特効エサ

名前のとおりマダイねらいに抜群のエサである。岡山や広島、愛媛辺りではよく売られているが、関西では入荷が少ない。イワイソメより1～2回り太く、長いものだと40～50㎝ある。当然切って使うのだが、体液が指やタオルに付くと紫色や黒色に染まり、洗ってもなかなか取れない。その体液が集魚効果を高めていると考えられる。匂いもかなりきつい。

岡山などで売られているのは地掘りだと思われる。1匹単位で売られており、長さ（重量）によって価格が変わる。エサ店の水槽の中でピンピンと動き回っているのを見ると、いかにも釣れそうに感じるが、その分値が張る。関西圏で販売されているものは輸入もののようで、それだけ低価格。通常はマダイねらいに使うが、大ギスねらいでも実績がある。当然クロダイなどもよく釣れる。

山陰の隠岐島で夜釣りをするとヌタウナギがよく食ってきて難儀する（ヌメリが強烈にきつく、しかも仕掛けに巻き付くため）。しかし、タイムシを使うとこのヌタウナギがほとんど掛からないので、夜釣りでマダイをねらう時はこのエサを使う人が多い。

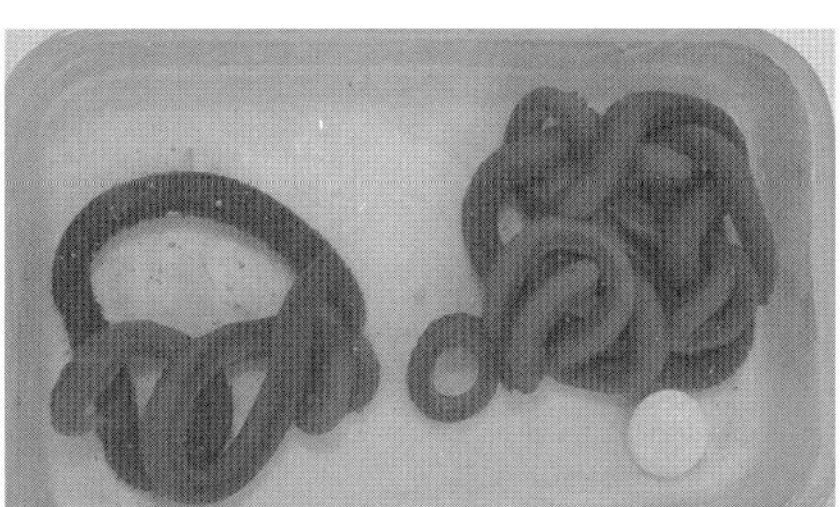

タイムシ

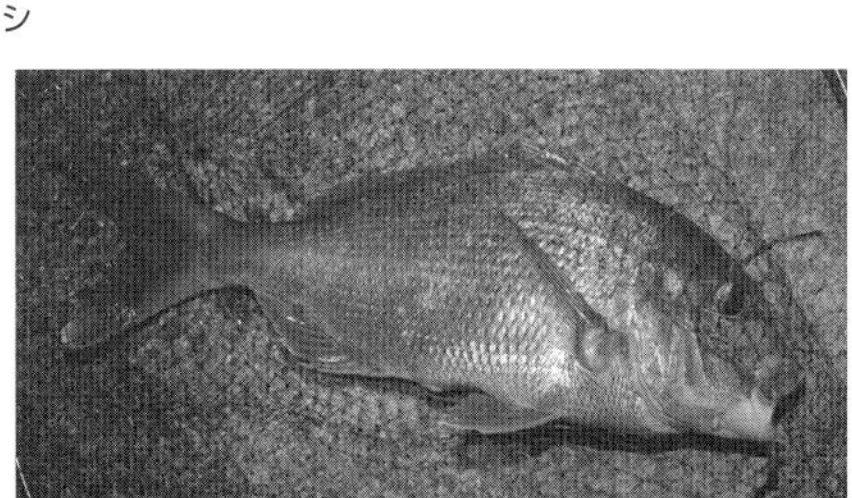

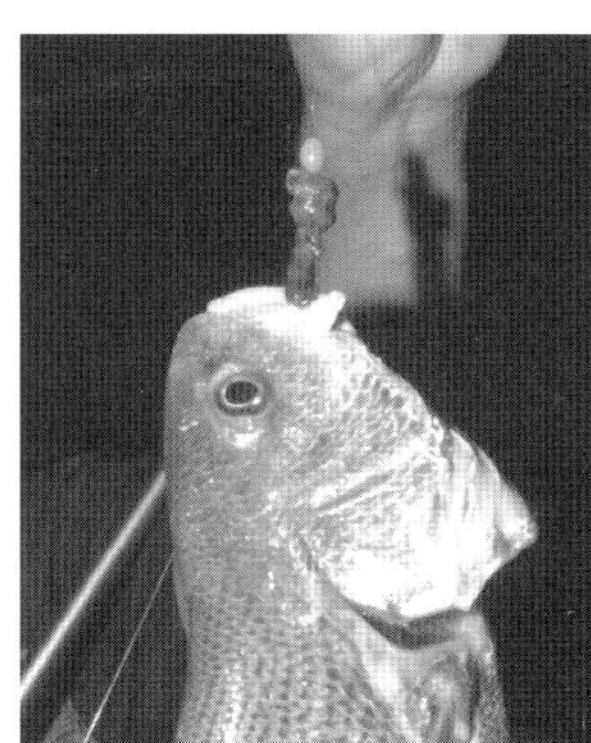

マダイに抜群の効果を発揮するほか、
ニベなども食ってくる

ユムシ

皮が硬く大型ねらいに

水槽の中や海水の中ではダラ〜ッとしているが、手に持つなど衝撃を与えるとギュッと縮んで硬くなる。こうなるとハリに刺しづらくなるが、少し強く握ると口というか、ヒゲのあるほうから海水を吹き出す。この一瞬は柔らかくなるので、素早くハリを刺す。ヒゲのあるほうの穴からハリ先を入れ、反対の穴まで通し刺しにする。チョン掛けや体の中央部からハリ先が出る刺し方はよくない。エサの先をくわえるだけだとフッキング率が極端に下がるからだ。

イワイソメなどに比べると皮が硬いせいかエサ取りに強く、じっくりと待てるのが特徴。クロダイ、マダイ、スズキ、マゴチ、ニベなどの大型ねらいに適している。5～6㎝のものを1匹刺しで使うのが理想だが、それ以上に大きなものは半分に切って使うこともある。あまりに大きすぎると遠投できないし、魚の口に入らないケースもある。

カレイねらいでエサ取りが多い時にも使用する。小さいものやイシガレイねらいでは1匹刺しでもよいが、口の小さなマコガレイをねらう場合は半分に切って使う。アオイソメやイワイソメとミックス刺しにするとより効果的。

ユムシ

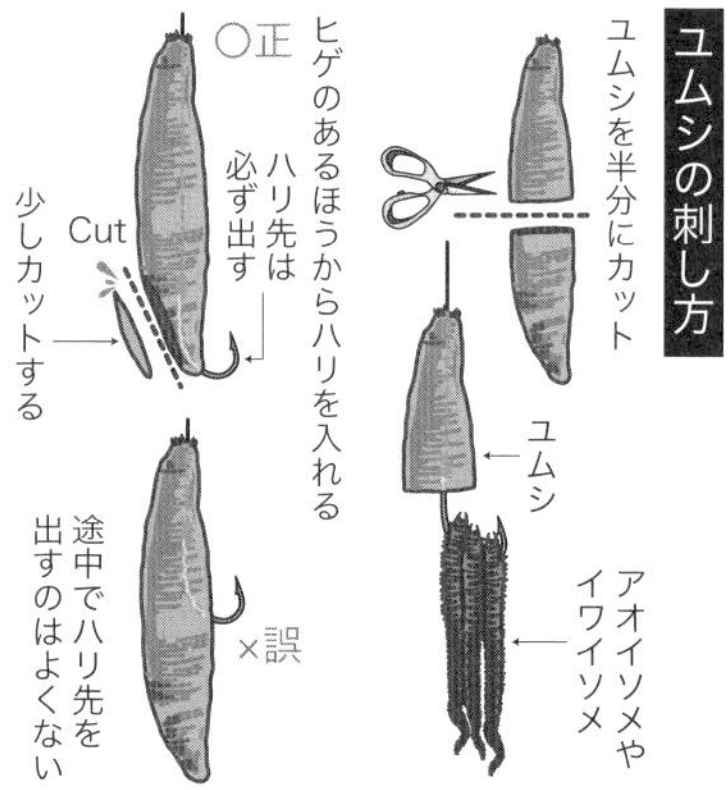

コウジ

ユムシ以上にエサ取りに強く、食いがよい

形はユムシとそっくりだが、色はコウジのほうが黄色みが強い。また、皮もコウジのほうがぶ厚い。そのせいかユムシ以上にエサ取りに強い。色、形はよく似ている両者だが、食いに関しては断然コウジが勝る。これが不思議でならない。

ユムシは輸入されているが、コウジは広島、愛媛、岡山周辺で採れる。そのためか特に瀬戸内西部での実績は抜群。マダイをメインにクロダイ、スズキ、キジハタ、ニベ、カレイなど、ほとんどの魚に効果がある。瀬戸内東部や鳥羽エリアでも好釣果が出ていることから、全エリアで有効と思われる。ただ、関西圏では入荷が少なく入手が困難。

1匹刺しが基本だが、大きなものは半分に切って使う。ユムシは数回投げると白くなって食いが落ちるが、コウジは皮だけになっても普通に食って来る（それでも内臓があるほうが食いはよい）。食いは良好だがそれだけに価格も高い。高温に弱い欠点があり、広島周辺でも夏場は入荷が極端に減る。ユムシも衝撃を与えるとギュッと硬くなるが、コウジはそれ以上に硬くなり、ハリに刺しづらくなる。ベテランは水を吐いた一瞬にうまくハリを刺すが、それができない人は「ユムシ通し」を使うとよい。

コウジ（左）とユムシ（右）。見た目が非常に似ている

コウジの刺し方

塩イワシ・塩キビナゴ

マゴチを筆頭に、ヒラメにも効果あり

生のイワシ、キビナゴに塩をまぶし、水分を抜いて硬くしたのが塩イワシ、塩キビナゴである。本来なら生のほうが食いはよいのだが、生だと柔らかいためハリ持ちが悪く、キャスト時にち切れて取れてしまうことが多い。その点、塩にまぶすと硬くなり、まず取れない。海中でのエサ持ちもよくなる。

このエサの出現によってマゴチのヒット率が格段に上がった。一夜干し程度の硬さが理想だが、少々硬くてもマゴチは食いつく。1年以上前に作ったガチガチの塩イワシでも充分に釣れる。マゴチをメインにクロダイ、カサゴ、ホウボウ、ウシノシタ、サンバソウ（イシダイの幼魚）なども釣れ、生きエサしか食わないとされているヒラメも来る。

塩イワシと塩キビナゴを併用するのがよい。食いに関しては塩イワシのほうがよいようだが、塩キビナゴのほうが小ぶりのため遠投が利く。両方を使って遠､近を探り分けるのがよい。サイズは、イワシは12㎝前後が使いよい。あまり大きいと抵抗が大きくなって遠投できないからだ。キビナゴは10㎝くらいがよい。

市場やスーパーで売っているものを買ってきて自作するのだが、季節によってサイズが大きかったり、入荷しないこともある。そんな時はエサ店で販売されている冷凍ものを使用するとよい。サイズが揃っているので使いやすい。

塩イワシとハリの刺し方。親バリと孫バリは互い違いに刺す。ヒット率を高めるためだ

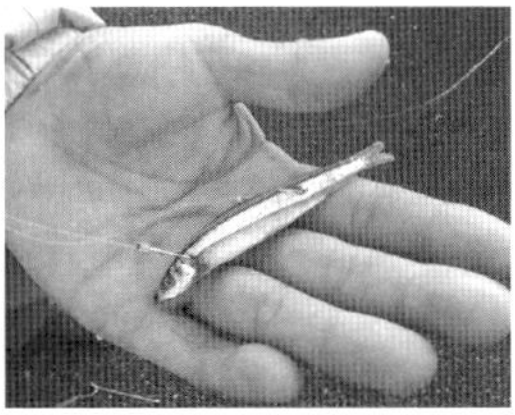

塩キビナゴと刺し方。最近は塩キビナゴを使う人も増えている。小粒なので遠投が利くからだが、食いという点ではイワシに軍配が上がる

【塩イワシの作り方】（塩キビナゴも同じ手順でよい）

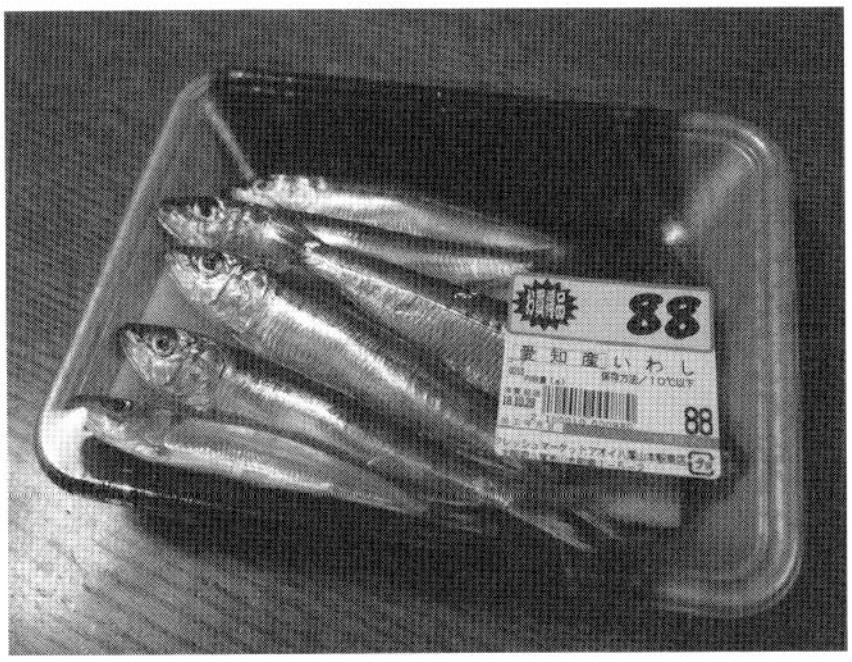

①スーパー等で生のイワシを購入する。なければエサ店で冷凍ものを入手する

②プラスチック容器にキッチンペーパーを敷き、イワシをきれいに並べてから塩をたっぷりとかける

③このような状態で２日間ほど冷蔵庫に入れておく

④２日間経つと水分が染み出て底に溜まる

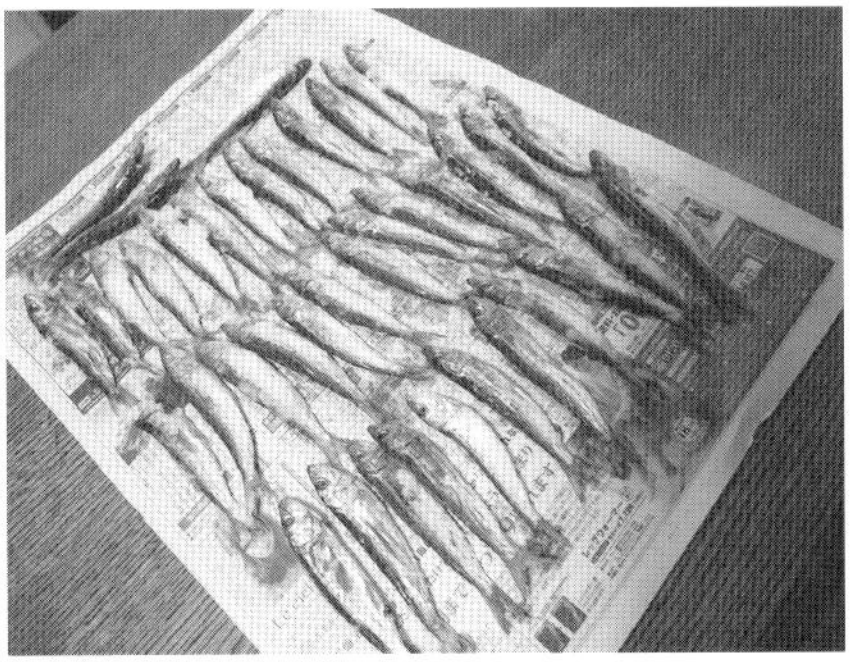

⑤イワシを取り出し、さらに水分を取り除くため新聞紙の上に並べる。ある程度水分が取れたらプラスチック容器に並べ、ふたをして冷凍庫で保管する（前頁写真）

海エビ

磯ものねらいに有効

磯釣りや沖釣りで使われることが多い海エビ（サルエビなど）だが、コロダイ、ハマフエフキなど磯ものをねらう時は投げ釣りでも使用する。クロダイ、ヘダイ、ハタ系、オジサンなども釣れる。エビは生きているものがよいのだが、売っているエサ店も少なく、生かしバケツやエアポンプなども必要。釣り場まで持参するのも大変だ。その点、エサ店で販売されている冷凍ものは手軽に購入でき、持ち運びも楽だ。食いに関してもさほど変わらないが、あまり大きいものより4～5㎝ぐらいが使いやすい。尻尾を切り取り、そこからハリ先を入れる。身に沿ってハリを通し、胸辺りからハリ先を出す。頭は取らない。

フグなどのエサ取りが多い時、虫エサはすぐに取られるが、海エビは比較的エサ取りに強い。そのためかエビにヒットすることが多い。イワイソメとミックス刺しにすることもある。

大型には大エサの格言どおり、大型をねらう時は大粒サイズを選んでもよい。その場合、ハリも大きくなるため中、小型はほとんど当たらない。その覚悟で臨む。スーパーで売られているブラックタイガーでもよい。

海エビ

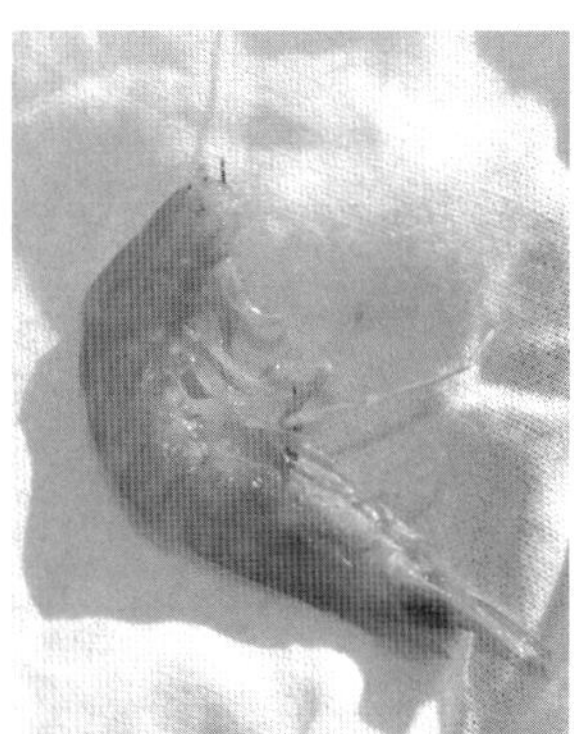

海エビの刺し方

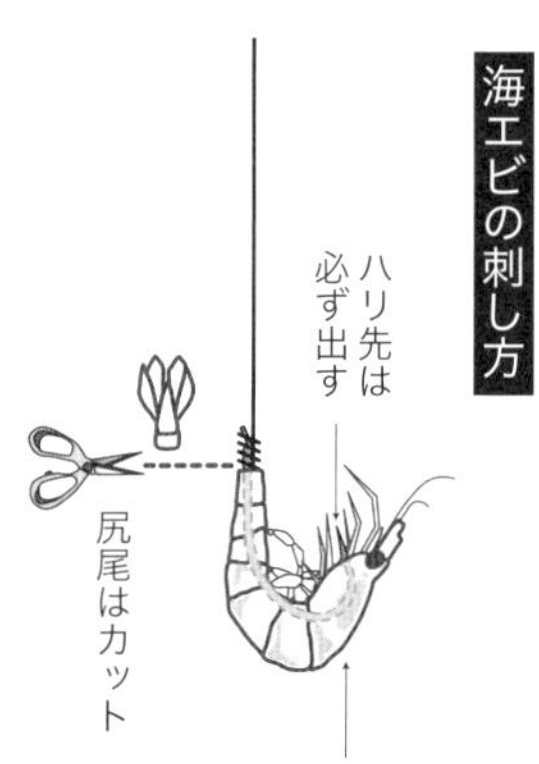
海エビの刺し方
ハリ先は必ず出す
尻尾はカット
頭は切らない

イカ

胴体から足まで利用でき小型は丸ごと使う

磯ものねらいに適している。なかでもハマフエフキには欠かせないエサといえる。

ひと口にイカといってもいろいろな種類や部位、切り方がある。ハマフエフキねらいで最もよいとされているのがヒイカだ。10㎝前後のものが使いやすく、1匹を縫い刺しにする。大きいものは切って使うが、この場合、必ず縦に切るのが原則。そして目玉は必ず片方ずつになるようにする。目玉に集魚効果があるからだ。アオリイカも食いがいいが入手が難しい。

スルメイカのようなタイプのイカも小型なら1匹刺しがよいが、そのようなサイズは少ない。通常のサイズなら胴体部分を短冊状に切って使う。これも縫い刺しにするとエサ持ちがよい。エサ店では短冊状にカットした冷凍ものがある。赤や黄色に染められているものもあり、試す価値はある。足（通称ゲソ）にもよく当たる。小型はそのまま、大型は足4～5本に切って使う。足にはコロダイもよく当たる。

イカはスーパーや魚屋で売っている生がよい。しかし、手に入らない場合は冷凍ものでも問題ない

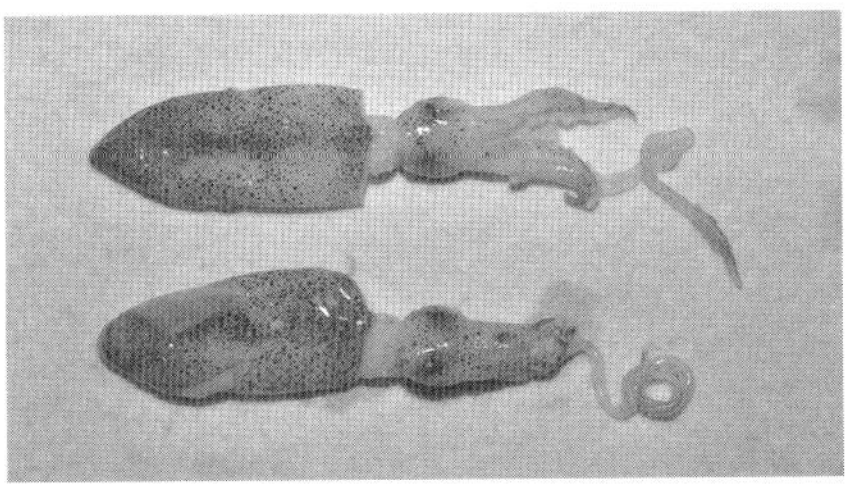
ヒイカ

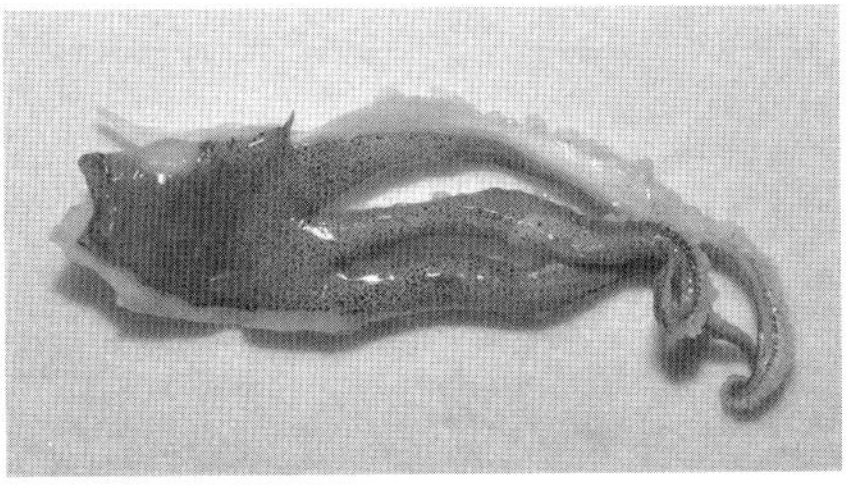
イカのゲソ

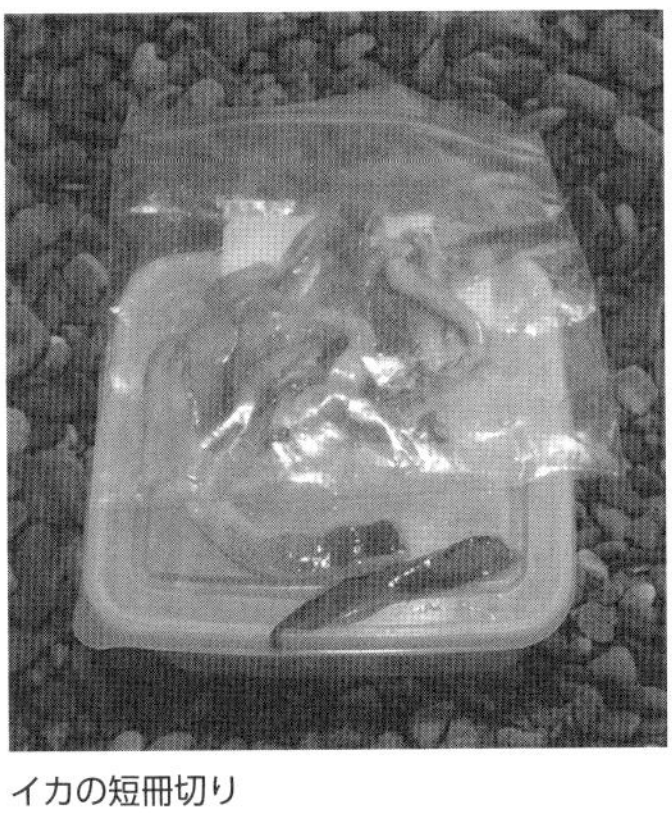
イカの短冊切り

ボケ・カメジャコ

柔らかさが長所でも短所でもある

ボケは主にイカダのクロダイ釣りで使用される。甲殻類であるが殻が柔らかく、それだけに食い込みはよい。ただ、イカダ釣りではダンゴに包んだり、チョン掛けにしてほぼ真下に投入するのでハリから外れることは少ない。その点、投げ釣りは投入時のショックが大きいため身切れを起こしやすく、フワッと投げなければいけないため遠投ができない。40～50ｍ以内で釣れるポイントでしか使用できないのが難点だ。刺し方はエビと同じで通し刺しにする。ただ、ボケの場合は尻尾は切らない。

対象魚はクロダイを始め、キビレ、カレイ、アイナメ、スズキ、カサゴなどだが、実は大ギスにも効果的で好んで使う人もいる。30㎝ほどのイシダイ（サンバソウ）が釣れたこともある。

カメジャコはボケより2回りほど大きく、殻も硬いため遠投が利きやすい。サイズが大きいのでシロギスねらいは無理だが、平均して大型が食って来る。エリアによってはマダイやマゴチねらいにも使う。当然生きたものがよいのだが、ない場合が多い。そんな時は冷凍ものを使用するとよい。殻が硬いとはいえチョン掛けではち切れやすく、やはり通し刺しがよい。

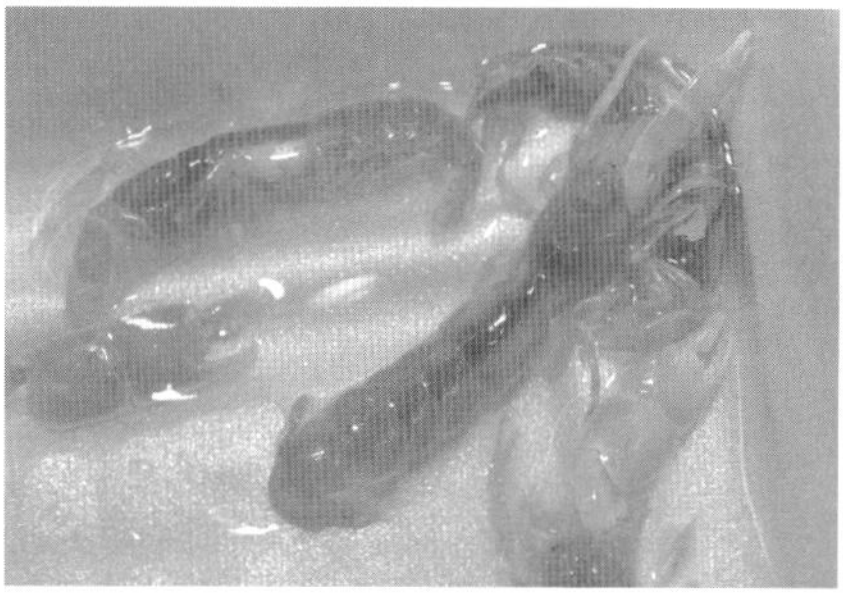

ボケ

カメジャコ

生きアジ

管理も使用時も弱らせないことがキモ

飲ませ釣りやアオリイカのヤエン釣りで使われることが多い生きアジだが、投げ釣りでも使用することがある。基本的に生きた小魚しか食わないとされているヒラメ、青ものをねらう場合だ。マゴチ、キジハタ、アオハタ、カサゴなども釣れる。いずれも確率は低いものの当たれば大型なのが魅力。ただ、サメやエイなども来るから要注意。

生きアジをエサにする時のキモは何といっても保管だ。弱ったり死んでしまうと全くといっていいほど食わなくなる。アジを長生きさせるには生かしバケツに多く入れすぎないこと。また、必ずエアポンプを使用し（できれば2台)、海水をこまめに換える。アジのサイズは12㎝前後が理想。大きいほうが長生きするが、食い込みが悪くなる欠点がある。

海中でアジが弱らないようにハリの刺し方にも気を配る。鼻掛けや背掛けなどがあるが、親バリを下アゴから上アゴに通す「下アゴ貫通刺し」がよい。孫バリは背に刺す。投入時に身切れしないようにフワッと投げる。投入時のショックを抑えるため軟調ザオを使用する。

生きアジは自分で釣ってもよいが、釣れないことも多々あるのでエサ店で購入するほうが楽で確実だ。

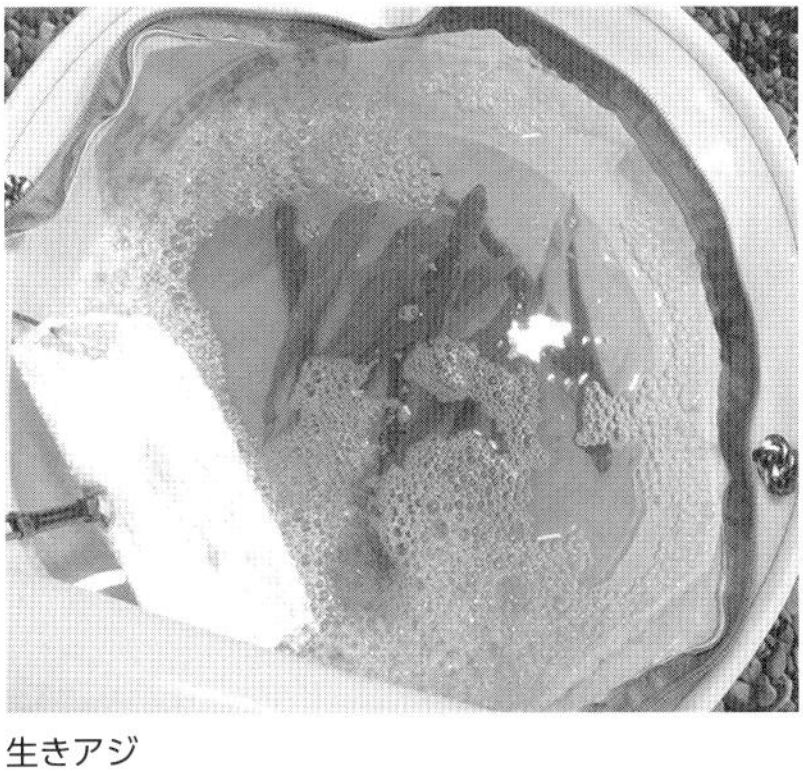

生きアジ

生きアジの刺し方

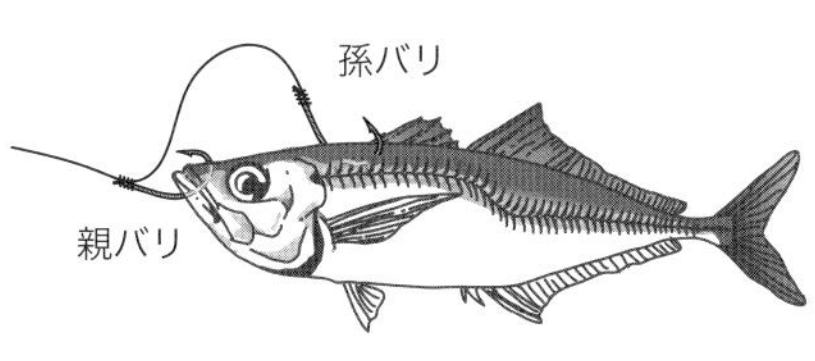

親バリは下アゴから上アゴに貫通させ、
孫バリは背に掛ける

人工エサ

色、サイズともバリエーション豊富

虫エサに触るのが苦手という女性や子供、初心者におすすめなのが「パワーイソメ」に代表される人工エサだ。パワーイソメには青イソメ、茶イソメ、赤イソメ、桜（夜光）イソメの４種類があり、それぞれに細、中、太、極太の４タイプがある。また、ソフトタイプ、ミニタイプなどもある。用途によって使い分けるとよい。いずれも魚が好むエキスを染み込ませてあり、魚の寄せ効果、食い効果を高めている。そのうえ臭いはフルーティーに仕上げてあるから女性でも使いやすい。また、常温保存できるのでいつでも出かけられる。

シロギスの引き釣りでは細タイプがよい。あまり大きく付けるより、ハリいっぱい程度がよい。引くスピードは通常より速めにする。ルアーのようにリアクションで食わせたいからだ。４～６本バリで釣る場合は青と赤、もしくは赤と桜という感じで交互に刺すのもよい。

カレイねらいは太か極太がよい。特にエサ取りが多くてどうにもならないような時に効果がある。エサ取りに強いからだ（それでもフグにはかじられている）。マダイねらいでは大きく付ける。先がヒラヒラと動くことでアピール度が増す。

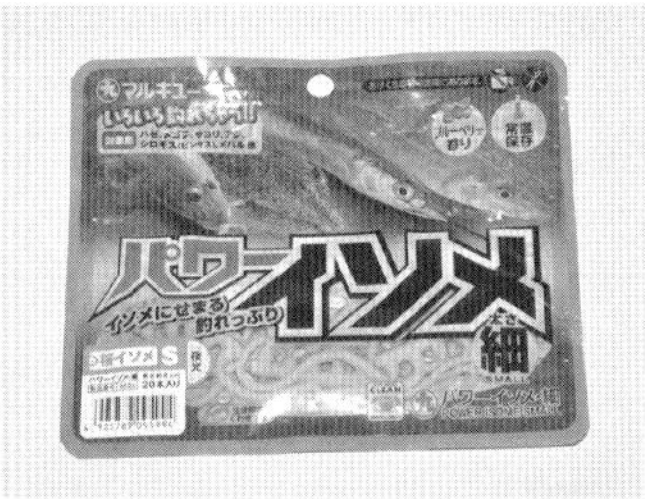

人工エサ。写真はマルキユー「パワーイソメ（細）桜イソメ夜光」。太さや色、夜光などバリエーションも豊富

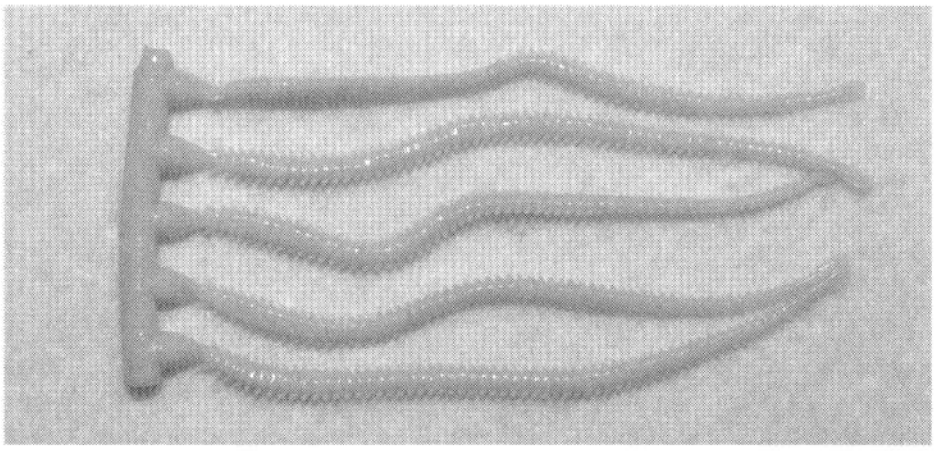

このような状態で入っている。適当な長さにカットして使う

パワーイソメの刺し方

4章

ターゲット別釣り方解説

投げ釣りの大きな魅力のひとつは多彩なターゲットにある。
それらを攻略するための基本的な釣り方や仕掛け、エサ、魚の特徴などを解説。
四季やエリアによって変化するターゲットをねらえる面白さと、
持ち帰って食べる美味しさの両方を堪能してほしい。

シロギス（引き釣り）

小さな魚体に似合わないシャープなアタリが人気

多点バリ仕掛けに鈴なりパーフェクト！　これぞ引き釣りの醍醐味

特徴

東北から九州まで広域に分布するシロギス。カレイと並んで投げ釣りの2大人気ターゲットとして親しまれている。昔から「シロギスは八十八夜から」と言われているように、おおむね5月初旬から釣れ始め、10月下旬まで半年程度釣れ続く。

シロギスは半年の間に何度も産卵する。弱い魚のため何度も産卵することで子孫をより多く残そうとしているのだ。そのため、他魚のように産卵後の一服状態がなく、シーズン中は比較的コンスタントに釣れる。

きれいな砂地底を好み、夏場に海水浴場となるような海岸に多く集まる。夏場は水深が5～6ｍの浅場にも寄り、海岸から50～２００ｍ前後の距離を群れで海底付近を移動しながらエサを漁っている。

サイズは平均すると15～18㎝と小型

ビギナーからベテランまでそれぞれのレベルに合わせて楽しめるのもシロギス引き釣りの魅力だ

見た目はいかにも繊細そうだが痛快なアタリで楽しませてくれる

だが、その美しく可憐な姿からは想像できないような痛快で明確なアタリを出してくれる。それがキャスターの心をつかんで離さない。小型でもサオ先をブルブルッと振るわせるが、20～23cmの良型になると「キュキュ～ン」とサオ先を引っ張り込む。これがたまらなく楽しい。一度味わうとヤミツキになること間違いない。

シロギスねらいは「引き釣り」と「大ギス釣り」に大別できる。引き釣りは多点仕掛けで数をねらい、大ギスは主に置きザオの夜釣りで25cm以上の大型をねらう。どちらも格別の釣趣がある。まず引き釣りから紹介する。

タックル・仕掛け

シロギスねらいでは4m前後の並継ぎザオを使うことが多い。振り出しザオに比べて感度がよいからだ。シロギスのアタリはもちろん、海底の微妙な変化やエサ取りのアタリなどを感知するのに向いているし、ここ一番での遠投性なども優れている。

シロギスの引き釣り競技（トーナメント）では、ほぼすべての選手が並継ぎを使用している。また、軽さでも勝っている。一日中手持ちで釣る引き釣りでは、軽さは大きなアドバンテージといえる。

リールはドラグ機構がない大型投げ専用タイプがよい。ドラグ機構がないことで重量をかなり軽くでき、スプールなども軽量性重視で仕上げてある。これなども手持ち釣りを考えてのこと。スプールには極細使用、細イト仕様などがあり、使用するミチイトで選ぶとよい。

ミチイトはPEラインを使う。伸びがほとんどないため感度が抜群によいからだ。号数は、0・4〜0・8号を釣り場の形態やポイントの遠近によって使い分ける。慣れないうちは0・8号からスタートするのがよい。

カイトもPEがよいが、あえてナイロンを使う人もいる。感度を重視するならPE、食い込みのことを考えるならナイロンを選ぶ。

ハリは各社から多く発売されており選択に苦労する。食い込みを重視するならキツネタイプ、フッキング重視なら袖タイプを選ぶのが基本。サイズは釣れるシロギスに合わせる。ハリの形にかかわらず5〜7号があればほぼ対応できる。

ハリ数はねらいと状況次第。トーナメントで数を釣りたい時は8〜10本バリにするが、プライベート釣行では5〜8本が普通。トーナメントでも遠投する時や食いが渋い場合はハリ数を減らすこともある。

仕掛けは自作するのが基本だが、ハリが小さくハリ数も多くて苦労する。自分で作れない人や面倒と思う人は市販仕掛けを使用すればよい。市販品もクオリティーが高く安心して使える。3本バリ、5本バリなど単独のタイプもあるが、8〜10本バリにする人は50本連結仕掛けなどが便利。50本のハリが連続でつながっており、好きなハリ数に切って使える。

オモリ（テンビン）は片テンタイプを使用する。感度的には遊動タイプに劣るが、テンビン部分の反発で自動的にフッキングしてくれる。オモリ部分は鉛製がメインだが、遠投したい時はタングステン製を使う。鉛より高比重のため同じ重さでも容積が小さくなり、抵抗が少なくなってよく飛ぶ。ただし、価格はかなり高い。

近年はライトタックルで軽快に楽しむ人が増えている。サオは3・6〜3・8mとやや短めで、リールも投げ専用の中型クラスを組み合わせる。これでも100〜120mは飛ぶから充分に釣れる。当然オモリ(テンビン)もタックルに合わせて軽くし、ハリ数も3〜4本と少なくする。海藻周りを探る時は2本でもよい。1尾1尾のアタリを味わいながら釣るのが目的だから、これで充分である。

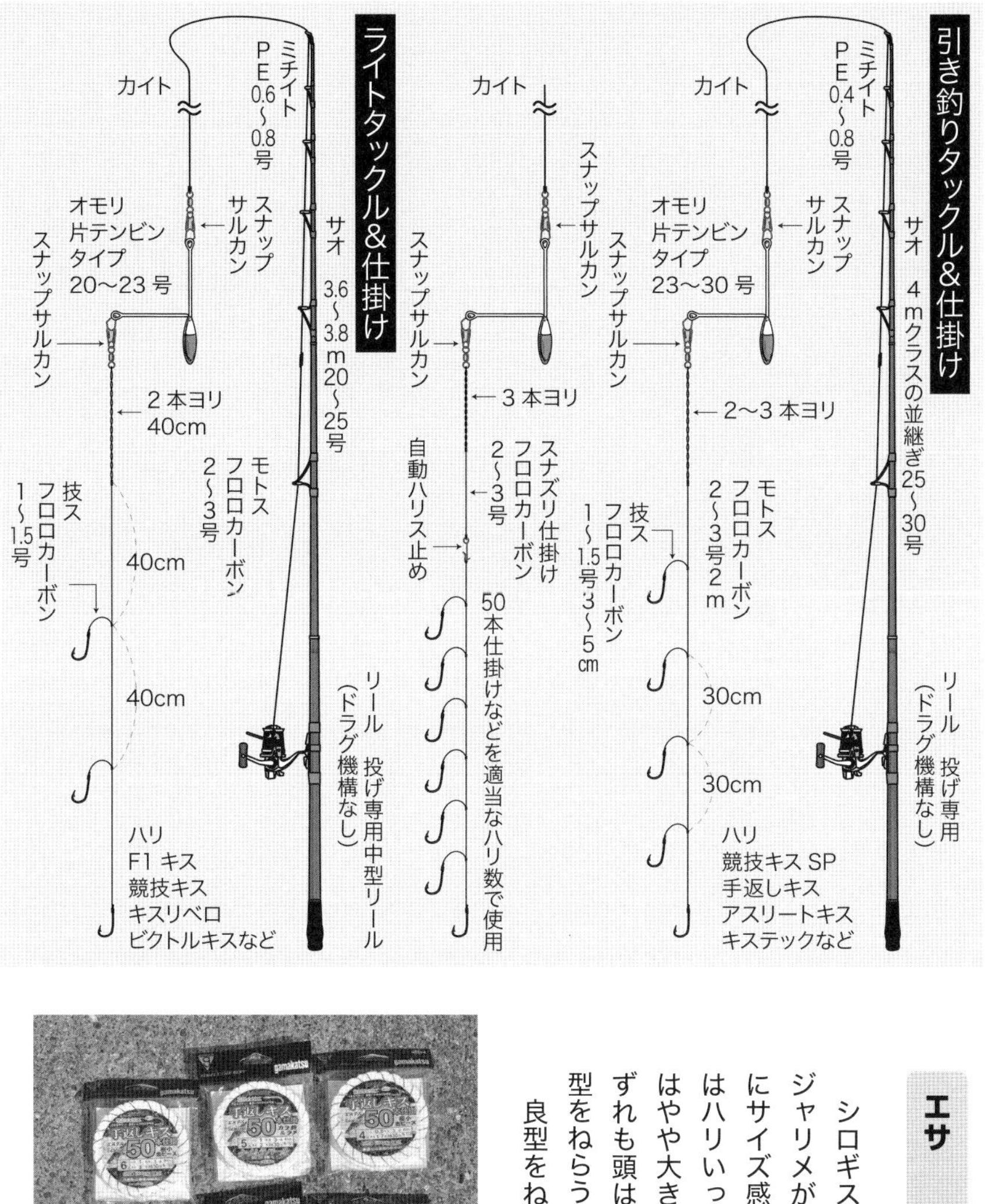

エサ

シロギスの引き釣りのエサといえばジャリメが定番。20㎝以下の中、小型にサイズ感がピッタリ。食いがよい時はハリいっぱいに刺し、食いが渋い時はやや大きめに付けるようにする。いずれも頭はカットする。20㎝以上の良型をねらう場合は1匹刺しがよい。

良型をねらいたい時はチロリを用い

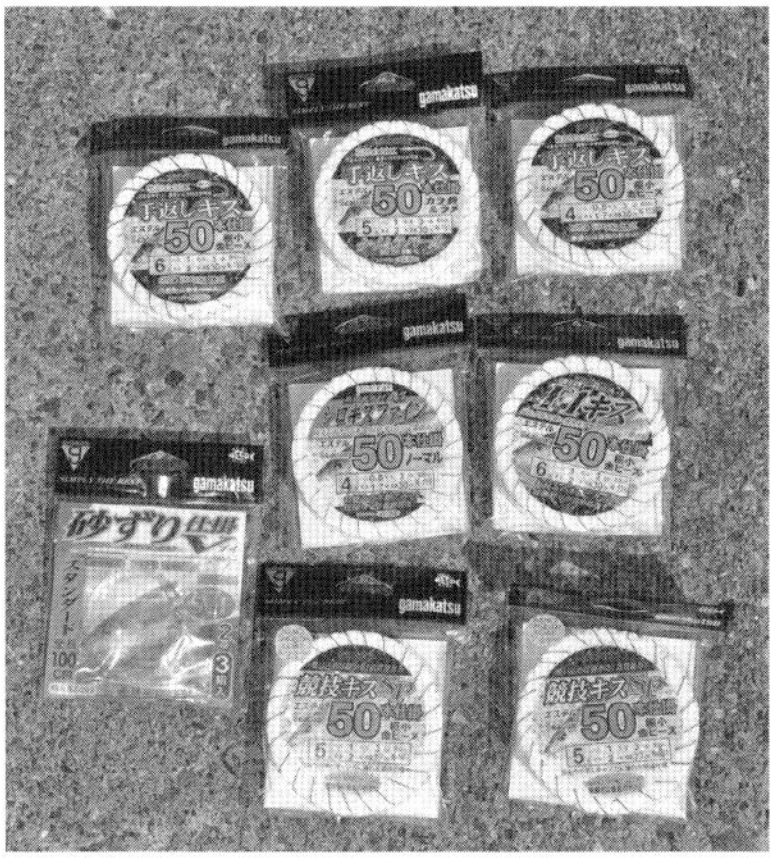

シロギス釣り用市販仕掛けは充実している

ると、なぜか釣れるシロギスのサイズがアップする。トーナメントで審査規定が重量の場合は必ずチロリを用意する。海に濁りがある時などはアオイソメがよいことがある。アオイソメは太いため尻尾の細いほうを使う。アカイソメなどもよい。

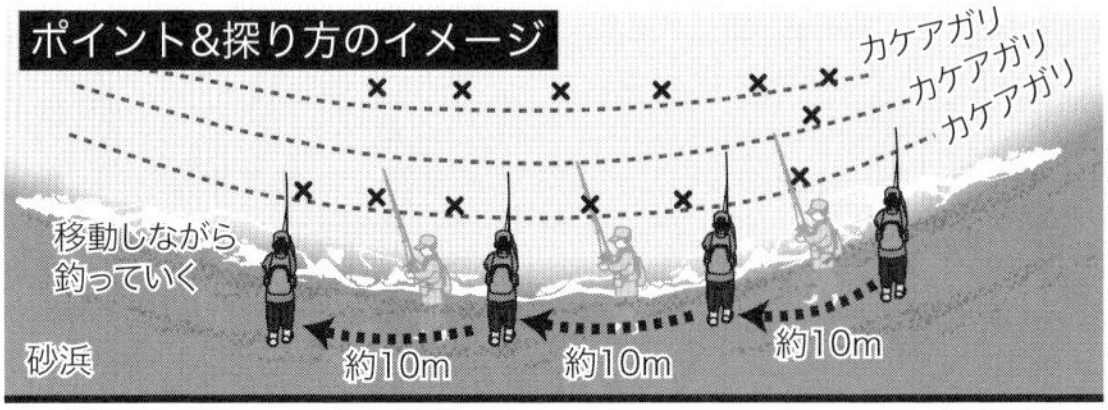

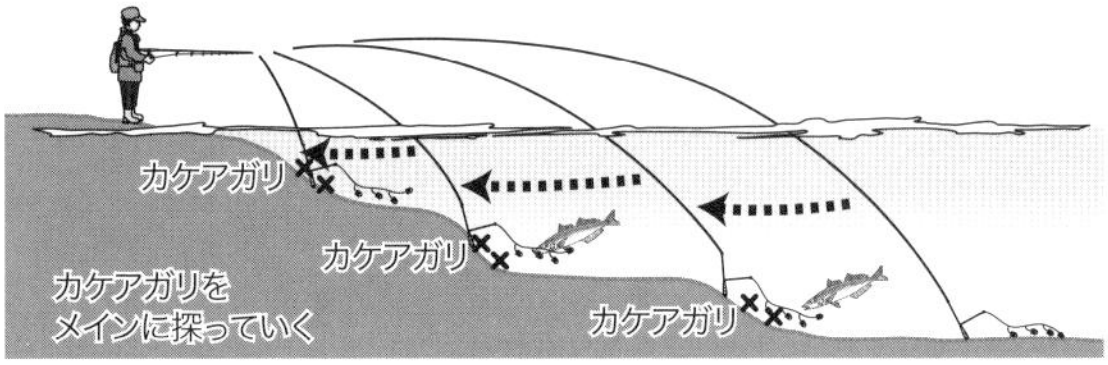

釣り方

砂浜で釣る場合、まずは目一杯投げて仕掛けを引いてくる。シロギスがどこにいるか探るためだ。海底は一定にフラットではなく、所どころに段ができている。カケアガリという部分だ。ここにオモリ（テンビン）が来るとグッと重く感じる。シロギスは海底一面にいるのではなく、このカケアガリに沿って回遊している。そのため、カケアガリ部分で当たる可能性が高いから慎重に引く。

　アタリがなければ次のカケアガリまで仕掛けを動かす。カケアガリの位置や数は釣り場によって変わる。20～30m間隔である所や50m間隔などさまざま。早く知ることで釣果につながることが多い。

　アタリがあった場合は合わせたりせず、仕掛けを止める。あるいは同じ速度で引き続ける。片テンビンが反動でオートマチックにハリ掛かりしてくれる。また、アタリがあってもすぐに上げず1分ほど待つ。周りにシロギスがいれば追い食いしてくる可能性があるからだ。

　アタリがあった距離は必ず覚えておき、次からはその周辺を重点的に探る。ただ、ポイントに直接オモリを投入すると着水音に驚いてシロギスが散ってしまうので、少なくとも10m以上沖へ投入し、ゆっくりとポイントまで引いてくる。これで場荒れが抑えられる。

　それでもある程度釣るとアタリが遠くなる。シロギスが移動したり場荒れが起こるからだ。そんな時は10～20m移動してふたたび探る。この繰り返しで移動しながら探っていく。「シロギスは足で釣れ！」と言われるゆえんである。よく釣れたポイントは覚えておくか、海岸に目印を残しておく。後で再度探るとシロギスが戻っていてよく釣れることがある。

　防波堤でも釣り方の基本は同じ。た

だ、足元から水深があるぶん近くで釣れることがある。手前まで気を抜かずに探ること。

10月後半から11月初旬は波打ち際など近投でまとめ釣りができる。落ちギスといわれるもので、深場に落ちる前に荒食いする。この群れに遭遇すると入れ食いになる。しかも良型が多いのが特徴。小型クーラーボックスに入り切らないこともある。難点は、落ちギスはいつ釣れ出すか分からないこと。しかも、短期間で終了してしまう。釣れ出したという情報があればすぐに出かけないとチャンスを逃してしまう。

水温が下がるとシロギスは水深20〜30mの深場に移動する。ポイントが限られるため釣りづらいが、そんな越冬ギスを探るのも面白い。数は少ないものの23〜27㎝と型がよいのが特徴。28〜30㎝の大型も期待できる。この場合、引き釣りというより置きザオ的な釣り方をする。当然、ハリを含め仕掛け全般を大きくする。

大ギスねらい

激しいアタリを体験すればヤミツキに！

25cm を超える大ギスねらいは、引き釣りとはまた異なる釣趣がある

特徴

アタリの痛快さが魅力のシロギスだが、25㎝以上の大型になるとそれを通り越して激しいアタリを見せてくれる。手持ちザオだと身体ごと引っ張られるほどで、一度味わうと忘れられなくなってヤミツキになる。

一般的にシロギスは日中ねらいが多い。しかし大型は夜釣りに分がある。大ギスは警戒心が強く昼間は物陰に潜み、夜になるとエサを求めて活動するからだ。ポイントも海藻やシモリが点在するような所がメインになる。

日中は引き釣りでねらうのがセオリーだが、夜は数本の置きザオで釣る。個体数が多くない大ギスの回遊を待ち伏せるためで、カレイやマダイをねらうのと同じ要領だ。効率は悪く感じるが、少ないチャンスをものにするにはこの釣法が適している。

タックル・仕掛け

サオを数本だすため、収納性のよい振り出しザオが何かと便利。警戒心の強い大ギスの食い込みを考えると、なるべく軟調子がよい。ただ、遠投が必要なポイントではやや硬調子ザオにする。オモリ負荷が30号以上のサオでも釣り方を工夫すれば充分使える。

ドラグフリー釣法でねらうため、リールはドラグ機構付きがよい。それも滑らかに回転する高機能タイプがおすすめだ。この差で食い込みが変わるといっても過言ではない。ミチイトはやはり伸びのあるナイロンラインがよい。3号を基準に、根掛かりがある所では4~5号にする。PEラインはほとんど伸びがなく、エサをくわえた時にサオ先の抵抗がもろにシロギスに伝わる。それではエサを放してしまう。どうしてもPEラインを使う時はミチイトをかなりたるませてアタリを待つ。硬調子ザオを使う時も同様だ。

引き釣りのように多点掛けが期待できないので、仕掛けは2本バリが基本。食い込み時の抵抗を小さくするため全長は長めにする。ただ、あまり長いとキャスト時に絡むので要注意。

ハリの選択は特に重要で、それで釣果が決まることもある。基本的には吸い込みやすいキツネタイプがよい。フッキング重視なら流線タイプやカレイバリを選ぶ。いずれもヒネリがあるほうが掛かりがよいようだ。

ハリのサイズは10~13号と大きめを使う。すっぽ抜け防止と、クロダイなど他魚も掛かることを意識しての選択だ。大ギスに的を絞るならハリ、ハリスとも号数を落としてもよい。ハリ先のチェックはマメに行ない、少しでも鈍ればすぐに交換する。これを怠ると悔しい思いをすることになる。

ハリスはナイロンを使う。フロロカーボンに比べてしなやかで食い込みが格段によい。ただ、大型の他魚を意識するならフロロカーボンがよい。枝バリには発泡流線シモリ玉を入れ、揺らぎ効果でシロギスの食い気を誘う。

着水音でシロギスを驚かさないように、オモリはなるべく軽めがよい。特に水深が浅い釣り場では気を配る。ポイントより10m以上遠くに投げ、そっと引いてきてポイントに入れる。これだけでも場荒れが防げる。

エサ

大ギスねらいの定番エサ、チロリは必ず用意したい。昔からよく使われているイワイソメも外せない。この2種類を同時に使うが、片方にばかり当たるケースがよくある。いわゆる当たりエサというやつだ。したがってこの2種類は必ず持参するようにしたい。ま

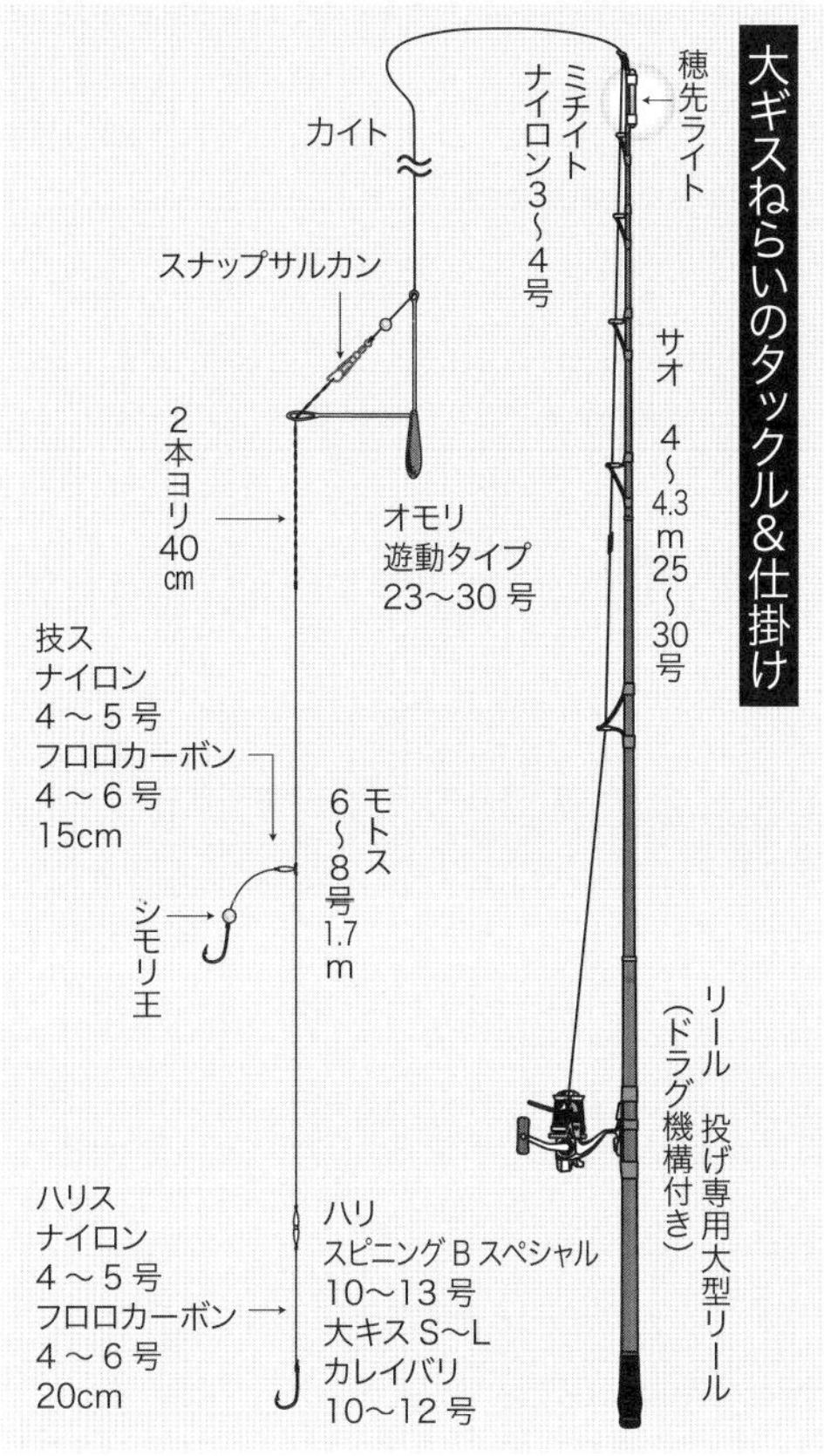

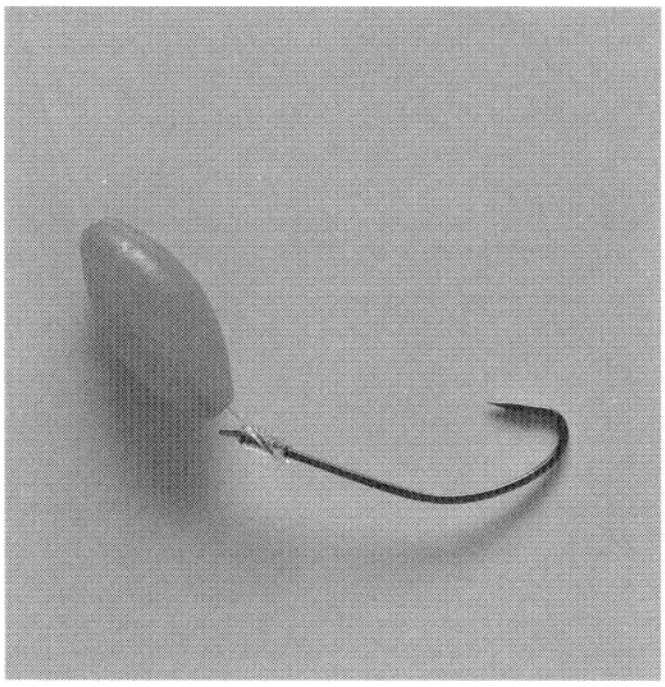
枝バリには発泡流線シモリ玉を入れ、揺らぎ効果でシロギスの食い気を誘う

た日本海側ではアオイソメがよいこともあるので、予備に用意しておく。

釣り方

カケアガリや海藻周りがポイント。そのような所に仕掛けを置き、ドラグをフリーにしてアタリを待つ。シロギスがエサをくわえて逃げようとした時、抵抗をできるだけ小さくしたいからだ。少しの抵抗でもエサを放してしまうから気を配る。

大ギスがエサを食って走るとドラグが激しく鳴る。思わず合わせたくなるが、一度目のアタリで合わせると50%以上の確率でハリ掛かりしない。充分に食っていないことが多いからだ。

アタリが出たらサオを手にしてサオ先を下げ、あえてミチイトを1~2m出し、送り込みという動作を行なう。それでもラインを持って行くようならサオ先でそっと聞いてみる。ギュ~ンと走れば軽く合わせて巻き取りにかかる。このとき、無理をせず同じ速度で寄せてくる。間違ってもポンピングはしないこと。バラシの原因になるから要注意。

大ギスはひと晩釣っても多く当たる魚ではない。少ないチャンスをものにするために、あわてず行動すること。

カレイ

独特の鈍重な引きがたまらない

イシガレイはややスリムな体型で活発に泳ぎ回る

マコガレイは美味なことでも人気

日並みやポイントで当たりエサが変わることが多い

特徴

シロギスと並んで投げ釣りの2大ターゲットとして人気が高いカレイ。北海道から九州北部までほぼ全国に分布するが、寒水系の魚のため、紀伊半島や高知、九州南部など黒潮が影響するようなエリアには生息しない。日本海側一帯と東北、北関東、瀬戸内海、伊勢湾などに多い。

西日本ではマコガレイ、イシガレイの2魚種がメインだが、北陸ではヌマガレイ、北海道ではマツカワカレイ、ババカレイ（ナメタカレイ）なども釣れる。カレイは美味しく釣ってからの楽しみも大きい。カレイの旬は夏場といわれるように、5月ころが最も食べて美味しい時期である。

イシガレイの体型はややスリムで尾ビレが大きく、活発に動き回ってエサを漁る。カレイの中では口が大きく比較的どう猛。体表にウロコはなくヌ

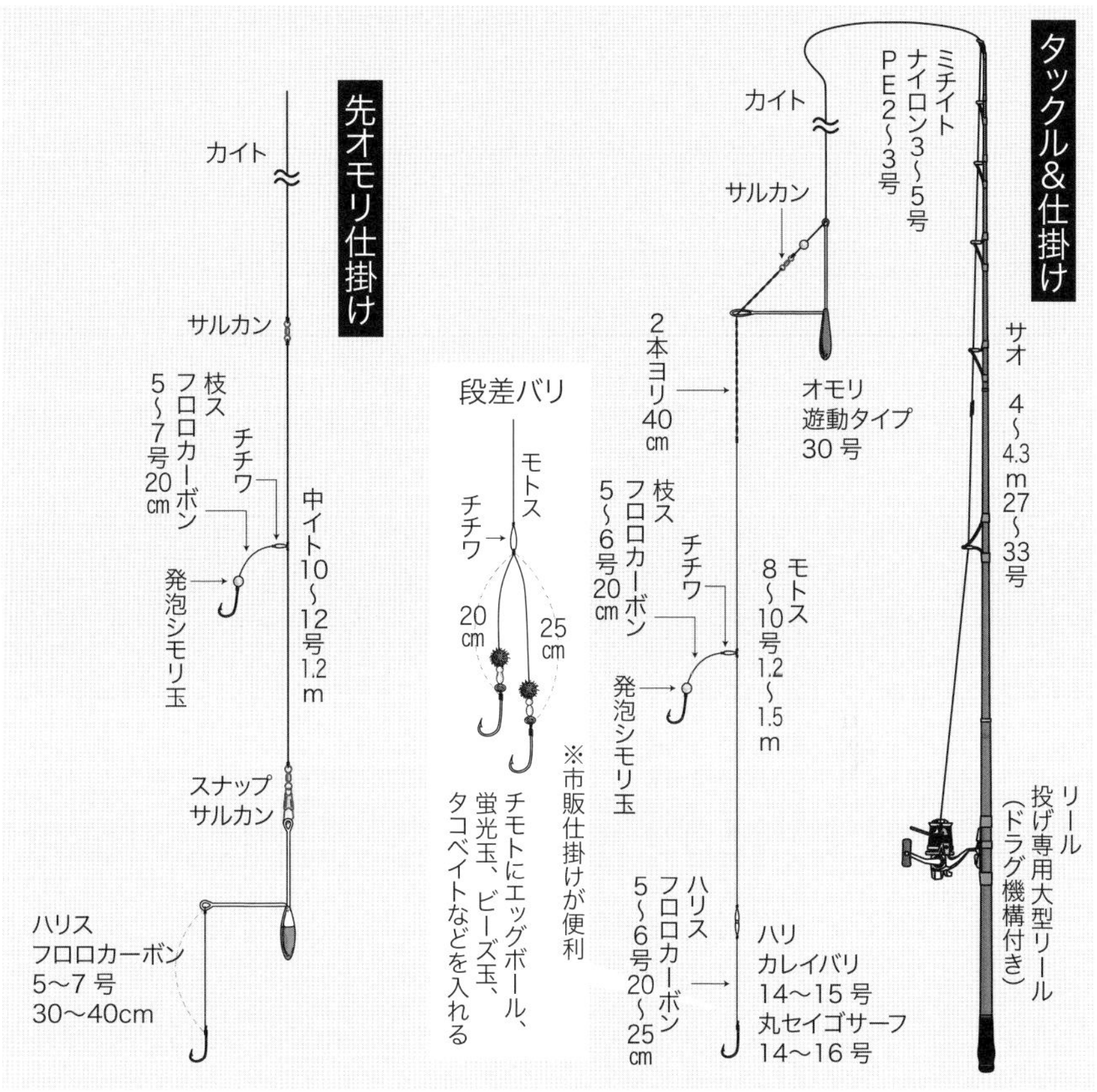

メッとしている。有眼側の背ビレ近くに硬い突起がある。これが石のようでイシガレイと名付けられたとされる。瀬戸内海にも生息するが、波の荒い北陸の海岸に多いイメージだ。マコガレイよりも大型化し、45㎝オーバーも珍しくない。東北では50〜60㎝の記録もある。引きはかなり強い。

マコガレイの遊泳力はイシガレイほどではないが、瀬戸内の急潮流エリアにも多い。イシガレイほど大型化せず30〜35㎝がアベレージ。近年は数は少なくなったが大型が増え、瀬戸内では滅多に釣れなかった40㎝オーバーがよく上がるようになった。独特の鈍重な引きが楽しめ、食味の点でも最高といえる。北関東や東北では50㎝オーバーも出ている。

シーズンは地域によって変わるが、瀬戸内では10月初旬から産卵準備で接岸してくる。11月から12月中旬が盛期で、12月下旬から1月初旬に産卵する。こうなると釣れなくなり、2月中旬までは体力を回復するため一服状態となる。

3月に入るとふたたび釣れだし、4月ころが春の盛期。桜が咲く季節のため桜ガレイ、花見ガレイ、春ガレイなどと呼ばれ人気を博する。ちなみに山陰や北陸エリアではイシガレイがメインのためか釣期は1ヵ月ほど後にズレる。ただし春は同じころに釣れる。

タックル・仕掛け

潮流が緩いエリアや港内では軟調子ザオのほうが楽しめる。ただ大型ねらいでは急潮流ポイントがメインで、時には35号クラスのオモリを使うこともある。またカケアガリがきつい所で釣ることも多い。これらを考えるとやはり硬調子ザオがよい。

リールは大型が望ましい。カレイだけならドラグフリーにしなくてもよいが、クロダイやスズキのほか、エイやカンダイ（コブダイ）などの大型他魚が掛かることもある。それらに備えるためにもドラグ機構付きがよい。カンダイなどは簡単にサオを持っていくので要注意。

仕掛けは、ノーマルがよいという人もいれば、装飾品をたくさん付ける人もいて個人差がある。効果のほどは定かではないが、エッグボール、ビーズ玉、シモリ玉、蛍光玉、タコベイトなどを付けるほうがカレイの目を引くように思う。特に、枝バリのチモトには流線シモリ玉を入れるのが流行りで、揺らぎ効果でカレイを引き寄せる。

先バリを段差の2本バリにする人もいる。エサを大きく見せてカレイを呼び込む作戦だ。段差を5㎝ほど取ったり、同じ長さにするなど、ここでも個人差が出る。全長は1～1・2mと短めでよい。

北陸や山陰の遠浅のサーフでは、先オモリ仕掛けで釣ることもある。波が高いと吹き流し仕掛けでは絡むからだ。また一発大型ねらいや、カケアガリがきついポイントでは、せっかく掛けたカレイをバラさないように1本バリにする。

エサ

昔からイワイソメが定番で実績も高い。次いでアオイソメ、アカイソメの房掛けがよい。日並みやポイントで当たりエサが変わることがあるので、基本的にこの2種類を用意する。

問題はエサ取りが多い時で、そんな場合は比較的エサ取りに強いユムシを用いる。単独で使うのもよいが、ユムシとイワイソメ、アオイソメと組み合わせることで効果が期待できる。

塩マムシ（イワイソメに塩をまぶして水分を抜いたもの）もエサ取りに強い。カレイはかなり硬いものでも食って来る。海中で少しふやけて柔らかくなるからだ。イワイソメが余った時は持ち帰り作っておくと、エサ取りが多い時に助かる。

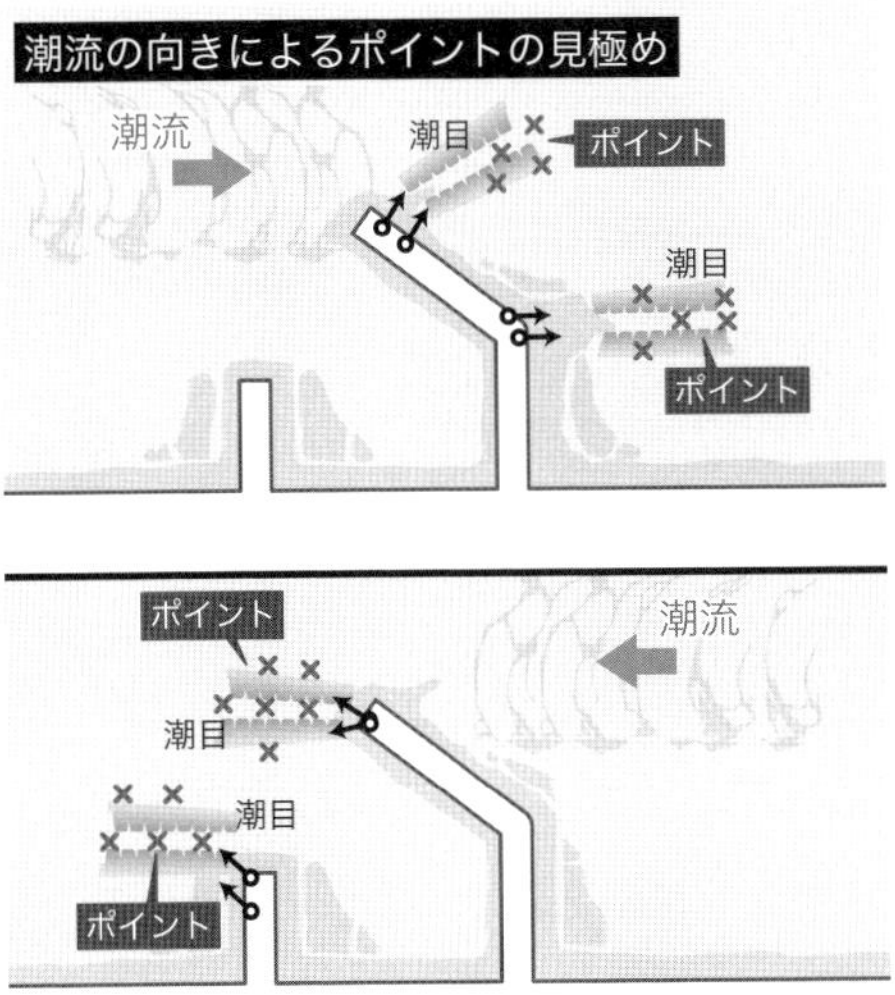

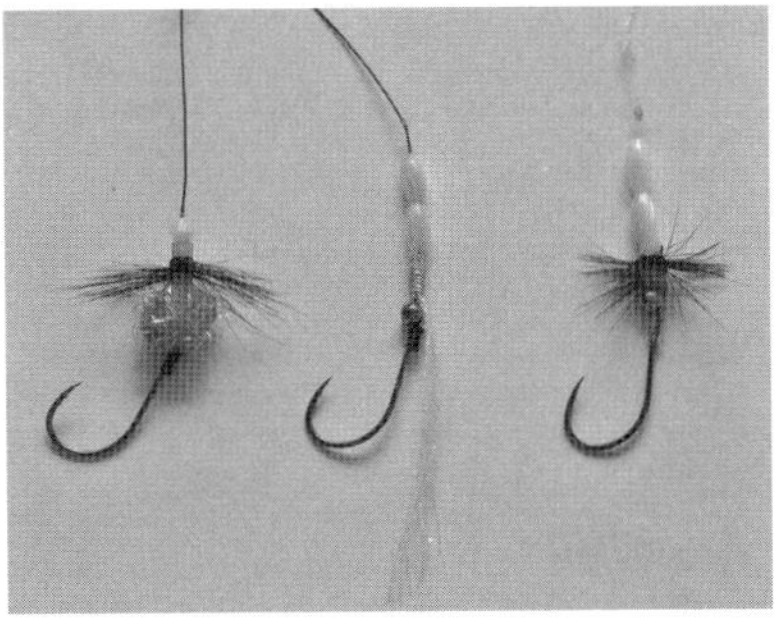

カレイ釣りならではの装飾品は釣り人それぞれの工夫やこだわりが表われる

釣り方

地形が大きく変化しない限り、カレイはだいたい同じポイントに寄ることが多い。エサが集まりやすいなど、よい条件が揃っているからだ。実績ポイントは必ずチェックしておく。

昔から「カレイは潮を釣れ！」と言われている。いくらよいポイントに入っても、時合が来なければ釣れないことを表わしている言葉だ。時合は流れていた潮が止まりかける、あるいは止まっていた潮が動き始める時に訪れることが多い。潮時を調べておき、その時間帯には精力的に打ち返す。また、潮目が現われたタイミングもチャンス。絶えず海面を注視しておくこと。もちろん朝夕のマヅメも見逃せない。潮止まりとマヅメがリンクすればチャンスは拡大する。

釣り場によっては太陽が西に傾いて暗くなるころにアタリが連発する所もある。じっくりと構えて探るのがコツのひとつ。「カレイは腰で釣れ！」と言われるゆえんでもある。

カレイは待ちの釣りように思われているが、5～10分に1回は誘いをかける。それもただ引くだけではなく、仕掛けを跳ね上げるようにする。カレイの気を引くためだ。誘った直後に当たることが多いから気を緩めずにサオ先を注視しておく。

カレイはエサを吸い込んで食べるため、ハリが口内にきっちりと掛かっていないことがある。必ず合わせて、防波堤などではタモ網で取り込まないと抜き上げる時にすっぽ抜けでバラす恐れがある。大型になればなるほど重量が増し、その重さのせいですっぽ抜けしやすくなる。

アイナメ

厳寒期も強いアタリで元気いっぱい

冬も元気なアイナメ。春は浅場でもチャンスがある

特徴

寒水系の魚で、北海道から九州まで生息するが、紀伊半島南部や高知、九州南部など暖流の影響を受けるエリアには生息しない。11月後半に接岸し、12月末から1月にかけて産卵する。この時期に黄色みが強い個体がいるが、婚姻色の出たオスである。

12月から翌5月ころまでが釣期。投げ釣りの対象魚が減る時期にアイナメだけは元気で、強いアタリで楽しませてくれる。ただ、1月ころに釣れる個体は産卵後でやせているものが多く、そのような時はリリースしてほしい。

アイナメは根魚なので普段はシモリ（沈み根）や海藻の際、消波ブロックの穴などに潜み、朝夕や潮止まりになると巣穴から出てエサを漁る。この時がチャンス。日中でも釣れなくはないが、やはり警戒心が薄れる薄暗い時間帯がよい。ただ、日中は大型が多い。夜行性というわけではないが夜にも釣れる。数は少ないが釣れれば大型だ。

30㎝を超えると「ポン級」と呼ばれ、それ以上が大型とされる。北海道や東北では50㎝クラスがよく釣れるが、西日本では少ない。40㎝級が釣れれば大満足といえる。山陰の磯投げでは45㎝クラスも期待できる。

タックル・仕掛け

根掛かりが多いポイントや急潮流の場所、磯から探ることが多く、サオは硬調子がよい。磯では長めのほうが取り込みやすい。リールも大型でドラグ機構付きがよい。ミチイトは根掛かりが少ないポイントならナイロン3～4号（PEなら2～3号）、多い釣り場

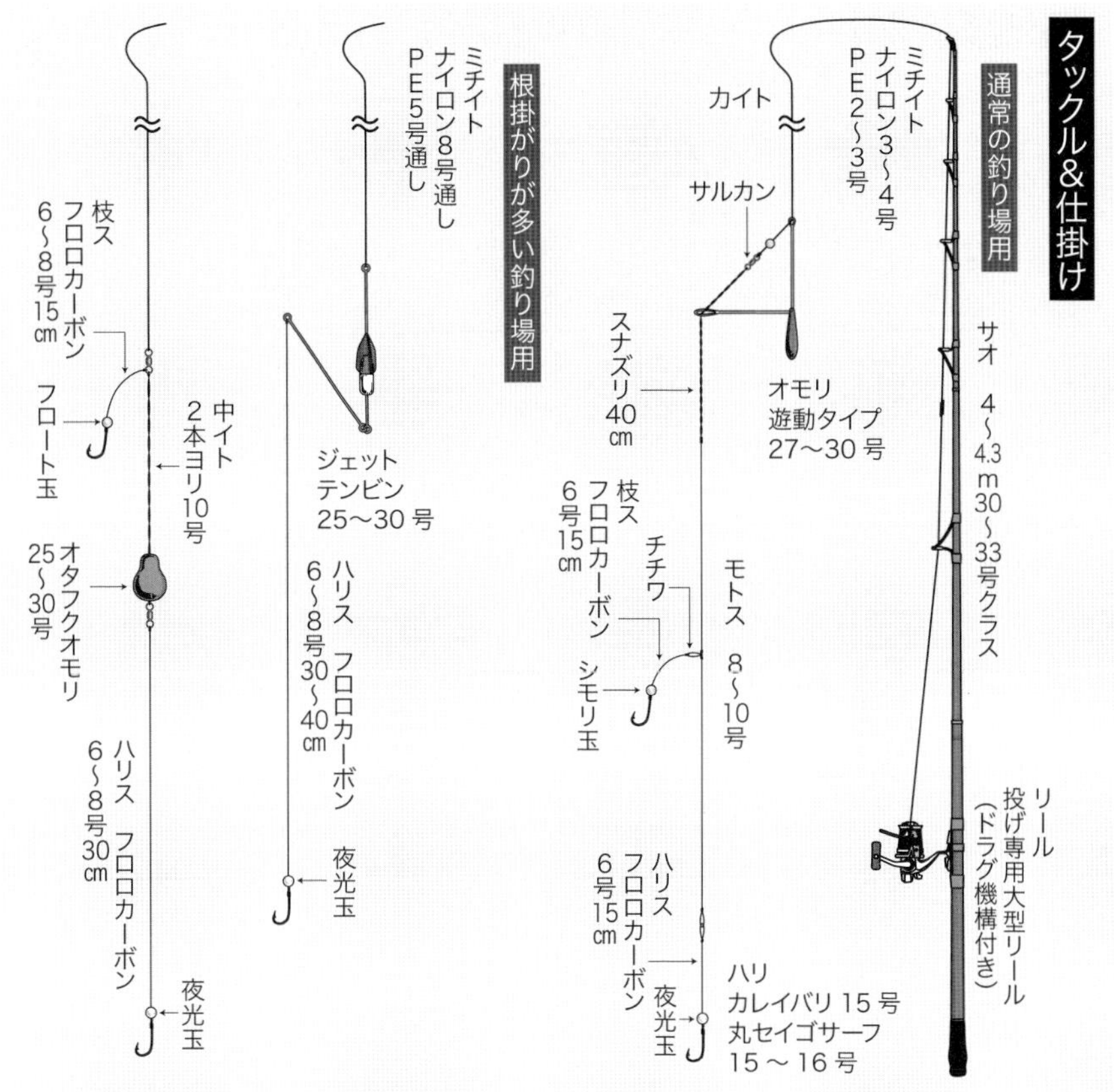

ではナイロン5～8号（PEなら5号通し）を用いる。

　仕掛けは根掛かりが少ない所では2本バリ、根周りを探る時はジェットテンビンタイプで1本バリか、オタフクオモリ仕掛けを用いる。大型を想定してモトス、ハリスは太めにすること。

エサ

　イワイソメが一番食いがよい。頭をカットしてハリスまでたくし上げる。

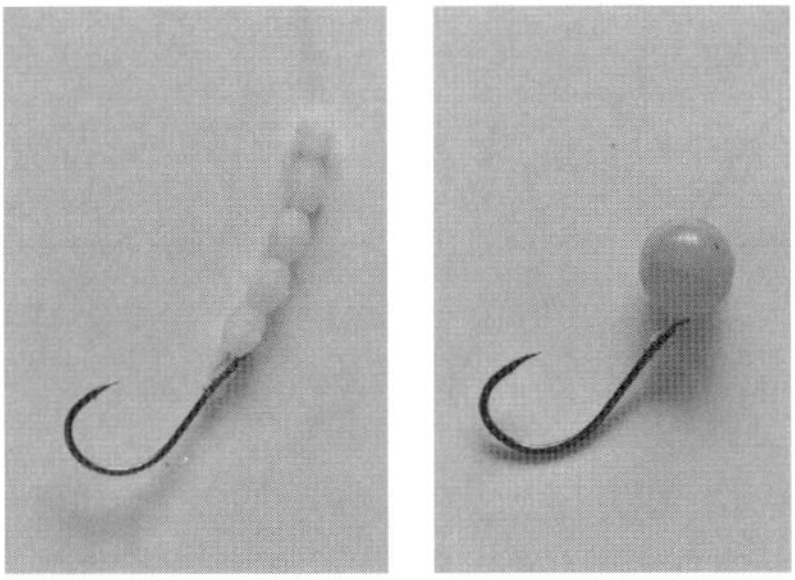

ハリのチモト付近に夜光玉などを付けてアピール度を高める

大きく付けるのが大型への近道。ただし、エサ取り（特にフグ）が多い場合はハリスが切られる恐れがあるため、たくし上げない。夜釣りではアオイソメの房掛けも効果的。

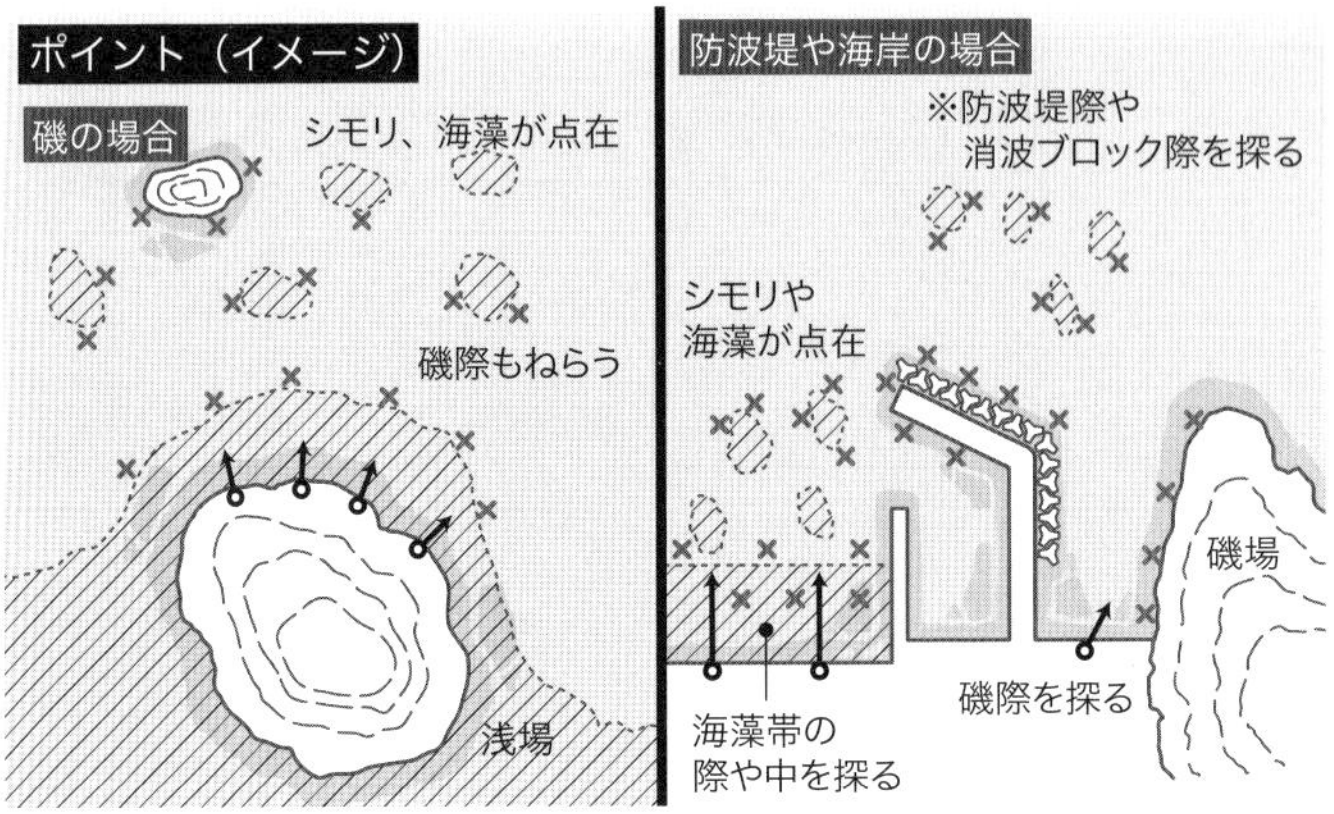

釣り方

シモリ（沈み根）や海藻周りを探るのが基本。偏光グラスで位置を確認して正確に投入する。潮の流れが速い所は自然とポイントに運んでくれるので、そこでアタリを待つ。アタリがなければ仕掛けを動かして誘うが、ゆっくり引っ張ると根掛かりを起こす。そこでオモリを跳ね上げるようにサオを強くあおり、仕掛けが着底したら待つ。

アタリが遠い時は根掛かり覚悟で海藻帯の中に仕掛けを投入すると、意外と居着きのアイナメが食うことがある。特に水温が上がる3～4月は浅場に寄っていることがあるので、水深2～3mの浅場を探るのも重要。思わぬ大型アイナメが激しいアタリを見せる。

防波堤では足元も忘れず探る。捨て石の際や消波ブロックの穴から出てきて食うこともある。この場合はオタフクオモリ仕掛けやジェットテンビンで1本バリで釣る。防波堤に釣り人が少ない時は移動しながら広く探ると数が出る。ただし、釣り人が多い時は迷惑なのでしないように。

磯からねらう場合、一面にシモリ（沈み根）があるようなポイントは避ける。アイナメは磯魚だが、ある程度砂地がある所を好むからだ。

磯投げの場合、2本は近投で磯際を、2本は遠投で沖のシモリ（沈み根）周りを探るのがセオリー。磯際は釣り荒れるのが早いが、沖合は回遊の個体がいるため荒れにくい。また、砂地を回遊している個体は大型が多い。

いずれの場合もアタリがあれば軽く合わせて素早く巻き上げないと根に入られる。根に入られたら無理に引っ張らず、ミチイトを緩めてしばらく待つと出てくる可能性が高い。ミチイトが走ればサオを大きくあおってから巻き上げる。根に入られた時に強く引っ張るとハリス切れを起こすので要注意。

クロダイ・キビレ

「いぶし銀」の人気ターゲット

クロダイ（上）とキビレ（左）。見た目はとてもよく似ているが習性は若干異なる

特徴

日本のほぼ全域に分布し、磯場、サーフ、防波堤、河口エリアとあらゆる所に生息するのがクロダイだ。磯釣りはもちろん、防波堤での落とし込み釣り、フカセ釣り、イカダ釣り、渚釣り、そして投げ釣りと多くの釣り方でねらうことが可能。最近はルアー釣りでも人気がある。

それだけ知名度が高く、釣りをする人で知らない人はいないほどだ。また、西日本ではチヌの呼び名で親しまれている。「いぶし銀」と表現されるように漆黒に輝く魚体、精悍な顔つき、ピンと張ったヒレなど、姿が美しいのも人気の一因。さらにハリ掛かりしてからはシャープ、かつ力強い引きで楽しませてくれる。釣期は4月から12月までと長い。

クロダイの仲間のキビレ（標準和名はキチヌ）は、やや水温の高いエリアを好むのか関東から以西に多く生息する。クロダイと同じような所にいるが、クロダイ以上に河口エリアを好み、かなり上流域まで生息している。水温が高いエリアを好む割に低水温期まで釣れるから不思議だ。1〜2月でもねらうことができる。釣りものが減る冬場だけに貴重な存在の魚といえる。

キビレはクロダイより銀色味が強く、尾ビレや胸ビレの先が黄色みを帯びているのが特徴。顔もやや小さく鋭いイメージ。クロダイほど大きくはならず、50㎝オーバーは珍しい。ただ、引きに関してはシャープで力強く、非常に面白いターゲット。

タックル・仕掛け

磯場でねらう場合は硬調子のサオ、サーフや河口域など水深が浅く根掛かりの少ないポイントでは軟調子ザオでもよい。むしろ軟らかめのほうが食い込みがよく釣り味も満喫できる。

リールはドラグ機構付きの中〜大型がマッチする。ミチイトは3〜5号を釣り場の形態によって使い分ける。

1本バリで、食い込みをよくするためハリスは1・7mと長めにする。クロダイ、キビレとも口の中が硬いので、ハリ先には絶えず気を配ること。バラシを軽減するため少しでもナマっていたらすぐに交換する。

エサ

クロダイは雑食性が強く、いろいろなエサでねらうことができる。関東ではスイカをエサにフカセ釣りをする地域もあるほどだ。イカダ釣りではコーンも使う。

投げ釣りでは虫エサがメイン。イワイソメやチロリ、アオイソメでも釣れるが、本格的にねらう場合はユムシに分がある。特にエサ取りが多い夏場はじっくりと待てるのが強み。

ユムシは必ずハリ先を出す。そうしないとせっかく当たってもハリ掛かりしないケースがある。

瀬戸内西部ではコウジが最高のエサ。クロダイがいれば一発で食って来る。タイムシなども実績が高い。和歌山方面ではボケでねらう所もあり、冷凍エビでも釣れている。マゴチねらいの塩イワシ、塩キビナゴに食って来ることもある。これらにアタックしてくるのは大型が多い。

釣り方

サーフではクロダイはカケアガリに沿って回遊しているので、そのような所に仕掛けを置く。3本のサオをだす場合、遠、中、近と投げ分け、アタリのあったポイントを集中的にねらう。シモリ（沈み根）が点在するような所ではその周りを探る。

島しょ部や磯場では、潮流の向きによってポイントを変える。当て潮では釣りづらいだけではなく、クロダイはいないと考えてよい。払い出して行く方向に仕掛けを投入し、仕掛けが止まった所でアタリを待つ。防波堤でも考え方は同じ。潮下メインに探る。アタリが遠ければ時々誘いをかけるのが基本。しかし、シモリや海藻が多いポイントでは誘いすぎると根掛かりが多発するので注意。

河口エリアでクロダイ、キビレをねらう場合は上げ潮時をメインに探る。潮に乗って回遊してくることが多いからだ。逆に下げ潮になると外海側に出て行きアタリが少なくなる。また、下げ潮時は流れが速くなってしまうので釣りづらい。

アタリは一気にサオ先を絞り込み、ドラグを鳴らしてラインを引き出すこともあれば、チョン、チョンとエサ取りのようなアタリもある。いずれにしても即アワセはせず、サオ先を下げてラインを少し送り込む。それでも持って行くようならイトフケを取ってから鋭く合わせる。クロダイの口は硬い歯がびっしり生えているので、しっかりと合わせてハリ掛かりさせること。

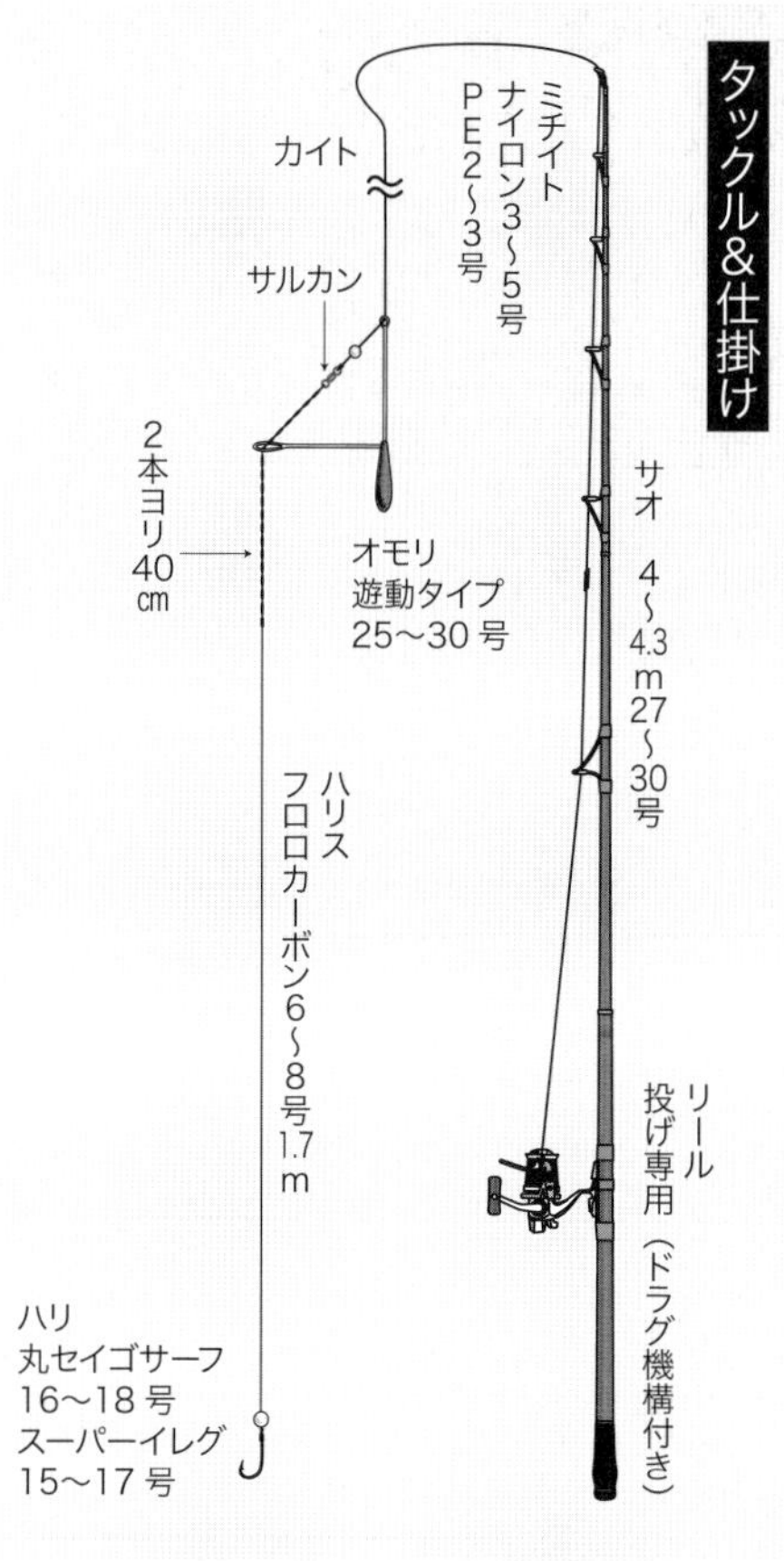

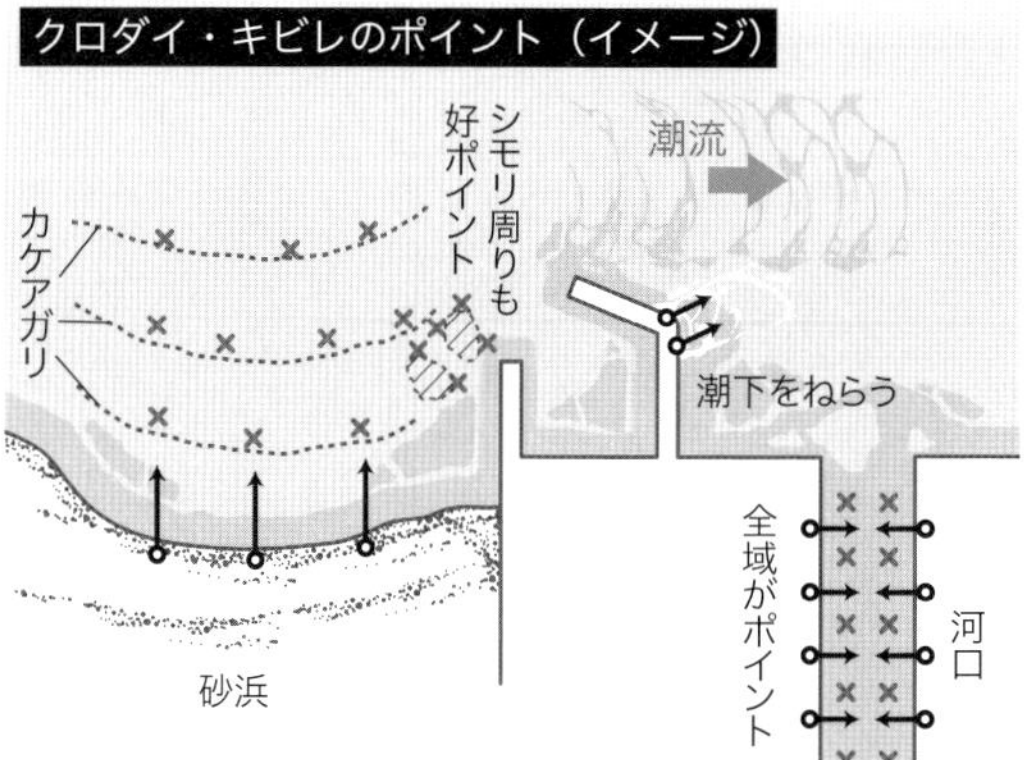

マダイ

美しい魚体は釣り人の憧れ

魚の王様とも称される風格と美しさ！

特徴

本州から四国、九州と広範囲に生息するマダイ。美しさ、フォルム、色合いのどれをとっても魚の王様と呼ぶにふさわしい。昔からお祝いの席には欠かせない魚で、日本人にとっては馴染みが深く特別な存在といえる。当然、釣り人にとっても憧れのターゲットで、いつかは大型を釣ってみたいと思う人が多い。

一般的には沖釣りでねらうことが多い。20～25㎝のいわゆるチャリコ、小ダイクラスなら沿岸部の浅場でよく釣れるが、50㎝オーバーの大型になると水深のある海域に移動してしまうからだ。同じタイ系のクロダイ、キビレは河口部、防波堤、やや水深のあるサーフなど生息域は広いが、マダイは水深が10m以上あるエリアをねらわなければいけない。また、潮流が速い海域を好むため、投げ釣りで大型を釣るのはハードルが高い。しかし、それだけにキャッチした時のうれしさはひとしおだ。60～70㎝の大型も期待できるが、まずは50㎝オーバーを目差したい。

投げ釣りでマダイの実績が高いのは瀬戸内海や宇和海、日本海の隠岐島、和歌山の磯場やサーフ、三重の湾内など。いずれも水深があって潮もよく動く。中でも瀬戸内の島しょ部は多くの実績があり、40～50㎝が高確率で釣れている。60～70㎝の大型も充分に期待できる。80㎝クラスの超大型も年に数尾は記録されている。

西日本では4月後半から釣期に入り、10月までねらうことができる。基本的には4～5月の乗っ込みシーズンは大型が多く、夏から秋は少しサイズダウンするものの、数釣りが可能。

コウジは断トツにマダイの食いがよい

タックル・仕掛け

大型をねらうのであれば、悔しい思いをしないためにタックル、仕掛けとも丈夫なものを使用する。また、ポイントによっては潮流が速く、根掛かりが多い所もある。それらを加味すると多少オーバースペック気味でもよいくらいだ。

とにかく、当たったマダイは必ず取るつもりで臨む。そのためにはハリ先のチェックを怠らないこと。少しでもナマったら迷わず交換する。そうしないとハリ外れなどで悔しい思いをすることになる。ハリのチモトには夜光玉（ソフトタイプ）を入れる。夜釣りの場合は特に効果的。

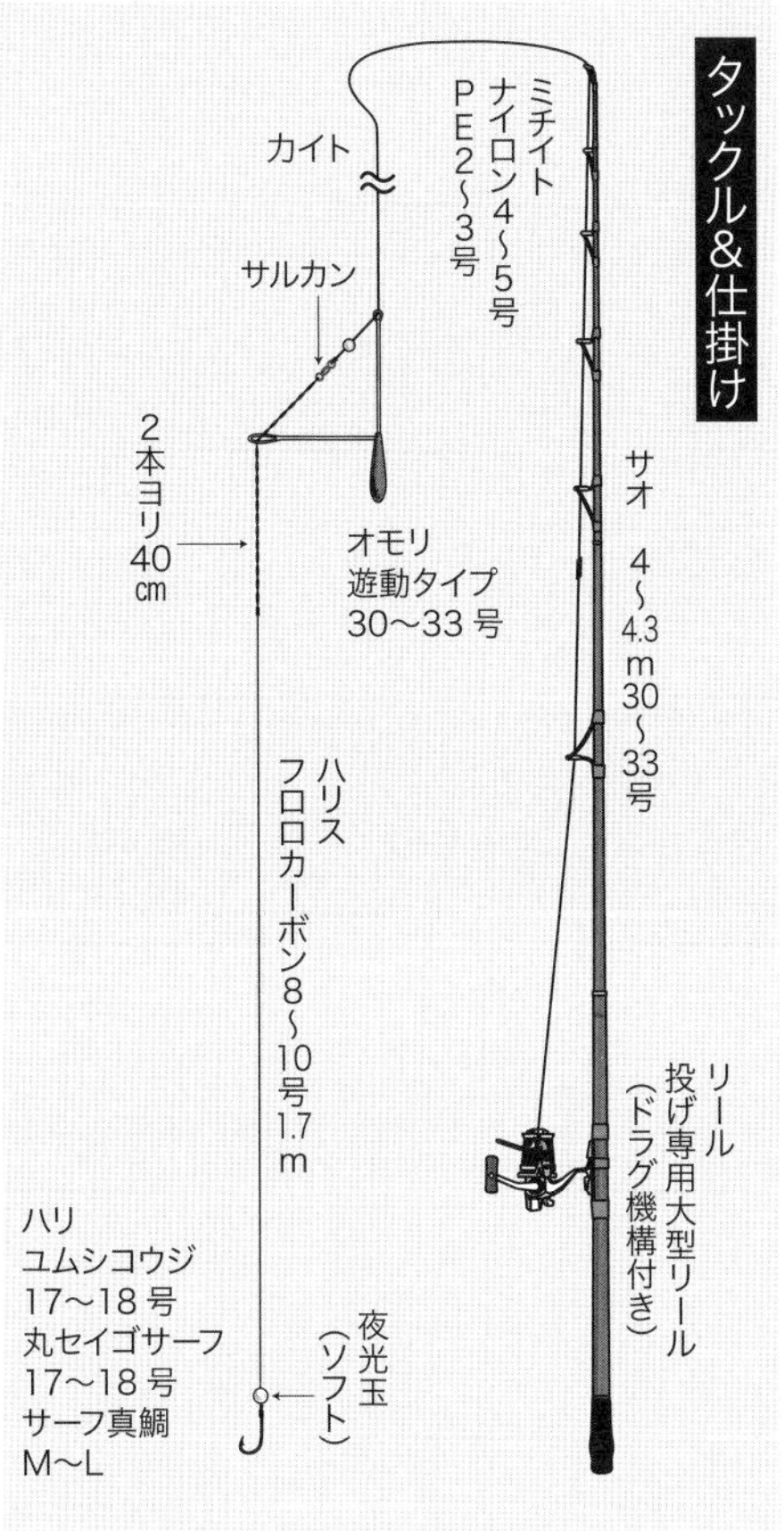

エサ

瀬戸内海の島しょ部では何といってもコウジの実績が群を抜いている。「コウジがなければマダイ釣りには行かない」と言う人もいるほどだ。

ただし、コウジは夏場になると入荷が極端に減る。そんな時はタイムシでも充分に釣れているから、こだわる必要はない。

鳴門方面や和歌山、三重方面、宮津湾ではユムシ、チロリが実績のあるエサ。チロリは細いので遠投が利く。遠浅ポイントでよく使われている。また、イワイソメとアオイソメのミックス刺しなども有効なので、いろいろと試すのも面白い。

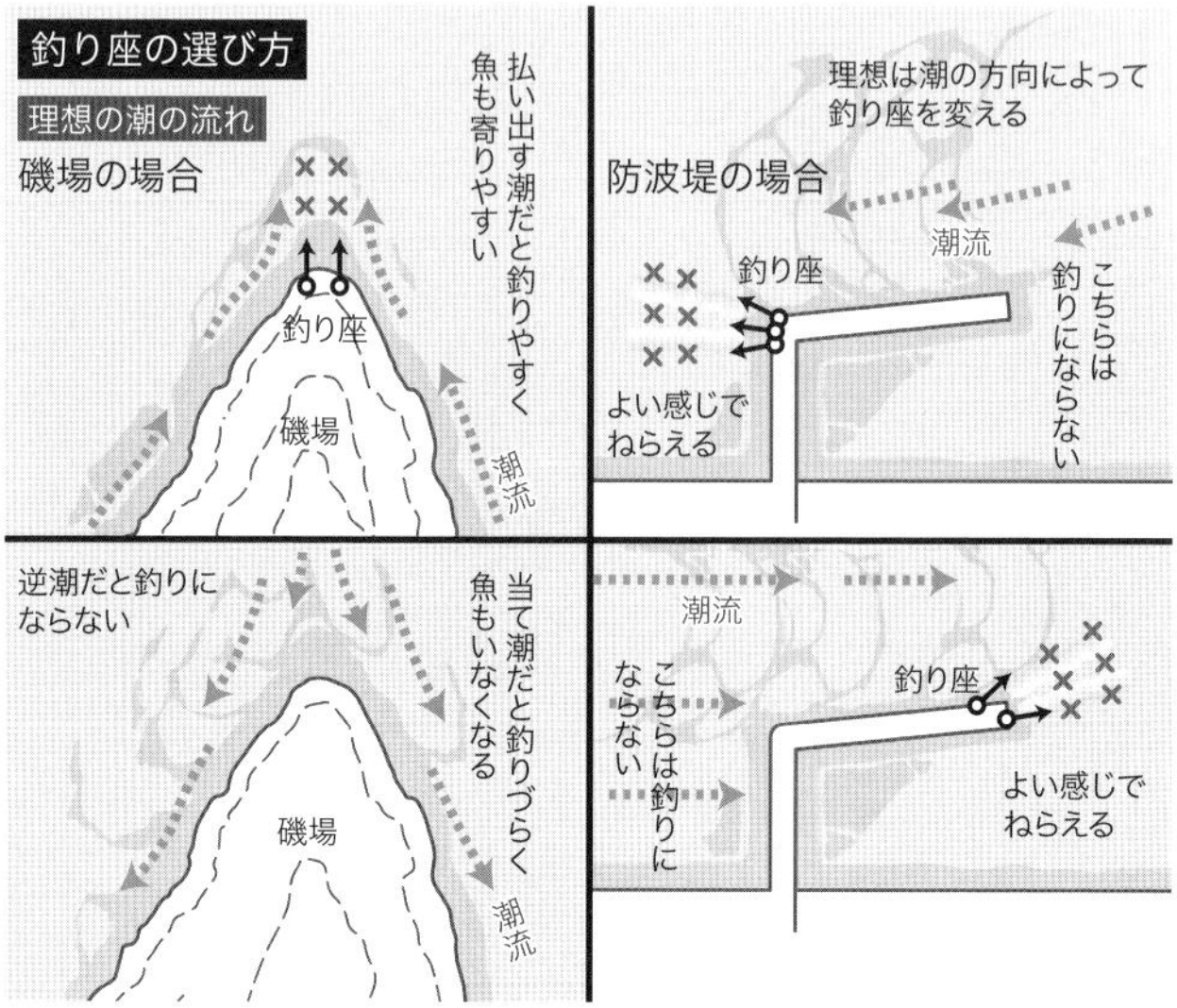
釣り座の選び方
理想の潮の流れ
磯場の場合
払い出す潮だと釣りやすく魚も寄りやすい
釣り座
磯場
潮流
防波堤の場合
理想は潮の方向によって釣り座を変える
潮流
こちらは釣りにならない
釣り座
よい感じでねらえる
逆潮だと釣りにならない
当て潮だと釣りづらく魚もいなくなる
磯場
潮流
潮流
こちらは釣りにならない
釣り座
よい感じでねらえる

なお、コウジ、ユムシはハリ先を口（ヒゲのあるほう）から刺し、尻から出す。中途半端に中央辺りから出すとフッキング率が下がるので要注意。

釣り方

どのような釣りでも潮読みが大切だが、特にマダイねらいでは潮読みで釣果が決まるといっても過言ではない。

図に示しているように防波堤、磯場とも当て潮はよくない。マダイが食わないだけではなく、潮流が速い所では釣りにならない。後方から潮が押してきて払い出して行くような潮がよい。このような時は仕掛けを投入すると自然とポイントに落ち着く。目的のポイントの潮時をしっかりと調べておくことが大切。

マダイは潮目や潮筋の下に寄ることが多い。潮目などが現われたら新鮮なエサに付け替えて打ち返す。瀬戸内海ではワイ潮と呼ばれる潮が湧き上がるような現象が起きる。その時が最高のチャンスなので、その付近に仕掛けを投入する。

比較的潮流が緩いエリアでは潮がよく動く大潮回り、潮流が速いエリアでは小潮回りが釣りやすい。海底が荒いポイントでは仕掛けを動かさないほうがよいが、根掛かりが少ないポイントでは誘いをかけたり、カケアガリに仕掛けを持って行くことを心掛けるようにする。

マダイは夜釣りでねらうのが基本だが、潮さえ合えば日中でも食って来る。特に、水深がある所ではその傾向が強い。いろいろと試してみるのも面白い。

カワハギ

釣りづらいからこそ攻略し甲斐がある

おちょぼ口でエサをかすめ取るカワハギは「エサ取り名人」の異名をとる

特徴

エサ取り名人として知られるカワハギ。カレイのシーズン初期に10㎝ほどの小型が湧くと苦労させられる。独特のおちょぼ口でエサをかすめ取っていくからだ。その一方で、20㎝以上になるとターゲットとなり楽しませてくれる。口が小さいので釣りづらいが、それだけに上手く掛けられた時は快感を覚える。また、ハリ掛かりしてからはキュン、キュンと痛快な引きを見せてくれる。これも魅力のひとつ。

そして何よりもうれしいのが最高に美味しいこと。フルシーズン美味しいが、特に冬場は肝が大きくなり、刺身を肝醤油でいただくと最高。もちろん煮付けや鍋にしてもいい。

東北以南のほぼ全国に生息するが、投げ釣りでは紀伊半島や四国南部、九州南部など比較的温暖なエリアがねらいやすい。沖釣りなどで人気があるように深いポイントが有利だが、夏場は水深10ｍ前後の浅い所にも寄って来る。シロギスを引き釣りでねらっていると食って来ることも多い。数釣りは夏場に分があるが、良型以上をねらう場合は冬場がよい。25㎝以上の大型をねらう場合は水深20ｍ前後、あるいはそれ以上の深いポイントがよい。和歌山の串本大島の湾内や、愛媛の宇和海のような水深があり養殖筏がある所が大型の絶好のねらい場。30㎝オーバーも期待できる。

タックル・仕掛け

基本的にどのようなサオでもよいが、食い込みを重視するなら25号クラスの軟調子がよい。リールもドラグなしでもよいが、ドラグフリー釣法など総合的に考えるとドラグ機構付きをおすすめする。

ミチイトは食い込み重視の場合はナイロン、感度重視だとＰＥがよい。置きザオはナイロン、手持ちの引き釣りの場合はＰＥと使い分けるのもよい。基本的に根掛かりが多発するようなポイントは少ないので細めで問題ないが、マダイやイトヨリダイなどが来る所ではやや太めにしておきたい。

仕掛けのキモはハリだ。ハリの選択次第で釣果が変わるといっても過言ではない。口が小さいだけに小バリになるが、口が硬くて丈夫なため、やや太軸のタイプを選ぶのが基本。大型ねらいで細軸のハリは伸ばされる恐れがあるので厳禁。ハリスは4～5号を基準に、大型他魚が来るような所では6号以上を用いることもある。

カワハギは光るものに寄る傾向があるので、チモトにビーズ玉などを入れると集魚効果が期待できる。枝スには浮力のある流線発泡シモリ玉を入れ、揺らぎ効果で寄せと食いを高める。

大ギスほど繊細ではないのと、アタリ感度を考えて仕掛けの全長は短めがよい。

エサ

沖釣りはアサリの剥き身が多いが、投げ釣りでは虫エサが基本。ジャリメやアオイソメなどでも釣れるが、ねらうとなるとイワイソメが最高。なるべく細めをハリいっぱいくらいに刺す。あまりタラシを長くすると先をくわえるだけで食い込まないことがある。ただ、食いが渋い時や魚影が少ない時はやや大きめに目立つように刺す。

釣り方

水深が浅く根の少ない海岸では引き釣りが面白い。シロギスの引き釣りの要領でゆっくりとサビいてくる。コツコツッと当たれば仕掛けを止めて食わせるタイミングを与える。そのまま引き込めば軽く合わせて寄せてくる。

水深があるポイントでは置きザオ釣りがよい。2～4本のサオを遠近に投

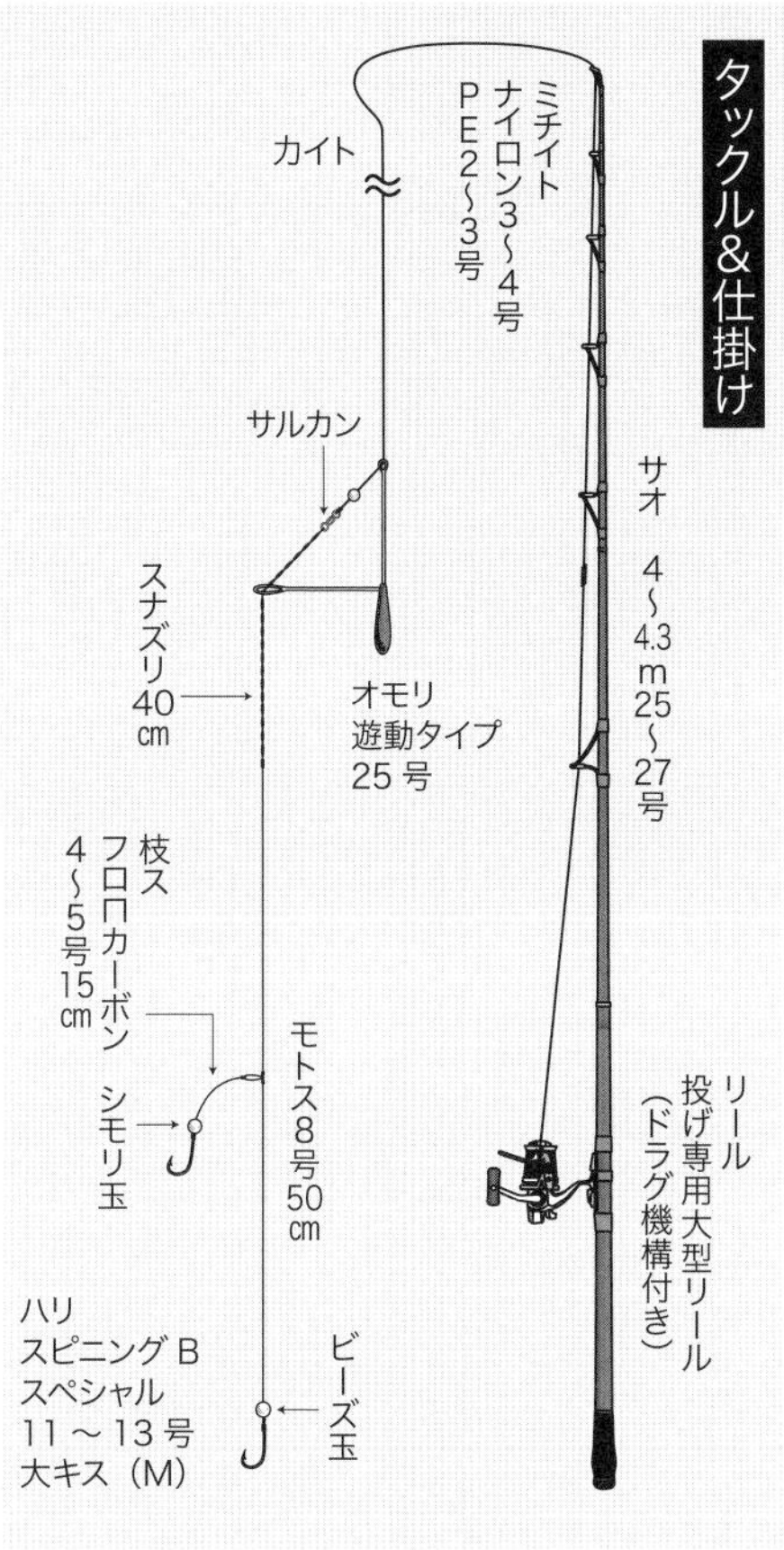

エサは食いが悪い時以外はタラシを出さない。ハリのチモト付近に流線発泡シモリ玉などを付けるのも効果的だ

げ分けてアタリを待つ。アタリがなければ時々跳ね上げるように引いて誘いをかける。この時に当たることがある。いわゆるリアクションバイトだ。コツコツッと当たればサオ先を下げてミチイトを送り込む。そのまま引き込めば軽く合わせて巻き上げる。アタリがあっても即アワセすると乗らないことがあるので、必ずミチイトを送り込むのがコツのひとつ。活性が高い時は仕掛けが海中に沈んでいく途中に食っていることがある。仕掛けが着底したら空アワセを入れて確認する。

　カワハギは回遊性の魚なので、1尾当たれば連続することが多い。その時に効率よく釣るのが数釣りのコツ。

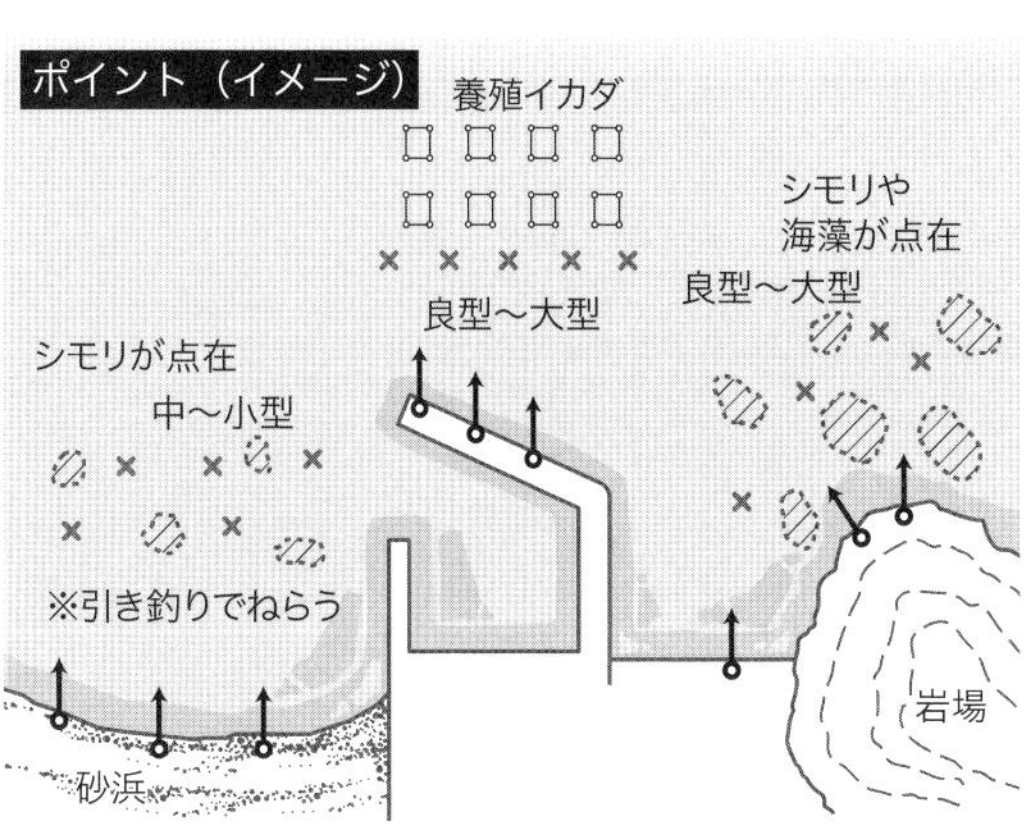

コロダイ

サーフや防波堤からもねらえるファイター

60cm を超えるサイズは強烈なアタリと引きで釣り人を魅了する

特徴

伊豆諸島から紀伊半島南部、徳島県南部から高知県、九州南部にかけて生息する。南方系の魚で6月から10月が釣期。水温が高いエリアでは12月ころまで釣れる。

30～70㎝とサイズはバラバラだが、40～50㎝がアベレージ。60㎝を超えると大型といえる。50㎝オーバーになるとサオをひったくっていくほど強いアタリと引きを見せ、それに釣り人が魅了されて人気が上がっている。

磯魚なので磯場でしか釣れないイメージがあるが、実は砂地にシモリ(沈み根)が点在するような所を好む。シーズン初期は水深が10～15ｍの所にいるが、7～8月の盛期になると水深5～6ｍの浅場にまで回遊してくる。大型はやはり沖磯、地磯などが有望だが、50㎝クラスなら手軽なサーフや防波堤でねらうことができるので、その点も人気の理由かもしれない。

タックル・仕掛け

大型がヒットすることを想定し、サオは硬調子、リールは大型でドラグ機構付きがよい。

ミチイトはナイロン、ＰＥのどちらでもよいが、遠投を意識するならＰＥが有利。根の少ないポイントなら3～4号でも対応可能だが、大型に備えて5～6号が無難。ナイロンなら8号クラスを使いたい。ハリスは根の少ないポイントなら8～10号でもよいが、やはり大型に備えて12～14号と太めにしておきたい。仕掛けの全長は1・2ｍと短め。口が大きいのでハリも大きめがおすすめ。

エサ

コロダイねらいにはイワイソメが欠かせない。太めを10㎝ほどに切って刺す。頭をカットしてハリスまでたくし上げる。ただ、フグが多いとハリスを切られてしまうので、その場合はたくし上げない。また、ハリスのチモトにケブラーを結ぶのも効果的。

海エビを使う人も増えている。エサ取りが多いとイワイソメはすぐに取られてしまうが、エビは残ることがあるからだ。以前は生きたものや生がよいとされていたが、冷凍でも食いに変わりはない。エサ店で手軽に購入できるからありがたい。イカのゲソ（足）やユムシもよい。いずれにしてもエサは2〜3種類を持参する。どれが当たりエサになるか分からないからだ。

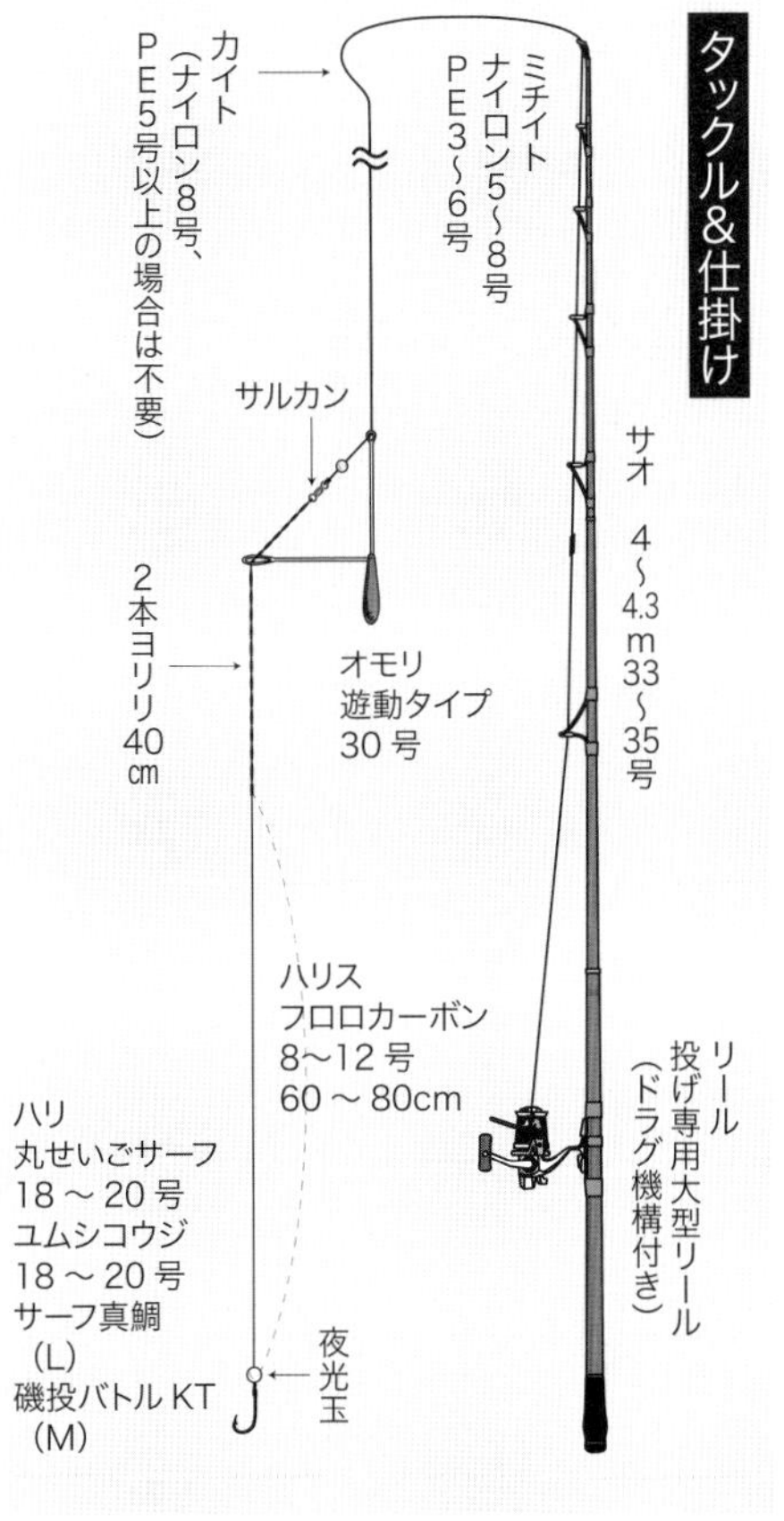

釣り方

コロダイは夜行性が強い魚のため、夜釣りメインに探る。ただ、暗くなってからポイントに着くと状況が把握できないので、釣り場にはなるべく明るい時間帯に着いておきたい。

磯に沿って回遊してくるので仕掛けを磯場近くに置くようにする。近すぎると根掛かりしたり、当たってから根に走られるとハリスが飛ばされる（切られる）恐れがあるので要注意。

仕掛けを投入したらドラグを緩めてアタリを待つが、ドラグが緩すぎるとどこまでも引っ張られる。そこで尻手ロープを付けておき、三脚の上で止まるように調節する。

ドラグはややきつめに調節しておき、飛ばされる寸前にラインが出るようにしておく。こうすることで向こうアワセでフッキングできる。砂浜などで尻手ロープが使いづらい場合には、サオ尻にクーラーボックスを乗せておくとよい。この場合、ドラグはやや緩めに調節する。

上手くフッキングしたら、根に巻かれないように強引気味に巻く。防波堤ではタモ網を使って取り込む。コロダイは群れで行動している魚なので、1尾当たると近くに仲間がいるはず。効率よく釣るために手早く処理して、釣れたポイントにすぐに投げ返す。同行者にヒットした距離を教えると釣れる確率が上がる。

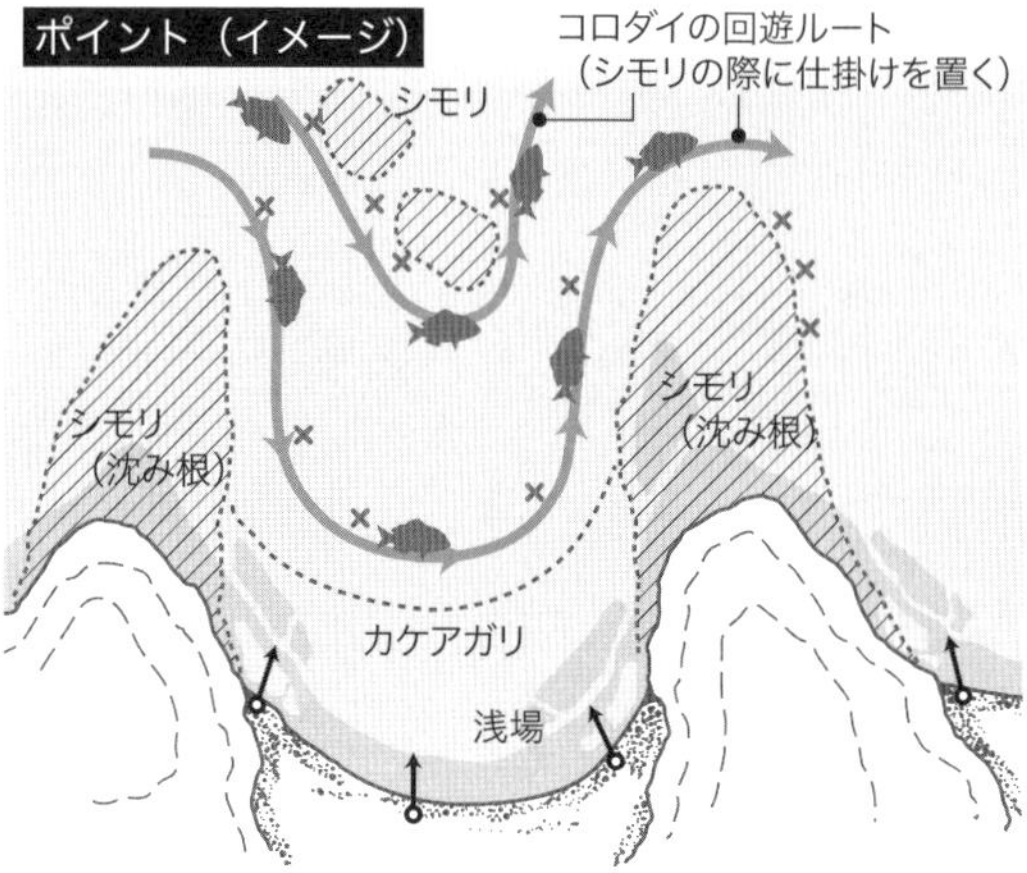

潮読み

ポイントによって上げ潮がよいとか、逆に下げ潮時に回遊があるなどさまざまだが、コロダイの場合、満潮からの下げと、干潮がよいことが多い。潮が下げてあきらめかけた時にドカンと当たることがよくある。また、夜がメインだが夕方や夜が明けてから来るパターンもある。そんな個体は大型が多いから油断しないようにしたい。なお、夜釣りでは必ず複数で出かけるように。磯場ならなおさらである。

コロダイねらいは満潮からの下げと、干潮時にチャンスが多い

スズキ

激しいジャンプで釣り人を魅了

現在ではルアー釣りのイメージが強いスズキだが、
投げ釣りでもそのファイトを充分に楽しめる

特徴

東北から九州まで広く分布するスズキ。クロダイと並んで昔から釣りのターゲットとして人気が高い。沖釣りやエビ撒き釣りなどでねらうが、ルアー釣りでも人気が高く、それだけ身近な存在といえる。

フィッシュイーター（魚食魚）で、その大きな口でイワシ、小アジ、サヨリなどを吸い込むように食っている。イソメ類やエビ、カニなども食べる雑食性のため、投げ釣りでもねらえる。大型になればハリ掛かりしてからエラ洗い、テールウォークといわれるジャンプを繰り返す。その抵抗がたまらなくスリリングで最高に面白い。

スズキは大きくなるにつれて名前が変わる出世魚としても知られる。関東ではセイゴ～フッコ～スズキ、関西ではセイゴ～ハネ～スズキと名を変える。60㎝を超えるとスズキといえる。

また、一般的で広く分布するマルスズキ、外洋に面した磯場に多いヒラスズキ、中国原産とされるタイリクスズキと、日本には3種類が存在する。主に内湾でねらうことが多い投げ釣りで釣れるのはマルスズキがメイン。食しても美味しいのも人気が高い理由のひとつ。

クロダイ以上に汽水域を好むため、河口エリアが主な釣り場と考えてよい。特に大河川ほど魚影は多く、ほとんど淡水と思われる上流まで遡っている。その一方で瀬戸内海の島しょ部周りや驚くほど水深の浅い沿岸部にも回遊してくる。ただ、河口から近く淡水の影響を受けるような所に多い。

スズキの旬は夏場とされているように6~8月によく釣れる。しかし、11~1月の寒期でもねらうことができる。つまり、厳寒期を除けばほぼ一年中釣れることになる。11~12月にカレイをねらっていると激しいアタリで60~70㎝のスズキが混じることがある。面白い反面、油断できない。

タックル・仕掛け

流れが緩い所や根掛かりが少ないポイントでは、引きを楽しめる軟調子ザオがよい。しかし、流れがあって水深がある所では取り込み時のことなどを考え、また釣り場によっては80~90㎝の大型も来ることから硬調子ザオがおすすめ。

ドラグフリーで待つのが基本だから、リールも大型でドラグ機構付きがよい。ミチイトはナイロンなら3~5号、PEなら2~3号が標準。総体的に遠投ポイントが多いため細めが有利だが、ポイントによって使い分ける。

スズキは口が大きいのでハリは大きめを選び、ハリスも太めが無難だ。

エサ

フィッシュイーターであるが、投げ釣りでは生きアジなどでねらうことはない。アオイソメの房掛け、ユムシ、イワイソメなどの虫エサがメイン。アオイソメとユムシ、イワイソメとアオイソメなどをミックスさせるのも効果的。いずれも大きめに刺すことを心がける。瀬戸内西部ではコウジで実績を上げている。

釣り方

基本的に魚は潮の動き始め、止まる直前に当たることが多いが、スズキも例外ではない。また、潮目が現われた時などもチャンスなので、絶えず海面を観察しておくこと。夜釣りがメインのため分かりづらいが、ミチイトの流れ具合で知ることも可能。潮が飛ぶほど速い時は仕掛けを上げたほうがよいが、流れ方を知るために1本だけは入れておく。

河口エリアでは上げ潮時にねらうのが基本。下げ潮になると流れが速くなるからだ。潮時はしっかりと調べておくこと。

サオ先を一気に絞り込み、ドラグを鳴らしながらミチイトを引き出すような当たり方が多いが、時にはチョン、チョンとしか当たらないことがある。小型と思って油断していると、巻き上げの途中から激しく暴れ回ることがある。大型ほどアタリが小さいことがあるので要注意。どのようなアタリでもしっかりと合わせ、慎重に寄せてくる。大型ほどよくジャンプするが、その時にハリが外れやすい。そうならないためにはラインを緩めず、サオ先は下げ気味で寄せてくる。取り込みはタモ網で行なう。

なお、スズキのエラはナイフのように鋭く、背ビレも鋭利なため素手でつかまないこと。タオルかフィッシュホルダーを使って口をつかむ。

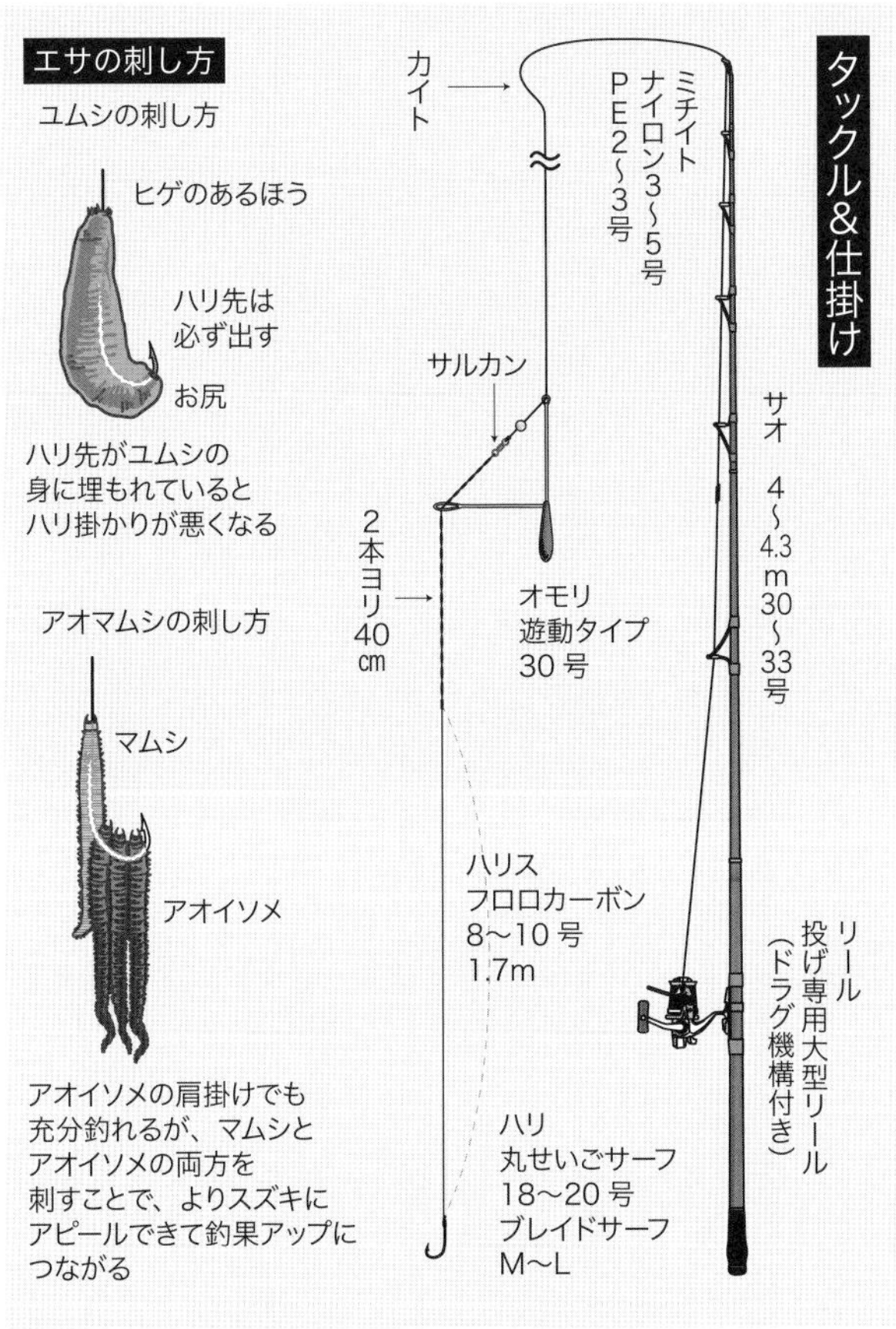

スズキは河口エリアから磯までと釣り場も多彩だ

マゴチ

塩イワシエサの普及でキャッチ率大幅アップ

普段は砂地に潜り目だけを出し、近くにエサが通りかかると一気に飛び出て捕食する

特徴

東北南部から九州まで広範囲に生息するマゴチ。低水温期は沖合の深場で過ごし、水温が上昇する初夏に産卵のため接岸する。盛期の6月ころになるとエサを追って水深3〜4mの浅場まで寄って来る。

きれいな砂地底を好み、普段は砂地に潜り目だけを出し、近くをシロギスや小魚、エビなどが通りかかると一気に飛び出て捕食する。フィッシュイーター（魚食魚）で、かなりどう猛な性質だ。シロギスの引き釣りをしていると、ハリに掛かったシロギスに食いついたり奪われたりする。11月初旬までねらえる。

瀬戸内海や東京湾など内海にも生息するが、太平洋や日本海など外洋に面したエリアのほうが数は多い。それだけ遊泳能力が高い証拠。ファイトも力強い。見た目とは違って食味は抜群。刺身、鍋物、煮つけ、唐揚げなどいずれも美味しくいただける。

タックル・仕掛け

50㎝を超えるとかなりの引きで、60㎝クラスになるとさらに強く暴れまわる。大型を想定するならサオは硬調子がおすすめ。

リールも大型でドラグ機構付きがよい。ドラグフリー釣法でねらうからだ。ミチイトはナイロン3〜4号、PEなら2号程度でよいが、根が点在したりカケアガリがきついポイントではひと回り太くする。

仕掛けは2連バリ仕掛け。イワシが大きい場合は3連バリにする。1本バリだとエサが安定せず、投入時にハリから外れる恐れが高くなる。上バリをエラの部分、下バリを背中辺りに刺す。ハリはエサをしっかりとキープでき、ハリ先が塩イワシの身の中に隠れないフトコロの広いチヌバリ系がよい。

エサ

投げ釣りでは、昔はイワイソメやサバ、サンマの切り身で夜釣りが多かったが、確率は非常に低かった。それがいつのころからかエサに塩イワシを使うようになると釣果が上がり、今ではマゴチねらいのエサといえば塩イワシが普通になった。

最近は塩キビナゴを使う人も増えている。イワシに比べるとサイズが小さく遠投が利くからだ。これらは釣り場によって使い分ける。

塩イワシ、塩キビナゴとも柔らかいほうが食い込みはよいが、柔らかすぎるとキャスト時に外れることがある。それを防ぐためには硬めがよい。少々硬くても食って来るが、指で押すと少しへこむぐらいが理想。

タックル&仕掛け

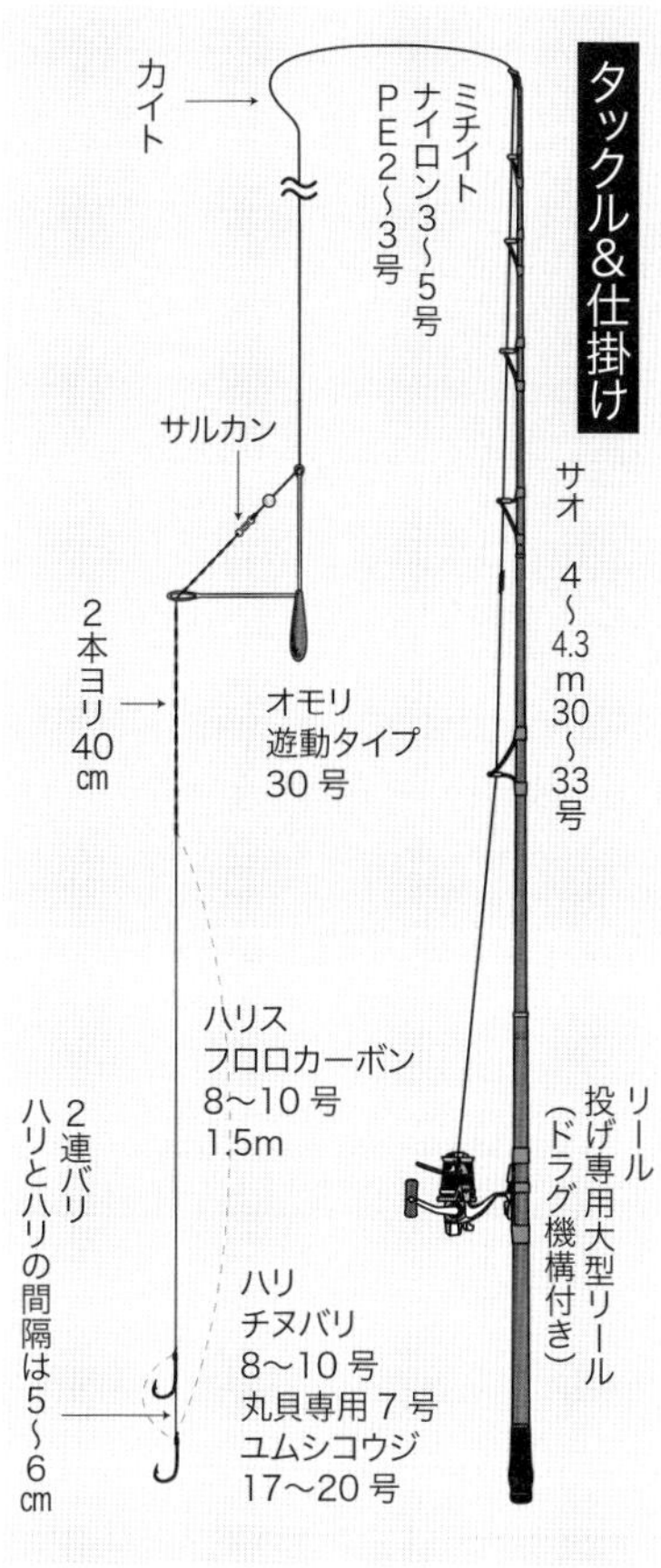

釣り方

シロギスがいるような砂浜の海岸や、イワシや小アジが回遊する防波堤などが釣り場。時々仕掛けを動かして誘いをかける。この誘いの直後に当たることが多く、まめに行なうと効果的。放置はよくない。フグが多いと塩イワシでも取られる。仕掛けを動かした時の重みでエサの有無を判断する。取られたと思ったらすぐに回収して素早く打ち返す。

朝夕のマヅメが最高のチャンスタイムだが、潮の止まりかけ、動き始めにもよく当たるので、潮の動きを絶えず観察しておく。時合になれば連発することがある。周りの状況なども把握しておき、チャンスと思えば新鮮なエサに刺し替えて打ち返す。

ヒラメ

投げ釣りの最難関ターゲット。生きエサをじっくりと食わせる

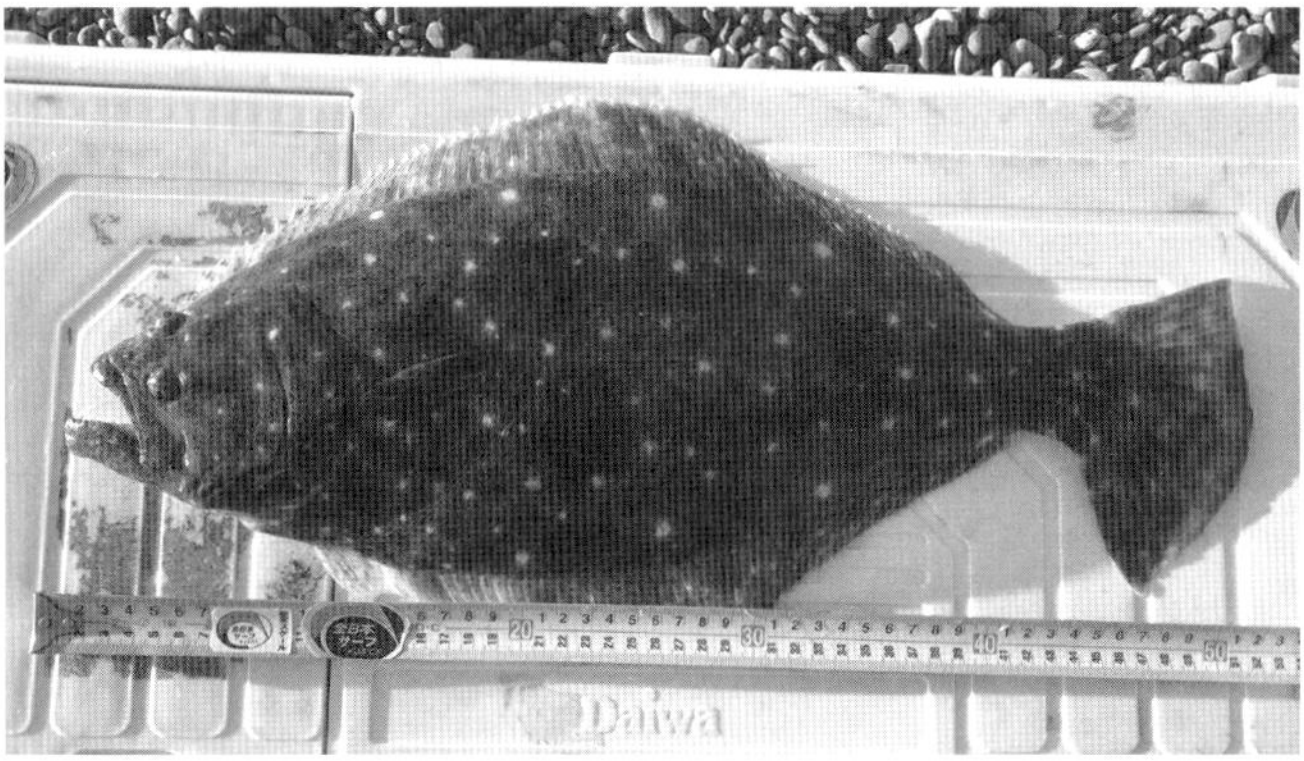

投げ釣りでは生きエサを使いドラグフリー釣法でねらう

特徴

投げ釣りターゲットの中で一番難しいといえるのがヒラメ。基本的に生きた小魚しか食わない点がやっかいだ。シロギスが生息するエリアに分布するヒラメだが、大型は外洋に面し、ある程度水深がある所でないとねらえない。となると防波堤や沖一文字（沖堤防）が有力。このような所で小アジやイワシが回遊すれば期待が増す。とはいえ確率はかなり低い。実績ポイントに我慢強く通うことで結果が出る。

ヒラメは主に砂地底に生息するが、意外とシモリ周りや防波堤の捨て石の際、あるいは上にまで来ていることがある。また、夏場の釣りもののイメージが強いが、冬場でもねらえる。大型は水深の浅いサーフで釣れることがある。この場合、イワシなどのベイトが寄っていることが条件。

タックル・仕掛け

大型は意外と引きが強い。それに耐えるサオが必要だが、生きアジが外れないようにキャストするには軟調子がよく、兼ね合いが難しい。磯ザオの4〜5号クラスを使う人もいれば、長めの投げザオを選ぶ人もいる。磯ザオはリールシートの位置が低いため、上側に付け直して使う。その手間を考えると長めの投げザオがよい。タマンザオなども選択肢のひとつ。

ドラグフリー釣法でねらうため、リールはドラグ機構付きの投げ専用タイプを選ぶ。ミチイトはナイロン3〜4号でよいが、根が荒いポイントや大型の可能性がある所では5号、磯際や捨て石際を探る時は8号通しで、場合

によっては下オモリ仕掛けにすることもある。生きアジの時は2連バリタイプの仕掛けが基本。

エサ

生きた小アジが一番。サイズは12㎝前後が使いよい。大きいと飛ばないし食い込みも悪い。豆アジだとすぐに弱って食いが悪くなる。アジはエサ店で購入するのが手堅い。大きな生かしバケツに入れ、エアポンプは必ず2台用意する。電池の予備も忘れないこと。

エサの刺し方は下アゴ貫通刺しを推奨する。硬い部分に刺すため遠投ができ、エサ持ちもよい。孫バリは背中に刺す。近投でよい場合はアジが弱りにくい背掛けがよい。

場所によっては塩イワシで釣れることもあり、予備で持参するとよい。

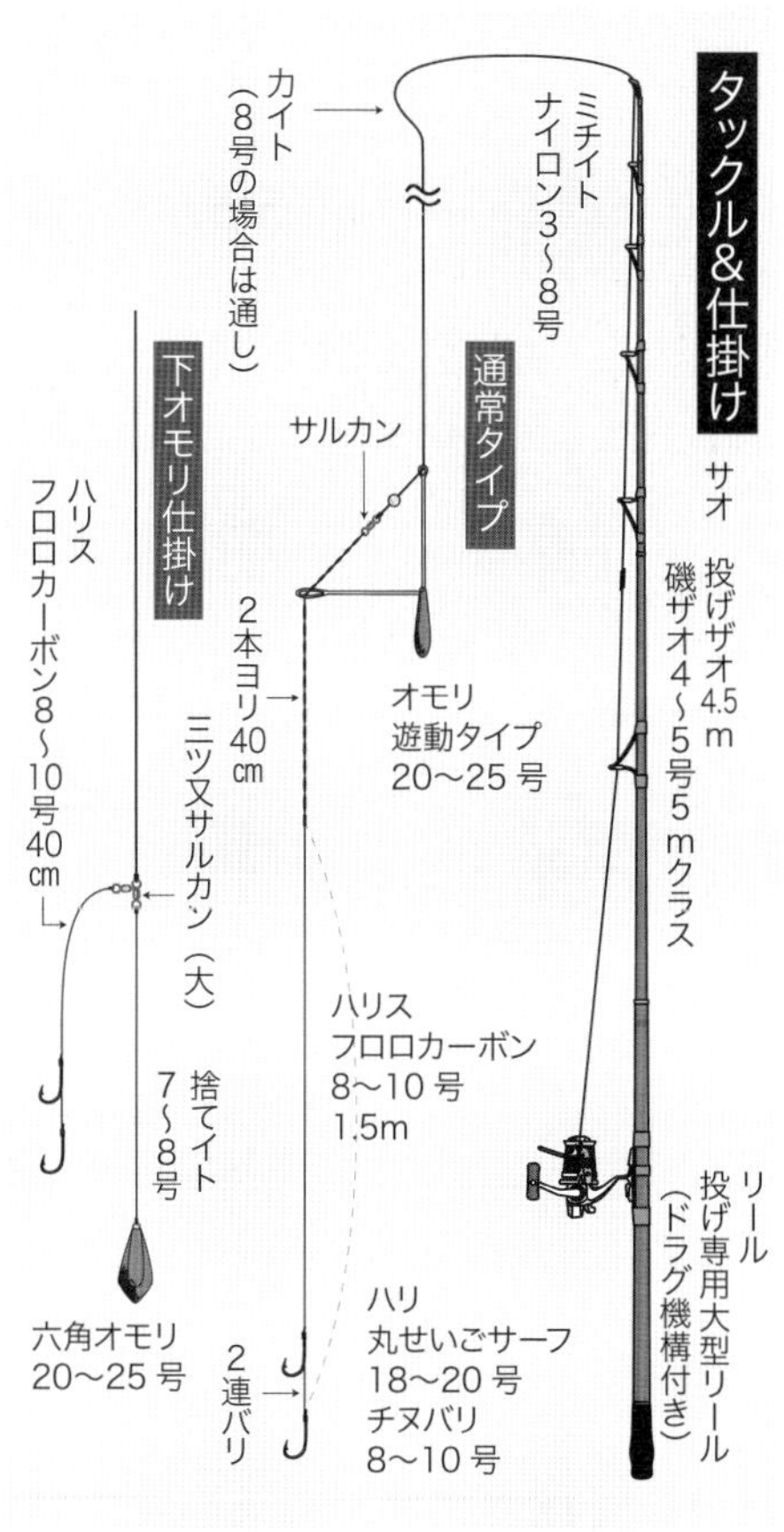

釣り方

ポイントに投入し、ドラグを緩めてアタリを待つ。アジが動き回ってアピールしてくれるので、アタリが遠い時以外は頻繁な誘いは不要。誘う時は重さでエサの有無も確認し、軽ければ上げてすぐに打ち返す。エサ取りは多くないが、時には取られることがある。

ジジジーッとラインが引き出されてもあわてて合わせず、じっくりと食わせるためにサオ先を送り込む。それでも持って行くようなら大きくあおって合わせる。サーフならゆっくり取り込めばいいが、捨て石際などではハリスが擦れないように素早く巻き上げる。

生きアジエサには青ものやハタ系などのうれしい他魚が掛かることがあるが、エイやサメなども来る。サオを飛ばされないように気を付けること。

ハマフエフキ

突進力はナンバーワン、力対力の勝負

大型をキャッチできた時は感無量！

特徴

投げ釣りではサイズ、引きの強さともナンバーワン級。関西ではタマミ、沖縄ではタマンと呼ばれ人気がある。ファーストランはすさまじく、70㎝オーバーになると簡単に取り込めない。キャッチした時は達成感で満たされる。

南方系の魚で黒潮が当たるエリアに多く生息するが、ある程度水深がある所を好むため磯からねらうことが多い。

紀伊半島南部では6月から10月後半が好シーズンだが、九州南部など温暖なエリアでは4月から12月と長く楽しめる。夜行性の強い魚なので夜釣りが基本。希に夕方や夜が明けてから来ることもあるので油断しないように。

タックル・仕掛け

沖縄などのタマン専用ザオのほか、意外と投げザオにこだわる人が多い。リールも同様で投げ専用の大型がよい。いずれも最強クラスを使用する。

ミチイトはナイロン20号、PEなら8～12号をポイントで使い分ける。70㎝オーバーの実績がある所ではPE12号が無難。いずれも瀬ズレを付ける。ワイヤーでもよいが、シーハンターはキンクしづらく使いよい。ハリスはフロロカーボンの24～30号で、全長は60～80㎝と短め。チモトには夜光玉やシモリ玉を入れておく。

オモリは、根が荒いポイントでは下オモリ仕掛けを用いる。

エサ

専門にねらう場合はイカがよい。近場ではヒイカや小型スルメイカの1匹

刺し。希にクエやハタ類が食って来る。

遠投が必要な場合は、キャスト時に外れにくいスルメイカの短冊切りやゲソをよく使う。アオリイカなどもよいが入手が困難。いずれにしても大バリに目一杯刺して目立たせるのがコツ。

最近は10㎝くらいの小アジやカマスなどの身エサを使う人も増えている。海エビの房掛けなども効果的。砂地メインの釣り場ではイワイソメやユムシなどの虫エサも使う。ハリを少し小さめにすればコロダイやメイチダイ、ヘダイなどが来て退屈しない。

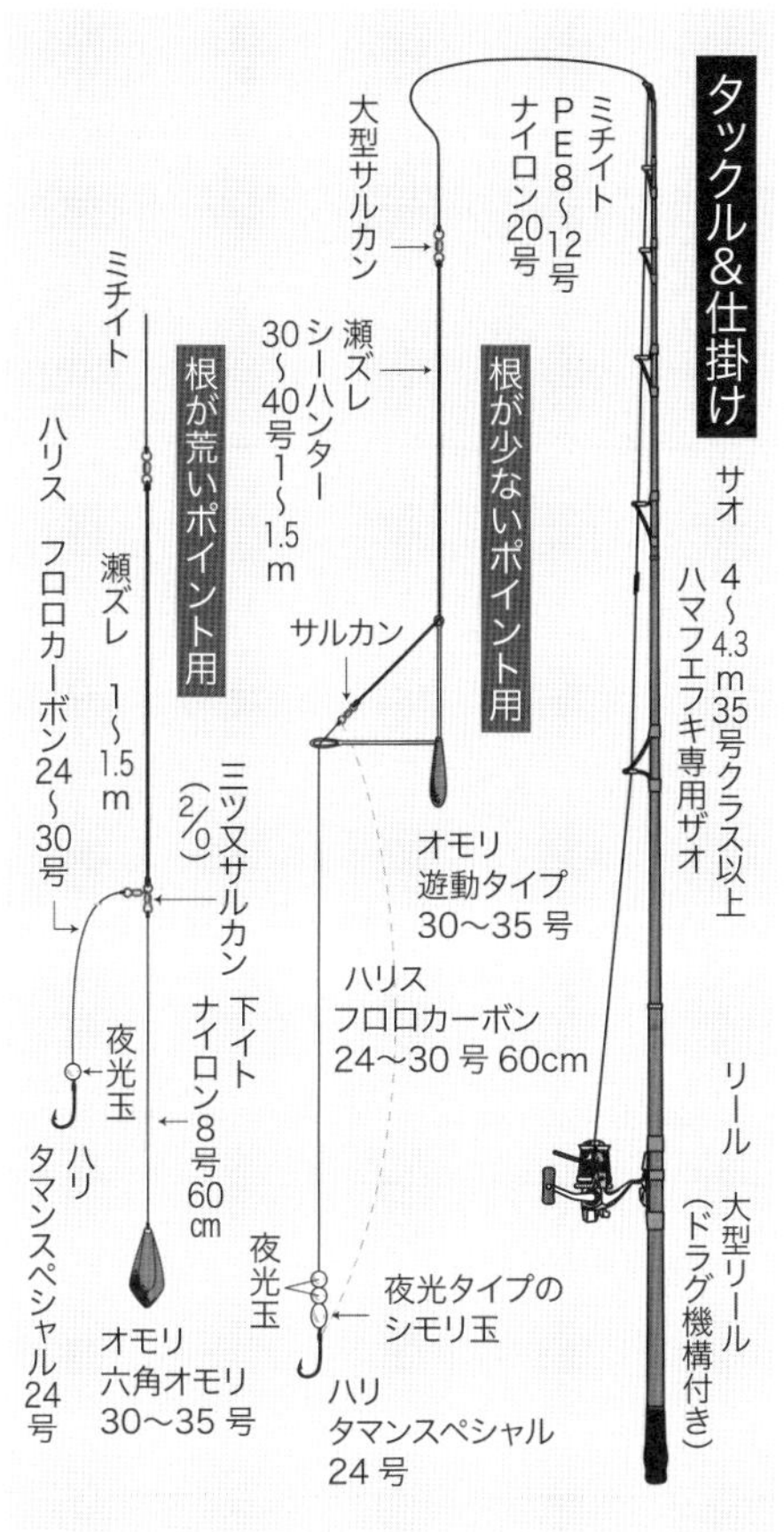

釣り方

ポイントに仕掛けを投入してアタリを待つ。根の少ない所なら時々誘ってもよいが、根が荒い場所ではあまり動かさないほうがよい。太仕掛けで根掛かりすると外すのが大変だ。また、魚を驚かせて逃げてしまう可能性もあるので要注意。仕掛けを回収する時は大きくあおってから素早く巻き上げる。

サオ立ては走られた時に対応しやすい一脚がよい。尻手ロープを付け、リールがサオ受けに当たる寸前の長さに調節する。ドラグはややきつめに調節し、サオが一直線になった時にミチイトが出ていくようにする。これによって向こうアワセ的にフッキングする。

ハマフエフキはヒットしてからが勝負。あまり走らせると根に巻かれてラインブレイクを起こすので、ある程度強引に引き寄せにかかる。磯場でのファイトは足場のよい所で行なわないと途中でミチイトが切れやすい。またハリが外れた時、後方に倒れないように気を付けること。

なお、夜釣りは必ず複数で出かけるようにしていただきたい。

危険な魚&生物

素手で触らず速やかにリリースを

投げ釣りをしているとヒレのトゲや内臓に毒のある魚、危険な魚や生物がハリに掛かる。トゲの毒は魚が死んでも消えないので防波堤や砂浜に放置しない。後から来た人が触れると大変である。砂浜に埋めるのもNG。自然に露出して素足で歩く人がこれを踏んだという話を聞いたことがある。毒魚は必ず海に戻すこと。

毒魚が釣れたらフィッシュホルダーでつかみ、先が長いプライヤーでハリを外す。相手が大きかったり不安を覚える時はハリスを切ってリリースする。足で踏みつけるのもよくない。トゲが靴底を貫通して足裏に刺さるケースがあるからだ。

フグはハリスを噛み切るほど鋭い歯をもっているので要注意。もちろん、フグ処理の有資格者以外がさばくのは厳禁である。

それぞれの簡単な特徴を紹介しよう。

●ハオコゼ　内湾、外洋を問わず海藻帯やシモリ周りに生息する。5～6㎝の赤茶色の魚体で、カサゴの小型と間違えやすいが、背ビレや腹ビレに毒トゲがある。小さくても刺されると数時間は痛みが続く。仕掛けに絡んだ海藻に紛れて気づかず触れることがあるので、注意して海藻を外すこと。

●ゴンズイ　外洋に面した内湾などに多く生息する。河口エリアにも多い。夜行性が強く夜釣りでよく掛かるが、雨後などで海が濁った時にもよく釣れる印象がある。ナマズの仲間で体型とヒゲが特徴的。背ビレと胸ビレに毒がある。夜などは確認せずに触ってしまうことがある。小型は「ゴンズイ玉」という玉状の群れになって移動する。護岸際などで見かけることがある。

●アカエイ　外洋、内湾を問わず生息し、特に河口エリアに多い。幅が50㎝を超える大型になると引きが強くサオを飛ばされることもある。60～70㎝にもなると引き寄せるのに苦労する。尾ビレの付け根のトゲに毒がある。これを折ってからハリを外すこともできるが、無理をせずハリスを切ってリリースするのが賢明。

●オニオコゼ・ミノカサゴ　投げ釣りでは滅多に釣れないが、希に掛かって来る。オニカサゴは見た目からいかにも毒々しいが、ミノカサゴはきれいだからつい触りたくなる。しかし、どちらも背ビレや胸ビレなどに毒トゲがあるから決して触れないこと。

●ウミケムシ　名前のとおり海に生息するケムシでゴカイ類の仲間である。地上のケムシは成長するとほとんどがガになるが、ウミケムシはこれが成虫

ハオコゼ

ゴンズイ

オニオコゼ

ウミケムシ

クサフグ

サメ

である。背中の毛には毒があり、触れると刺さって痛がゆくなるから要注意。フィッシュホルダーでつかみ、プライヤーで外す。流れが緩い所に群れで生息するため、連続で釣れることが多い。これを避けるにはマメに仕掛けを動かすしかない。

●**フグ類**　投げ釣りではクサフグ、ショウサイフグ、ヒガンフグなどがよく釣れる。いずれも内臓や皮に毒があり、食べると中毒を起こして死に至る。ハリを外して速やかにリリースしよう。

●**ウツボ・サメ**　毒はないが歯が鋭いため噛まれると怪我をする。扱いには要注意。ハリスを切ってリリースするのが賢明。ネコザメやドチザメは危険度は低い。

●**カニ類**　ワタリガニによく似たタイワンガザミやジャノメガザミなどがときどき掛かる。どちらも比較的大きく、食べて美味しいから持ち帰ってもよい。ただしハサミの力が強く、挟まれると怪我をする。扱いには要注意。

5章

キャスト&サビキ方

投げ釣りの基本中の基本、最も大事な動作が「キャスト」、つまり「投げる」という行為である。重いオモリを遠くへ、しかも正確に投げなければいけない。危険も伴うのでおろそかにせず、しっかりと練習をしてマスターしてほしい。

また、キャストに続く一連の動作としてサビキ方もあわせて解説する。

投げ釣りでは遠投できればそれだけ探る範囲が広がり、好釣果にもつながる。50mしか投げられない人と100m投げる人を比較すると、単純に倍の範囲が探れることになる。このアドバンテージはかなり大きい。釣果に格段の差が付くのは必然だ。

また、投げ釣りでは20~30号といった重いオモリを投げるため、ただがむしゃらに投げるだけではコントロールが利かず、思いもよらぬ方向に飛ぶ可能性もある。オモリが周りの人に当たれば大事故につながりかねない。それを避けるためには最初は無理をせず、基本をしっかり身に付けることが大事。まずはまっすぐに投げることから始め、しっかり習得できてから次の段階へ進む。また、キャストは必ず周囲を確認してから行なうこと。そんなキャストの基本を紹介していこう。

キャストを始める前に知っておきたいこと

サオと身体のバランス

体型や腕の長さは人それぞれ。女性や子供は当然小柄である。サオ尻からリールシートまでの長さが合わなければバランスが取れず、上手くキャストできない。右利きの場合リールシート付近を持つ右腕を伸ばした時、サオ尻があごの下辺りに来る長さが理想。これを基準にサオを選ぶようにしたい

左手は？

サオ尻を握る左手も重要。サオ尻をしっかり包み込むように、しかも強く握る。キャスト時にサオ尻が手から離れてしまうとトラブルが発生するので要注意

利き手のサオの持ち方

リールフットは薬指と小指の間で挟むのが基本。この持ち方をすることで指に掛けたカイトとの角度がよくなり（約 90 度）、キャスト時にカイトがスムーズに離れてくれる。また、リールのスプールは一番前に出るようにセットする。ミチイトがスムーズに放出されてトラブルも少なくなる

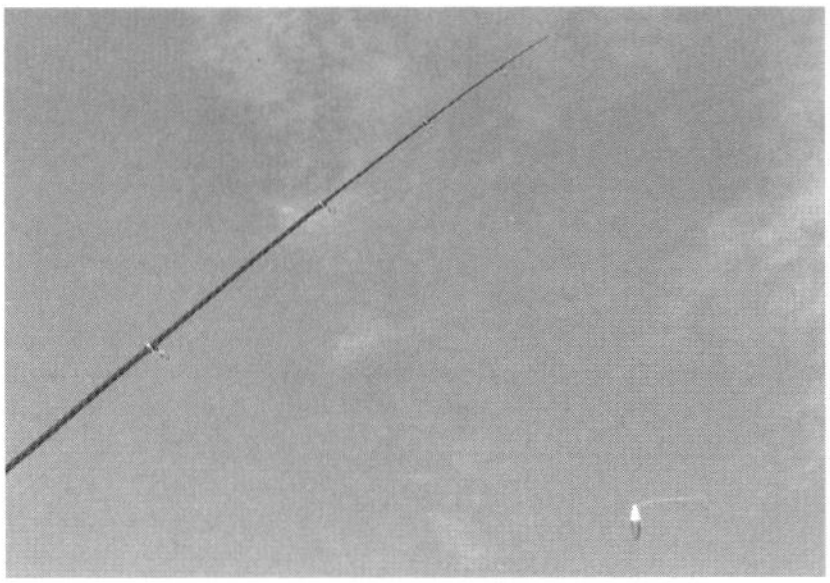

トップガイドからオモリまで１ｍで始める

タラシは長いほど遠心力が働いて遠くに投げられるが、１ｍくらいから始めるのがよい。いきなり長くするとコントロールが利かずあらぬ方向に飛ぶので無理は禁物。ある程度慣れてきてから徐々に長くする。最大でも２・５ｍくらい

カイトを掛ける位置

カイトは人差し指の腹辺りに掛ける。先すぎると早く離れてすっぽ抜けのような感じになる。逆に関節辺りだとリリース時に引っ掛かってタイミングが遅れる。なお、指先を守るためにフィンガーグローブは必ず着用しよう

オーバースローキャスト

投げ方の基本はオーバースローキャストである。飛距離的には伸びないが、最もコントロールがつけやすい投げ方だ。

①サオを頭の上で構える。顔は正面の投入方向を向く。

②右腕（利き手）を起こしてサオを振り下ろしにかかる。この時点ではまだ力は入れない

③右腕が耳の横を通過した辺りから右腕を前に押し出す感じで力を入れる。この時、右腕だけで投げようとすると飛距離が伸びない。右腕を前に押し出しながら同時に左腕を左の腹辺りに引き付ける。この動作によってサオが強く振れ、同時にサオの反発力を増すことができる。

④この辺りでカイトを放すのだが、タイミングがズレると思った方向に飛ばない。タイミングは意識していても分かりづらい。何度も投げて身体と指先で覚えるしかない。

⑤飛んでいくオモリの方向を確認しながらサオは 45 度くらいの角度で止める。

スリークォータースローキャスト

サオを45度くらいの角度で振ることからスリークォータースローキャストと呼ばれる。オーバースローキャストと比べると振り幅が大きくなるため遠投が利く。ただ、それだけにコントロール性が落ちるので、いきなり力を入れて投げるのは危険。軽い力で充分に練習してから徐々に力を入れるようにする。

オモリは空中に保持するのではなく、自分のほうに来るように地面に置く。タラシは1.5 mくらいから始める。サオとカイトの角度は 80 ～ 90 度から始め、慣れてくれば 30 ～ 40 度にしてもよい。この時、角度がV字になることから「V字投法」とも呼ばれる。

①サオを頭の上で構える。オモリを地面に置いているためサオ先はかなり下がっている

②オモリを浮かす感じで投げ始める。力はまだそれほど入れない

③腕が耳の辺りを通過する時に最も力を入れる。この時、右腕を前に押し出しながら左腕を強く引き付ける。右腕と左腕の力のバランスが大事。これが崩れると遠投できないしコントロールも狂う

④ 45 度くらいの角度でサオを止める。ピタッと止めることでサオ全体の反発力を生かすことができる。飛んでいくオモリの方向は必ず確認する

サビキ方

「リールサビキ」と「サオサビキ」

海底にある仕掛けやオモリ(テンビン)をゆっくりと動かすことをサビくという。そのサビキ方は主に「リールサビキ」と「サオサビキ」の2通りがある。

リールサビキはサオは動かさず、リールのハンドルを回すことで仕掛けを動かす方法。一方、サオサビキはサオの操作で仕掛けを動かす。いずれも主にシロギスの引き釣りでよく使うサビキ方。どちらにするかは好みや状況次第で分かれる。

リールサビキはシロギスの食いがよい時に多用する。一定の速度で仕掛けを動かすことで安定した釣果が得られる。この時の構え方としては、サオを脇に挟んでサビく方法と、サオ尻を地面に当ててサオをほぼ垂直に立てて行なう方法がある。いずれもアタリ感度はやや落ちるものの、しっかりと食わせられるメリットがある。食い込みが悪くなるような気がするが、片テンビンがバネの役割を果たし、自動的にフッキン

サオサビキの手順

①リールを巻きながらサオ先を海側に向ける

②リールは巻かずにサオ先を海岸と平行になるくらいまでゆっくりと動かす。またリールを巻きながらサオ先を海側に向ける（①に戻る）。これを繰り返して仕掛けをサビく（動かす）

グしてくれる。

　サオサビキはサオ先を海側に向け、リールは巻かずにゆっくりと浜と平行になるくらいまでサオを動かす。平行より少し陸側になるとリールのハンドルを回しながらまたサオ先を海側に向ける。この方法は海底の変化や小さなアタリがよく分かるので、釣り始めに状況を知るために行なうことが多い。また、シロギスの食いが渋くアタリが分かりづらい時なども有効。さらに、サオを構える向きを変えることで仕掛けを引く方向を変えることも可能。

　リールサビキ、サオサビキを組み合わせながら探り、その日、その時に合ったサビキ方を実行するのがよい。

　置きザオでカレイやマダイ、大ギスなどをねらっている時でもサビくことはよくある。サオサビキで大きくあおりながらサビくことが多いが、サオを三脚に置いたままリールを巻く方法で誘う人もいる。オモリの重みを感じてカケアガリゾーンを探り、そこに仕掛けを置くにはリールサビキのほうがよい。また、警戒心が強い大ギスねらいなど、静かに探りたい場合でもリールサビキが適している。

リールサビキ各種

リールサビキA
サオのリールシートの下辺りを脇に挟み、サオは動かさずにリールを巻きながらサビく。サオを脇に挟むことでしっかりとホールドでき、サオ先が動かないのでアタリが分かりやすくなる

リールサビキB
サオ尻を地面に当ててリールを巻く方法もある。意外とアタリが鮮明に分かるサビキ方だ

リールサビキC
仕掛けを回収する時と同じスタイルで、リールをゆっくりと巻きながらサビく方法もある

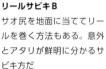

投げ釣りの用語集

あ行

【上げ潮】 潮の満ち引きで、潮位の低い状態から高い状態に移行することを上げ潮、または満ち潮という。逆に高い状態から低い状態に移行することを下げ潮、または引き潮という。

【アタリ】 魚がエサを食った時にサオ先などに表われる変化。

【アワセ】 アタリがあったと感じた時、サオをあおってハリを魚の口に掛ける動作。

【一文字】 風波から港を守るために沖合に造築された防波堤。一般的に陸地と繋がっていないものを差す。沖堤ともいう。

【イトフケ】 ミチイトがたるんでいる状態。

【エサ取り】 主に本命魚以外の小魚を差し、エサだけ食べてハリ掛かりしないことからそう呼ばれる。

【落ち】 越冬のため魚が深場へ移動する行動。または「落ちギス」などと言ってその時期の特定の魚種を差すこともある。

【オマツリ】 ラインや仕掛け同士が交差して絡み合うこと。特に他の釣り人のラインと絡むことを差す。自分で自分の仕掛けを絡ませるのは「手前マツリ」という。

か行

【カケアガリ】 海底が斜面になっており、沖合が深く手前が浅い場所を差す。逆に沖側が浅い所を「カケサガリ」という場合も。

【聞く】 ミチイトを張ってアタリの有無などを確認する行為。「聞きアワセ」ともいう。

【汽水域】 川の下流域や河口などで海水と淡水が混じり合っているエリアのこと。当然、塩分濃度は通常の海水よりも低い。

【食い渋り】 魚の活性が低く、エサを食わなかったり食い切らない状態。

【ケイムラ】 蛍光色の一種で蛍光紫の略。目に見えない紫外線を可視光線に変換し、青白く発光する塗料のこと。

さ行

【サルカン】 イト同士を繋ぎ合わせるための金具。回転することでイトのヨレを戻す役目もあることからヨリモドシとも呼ばれる。スイベルも同義語。

【時合】 魚の活性が上がり、活発にエサを食う時間帯。朝夕のマヅメや潮の影響によるところが大きい。

【潮通し】 潮（海水）の流れのこと。よく動く時、あるいはそのエリアを「潮通しがよい」と言い、逆にあまり動かないエリアを「潮通しが悪い」と言う。

【潮目】 速さや流れる方向が違う潮がぶつかり合う場所、あるいは境界部分。

たいがいの場合、海面に筋状の変化が表われるので目視できる。プランクトンや小魚が集まりやすいことから好ポイントの目安にされる。

【シモリ】 海中に沈んでいる岩礁帯。沈み根ともいう。

た行

【高切れ】 根掛かりでラインを引っ張った時、あるいはキャスト時のミスでミチイト部分から切れてしまうこと。投げ釣りではミチイトとカイトの結び目で切れることが多い。

【チモト】 ハリのハリスを結ぶ部分、あるいは結び目の部分を差す。

な行

【乗っ込み（のっこみ）】 産卵を意識した魚が主に群れで浅場に入り込んでくること。

【根掛かり】 仕掛けのハリやオモリが海中の岩礁帯や海藻帯などの障害物に引っ掛かること。

【根ズレ】 海中に沈んでいる岩礁帯や消波ブロックにミチイトやハリスが擦れること。根ズレを起こしたイトは傷がついて切れやすくなっていることが多く、傷の有無を必ず確認する。

は行

【場荒れ】 同じ場所に釣り人が大勢入ったことで魚がスレて釣りにくくなった状態。

【発泡シモリ玉】 硬質ウレタンなどで作られた玉や流線型をしたウキ状のもの。浮力が大きいのが特徴で、赤や黄色、オレンジなどさまざまな色、サイズがある。

【バラシ】 一度ハリ掛かりさせたにもかかわらず魚に逃げられてしまうこと。ハリ外れ、ハリス切れなどが主な原因。

【ハリス】 ハリを結ぶため、またはハリを結んだイト。

【フィッシュイーター】 魚をエサにする魚。魚食魚ともいう。ヒラメ、マゴチなどが代表格。

【ベイト】 フィッシュイーターなどのエサとなる小魚の総称。

ま行

【マヅメ】 朝、太陽が昇る前後の時間帯を朝マヅメ、夕方、太陽が沈む前後の時間帯を夕マヅメという。多くの魚が活発にエサを追う時間帯で、釣れる確率が高い時とされている。

【ミオ筋】 港に出入りする船のために掘られた溝状の海底部分。

【水潮】 大雨などによって大量の淡水が海に流れ込み、塩分濃度が低くなった海域のこと。魚によっては活性が極端に下がる。

や行

【やり取り】 ハリ掛かりしてから魚を取り込むまでの魚との駆け引き。「強引にやり取りする」「慎重にやり取りする」などと言う。

著者プロフィール

山崎憲二（やまざき・けんじ）

1953年生まれ。大阪府在住。
40年勤めた釣り出版社を定年退職後はフリーで活動。仕事柄アユ釣り、ヘラブナ釣り、渓流釣り、筏のクロダイ釣り、イシダイ釣り、エギングなど多くの釣りを経験。中学生で覚えた投げ釣りは55年経っても継続して楽しんでいる。年上、年下を問わず多くのキャスターから学んだノウハウやテクニック、知識などを次の世代に継承するのが使命と考えている。

人気《にんき》11魚種《ぎょしゅ》の攻略法《こうりゃくほう》をやさしく解説《かいせつ》
投《な》げ釣《づ》りパーフェクト教書《きょうしょ》

2021年9月1日発行

著　者　山崎憲二
発行者　山根和明
発行所　株式会社つり人社

〒101-8408　東京都千代田区神田神保町1-30-13
TEL 03-3294-0781（営業部）
TEL 03-3294-0766（編集部）
印刷・製本　（株）栄光舎

乱丁、落丁などありましたらお取り替えいたします。

ISBN978-4-86447-380-4 C2075
つり人社ホームページ　https://tsuribito.co.jp/
つり人オンライン https://web.tsuribito.co.jp/
釣り人道具店　http://tsuribito-dougu.com/
つり人チャンネル（You Tube）
https://www.youtube.com/channel/UCOsyeHNb_Y2VOHqEiV-6dGQ